DER KETO KOMPASS

DAS KOCHBUCH

Ulrike Gonder
Dr. Brigitte Karner

DER KETO KOMPASS

DAS KOCHBUCH

Mit über 120 Rezepten und detaillierten Wochenplänen

Ulrike Gonder
Dr. Brigitte Karner

Gesund leben, lecker essen und Krankheiten therapieren mit der ketogenen Ernährung

Unter Mitarbeit von

Kathrin Hoene, Elena Löffler, Jil Baltes,
Roswitha Knitt, Laurens Karner,
Sunniva Karner, Lea Wais

systemed

Bibliografische Information der Deutschen Nationalbibliothek
Die Deutsche Nationalbibliothek verzeichnet diese Publikation in der Deutschen Nationalbibliografie.
Detaillierte bibliografische Daten sind im Internet über https://dnb.de abrufbar.

Für Fragen und Anregungen
info@m-vg.de

Wichtige Hinweise
Dieses Buch ist für Lernzwecke gedacht. Es stellt keinen Ersatz für eine individuelle medizinische Beratung dar und sollte auch nicht als solcher benutzt werden. Wenn Sie medizinischen Rat einholen wollen, konsultieren Sie bitte einen qualifizierten Arzt. Der Verlag und die Autorinnen haften für keine nachteiligen Auswirkungen, die in einem direkten oder indirekten Zusammenhang mit den Informationen stehen, die in diesem Buch enthalten sind.

Ausschließlich zum Zweck der besseren Lesbarkeit wurde auf eine genderspezifische Schreibweise sowie eine Mehrfachbezeichnung verzichtet. Alle personenbezogenen Bezeichnungen sind somit geschlechtsneutral zu verstehen.

Originalausgabe
8. Auflage 2026

Türkenstraße 89
80799 München
Tel.: 089 651285-0

Redaktion: Caroline Kazianka
Umschlaggestaltung: Isabella Dorsch
Abbildungen Umschlag: shutterstock.com: alenasav4, Anastasia Lembrik, Anastasia Nio, Elena Pimonova, Daria Ustiugova, dzujen, littlis, Julia Poleeva, Katrine Glazkova, madeleine_cafe, Marina Dormidontova, miminoshka, Vector Evolution
Abbildungen Innenteil: Stephanie Just, shutterstock.com: Natalia Lisovskaya (S. 224), Oksana Mizina (S. 214), Tatiana Volgutova (S. 223)
Layout: inpunkt[w]o, Haiger (www.inpunktwo.de), kw-unlimitedmedia
Satz: inpunkt[w]o, Haiger (www.inpunktwo.de)
Druck: Florjancic Tisk d.o.o., Slowenien
Printed in the EU

ISBN Print 978-3-95814-283-1
ISBN E-Book (PDF) 978-3-95814-284-8
ISBN E-Book (EPUB, Mobi) 978-3-95814-285-5

PRODUZIERT MIT VERANTWORTUNG

Weitere Informationen zum Verlag finden Sie unter

www.rivaverlag.de

Beachten Sie auch unsere weiteren Verlage unter www.m-vg.de

Inhalt

Vorwort

Die ketogene Ernährung ...

Die ketogene Ernährung ist nicht nur ein Mega-Trend, sondern auch eine äußerst wirksame Ernährungsform: Sie hilft beim Abbau von Körperfett und beim Erhalt der Muskelmasse, sie sollte begleitend eingesetzt werden zur Behandlung von nichtalkoholischer Fettleber und Diabetes, entzündlichen Krankheiten, Haut- und Darmbeschwerden sowie bei Migräne und anderen neurologischen Problemen. Doch dafür muss sie richtig gemacht werden. Um ihr volles Potenzial ausschöpfen zu können und Anwendungsfehler zu vermeiden, ist es unabdingbar, sich gut mit der ketogenen Ernährung auszukennen. Immerhin weicht sie in einigen Punkten von dem ab, was uns bislang als »gesund« empfohlen wurde.

Wenn man weiß, wie sie funktioniert und wie und wann man die ketogene Ernährung am besten einsetzt, ist sie ein äußerst hilfreiches Mittel in der Hand von Therapeuten und eine wunderbare Möglichkeit für Patienten, selbst aktiv zu ihrer Genesung, zum gesunden Älterwerden, zu einer guten Leistungsfähigkeit und zum Wohlbefinden beizutragen.

... leicht gemacht

In unserem Buch *Der Keto-Kompass* haben wir, zusammen mit zwei Kolleginnen, für Fachleute und gut vorinformierte »Laien« die wissenschaftlichen und historischen Hintergründe der ketogenen Ernährung beschrieben und eine Fülle an Sach- und Fachinformationen zusammengetragen. Doch wir wurden öfter nach mehr praktischen Tipps und Rezepten gefragt: Wie setzt man eine ketogene Ernährung leicht um, ohne auf lieb gewonnene Gewohnheiten zu verzichten? Was kocht man da? Was essen die Kinder? Was kauft man ein? Wie gestaltet man ein Familienfest ketogen?

Das alles steht in unserem *Keto-Kompass-Kochbuch*! Wir zeigen Ihnen, wie Sie eine ketogene Ernährung mit wenig Aufwand in Ihren Alltag integrieren können und haben für Sie einfache und dennoch schmackhafte Gerichte aus hochwertigen Lebensmitteln, mit leckeren Gewürzen und heilsamen Kräutern und Ölen zusammengestellt. Wir zeigen Ihnen auch, wie Sie trotz Krankheit oder Berufstätigkeit, trotz sportlicher, familiärer oder finanzieller Beanspruchung und selbst an Fest- und Feiertagen ketogen und richtig gut essen können. Die Nachhaltigkeit bleibt ebenfalls nicht auf der Strecke: Dass man bei ketogener Kost vor allem Berge von Fleisch und Wurst vertilgt, ist ein beliebtes, aber falsches Vorurteil.

... richtig angewendet

Bei Vorliegen ernsthafter Erkrankungen oder einem zu hohen Körperfettanteil kommt es nicht nur darauf an, dass das Essen gut schmeckt und sättigt. Es muss auch an die Besonderheiten der jeweiligen Krankheit oder Stoffwechselsituation angepasst sein und alle nötigen Nähr- und Vitalstoffe liefern. Das heißt: Es gibt nicht eine richtige Ernährung für alle, und das gilt natürlich ebenso, wenn man ketogen isst. Daher haben wir für die verschiedenen medizinischen Anwendungsgebiete spezielle Rezepte, auch blitzschnelle, mit ausgewählten Lebensmitteln und Heilgemüsen, die besonders passende Mikronährstoffe und sekundäre Pflanzenstoffe enthalten, zusammengestellt. Dazu Tipps zu wirksamen Heilkräutern, Heilgewürzen und Übersichtspläne. Damit Sie die Sache mit der Ketokost von Anfang an richtig machen und das Essen und die Erfolge genießen können.

Viel Freude dabei wünschen

Dr. Brigitte Karner und Ulrike Gonder

Was Sie vorab wissen sollten

Im Jahr 2021 wird die »ketogene Diät« 100 Jahre alt – und ist dabei so vital wie nie! Ursprünglich in den USA zur Behandlung epilepsiekranker Kinder entwickelt, wurde und wird die ketogene Ernährung seither intensiv erforscht und weiterentwickelt, modernisiert, liberalisiert und »kulinarisiert«. Fast wöchentlich erscheinen neue wissenschaftliche Studien, sie wird in immer neuen Bereichen erprobt, erforscht und getestet, vom krankhaften Übergewicht über Diabetes und die nichtalkoholische Fettlebererkrankung bis hin zu neurologischen und demenziellen Erkrankungen, Haut- und Krebserkrankungen, Darmproblemen und Autoimmunerkrankungen.

Zwar sind noch lange nicht alle Details bekannt und alle Fragen beantwortet. Doch liegen inzwischen so viele Kenntnisse und Erfahrungen mit dieser Ernährungsweise vor, dass sie schon jetzt nutzbringend für die Erhaltung und Wiedererlangung der Gesundheit eingesetzt werden kann – vorausgesetzt, man weiß, wie es geht und welche Ketovariante zu welchem gesundheitlichen Problem passt. Und natürlich muss das ketogene Essen am Ende auch schön aussehen und gut schmecken!

Dieses Kochbuch bringt Ihnen die Ketoküche lustvoll, appetitlich und genussreich nahe. Es zeigt Ihnen aber auch, wie die Ketoküche besonders reich an Vitaminen, Mineral- und Ballaststoffen wird und wie Sie sie durch Kräuter, Wildkräuter und Gewürze mit vielerlei Sekundärstoffen anreichern können. Dazu erzählen Ihnen Patienten mit ganz unterschiedlichen Erkrankungen, die die ketogene Ernährung ausprobiert und erfolgreich umgesetzt haben, von ihren Erfahrungen.

Ketogene Ernährung, der Turbo unter den Ernährungsformen

Eine ketogene Ernährung unterscheidet sich von anderen Ernährungsformen durch ihre besondere Nährstoffkombination: Sie ist arm an Kohlenhydraten, reich(er) an gesunden Fetten und enthält eine individuell angemessene Menge an Eiweiß (Protein).

Das heißt konkret:

- → Sie essen maximal 50 Gramm Kohlenhydrate täglich.
- → Pro Kilogramm Körpergewicht essen Sie täglich 0,8 bis 1,5 Gramm Eiweiß (je nach individuellem Bedarf). Bei starkem Übergewicht wird nicht das aktuelle, sondern das Ziel- bzw. Normalgewicht zugrunde gelegt.

- → Die restlichen Tageskalorien stammen aus gesunden Fetten; beim Abnehmen auch aus dem abschmelzenden Körperfett.

Durch die Kombination von sehr wenigen Kohlenhydraten und deutlich mehr Fett stellt sich der Stoffwechsel um:

- → Er nutzt jetzt vorrangig Fette anstelle von Kohlenhydraten (Zucker) zur Energieversorgung.
- → Die Leber bildet aus einem Teil der Fette Ketone (auch Ketonkörper genannt). Sie dienen der Energieversorgung, insbesondere fürs Gehirn. Ketone können darüber hinaus aber noch viel mehr (siehe Seite 39), und das macht die ketogene Ernährung zum Turbo unter den Ernährungsformen!

Ketone haben dieser Ernährungsform ihren Namen gegeben, denn ketogen bedeutet Ketone-bildend. Sobald größere Mengen an Ketonen messbar sind (siehe Seite 18), befindet man sich im Zustand der Ketose.

Was die ketogene Ernährung NICHT ist

Eine ungesunde Speck- und Eier-Diät, bei der das Fett vom Kinn tropft und man sich mit Fleisch oder Kuchen aus Nussmehl vollstopft. Wir vertreten hier eine gut zusammengestellte, gesunde ketogene Ernährung, die reich an sekundären Pflanzenstoffen, Vitaminen, Mineral- und Ballaststoffen ist. Sie gibt dem Körper alles, was er benötigt: Energie, Bau-, Schutz- und Signalstoffe. Die Seele und der Genuss kommen dabei auch nicht zu kurz, versprochen!

Wer oder was sind Ketone?

Der Begriff Ketone wird hier für drei kleine Moleküle genutzt, die überwiegend aus Fett gebildet werden: Azetoazetat, beta-Hydroxybutyrat (BHB) und Azeton. Ketone entstehen auf ganz natürliche Weise im Körper, sie sind für ihn nichts Exotisches oder Ungewöhnliches. Er bildet sie immer dann, wenn wir viel Energie benötigen und wenige Kohlenhydrate oder nichts essen. Das heißt: Ketone entstehen beim Fasten, beim Hungern, während der Geburt (bei Mutter und Kind), bei intensivem Sport und eben bei ketogener Ernährung. Im Grunde imitiert die ketogene Ernährung in großen Teilen den Fastenstoffwechsel, mit dem Unterschied, dass man dabei lecker essen kann. Klingt gut? Ist es auch!

Was Sie bei einer ketogenen Ernährung essen

1. Zucker- und stärkearme Lebensmittel wie alle Blattsalate, alle oberirdisch wachsenden Gemüse, Pilze, Beerenobst, Kräuter und Gewürze bilden eine sehr gute Basis. In vernünftigen Mengen können weitere Obst- und Gemüsearten dazukommen, gerne auch fermentiert, also milchsauer vergoren (siehe Seite 33). Wir empfehlen, etwa 700 Gramm »Grünzeug« täglich anzustreben.

2. Fett- und eiweißhaltige Lebensmittel wie Eier, Nüsse, fette Fischarten, durchwachsenes Fleisch, eventuell handwerklich hergestellte Wurstwaren und Schinken (das heißt ohne Zusatz-, Farb- und Konservierungsstoffe), Avocados, vollfette Käse und ungesüßte, vollfette Milchprodukte wie Sahne, Mascarpone, Crème fraîche, Schmand und saure Sahne (alles natürlich nur, falls Sie es mögen und vertragen). Für vegane Gerichte empfehlen wir Tofu, Tempeh, Hanf und ab und zu Lupine als Eiweißquelle.

3. Gesunde Fette, möglichst aus ökologischer/nachhaltiger Produktion, wie Weidebutter, Butterschmalz, Ghee, native Öle wie Kokosöl und Olivenöl. Nach Belieben können weitere hochwertige native Öle dazukommen wie Lein-, Hanf-, Mandel- oder Avocadoöl oder auch Kakaobutter. Wer mag, kann auch mal Gänse- oder Entenschmalz verwenden.

Die ketogene Ernährung funktioniert am besten und ist am gesündesten, wenn Sie folgende Punkte berücksichtigen:

→ hochwertige Grundnahrungsmittel bevorzugen, wenn möglich aus nachhaltiger, regionaler und saisonaler Produktion,

→ mit frischen Kräutern und Gewürzen, die reich an sekundären Pflanzenstoffen sind, ergänzen,

→ essen, wenn Sie hungrig sind und nicht essen, wenn Sie keinen Hunger haben,

→ essen, bis Sie satt sind (nicht pappsatt!).

Das sagt der ketoerfahrene Patient

Jürgen K., 53 Jahre, der mit der ketogenen Ernährung in fünf Monaten 28 Kilo abgespeckt hat und sich über weniger Knieprobleme, weniger Entzündungen, mehr Energie und einen besseren Schlaf freut, auf die Frage, was diese Ernährung bei ihm bewirkt hat: »Dieses Gefühl von Heißhunger wie früher kenne ich nicht mehr. Und so komme ich auch mal längere Zeit ohne Essen aus. Das Gefühl, vollgefressen zu sein, ist einem schönen Gefühl von Sattheit ohne Völlegefühl gewichen.«

Die Keto-Pyramide

für eine ketogene Ernährung mit 20 bis 50 g Kohlenhydraten pro Tag

Bei einer ketogenen Ernährung werden die Kohlenhydrate drastisch reduziert und mehr Fette gegessen. Aus den Fetten bildet die Leber Ketone. Ketone sind hervorragende Energielieferanten für Körper und Gehirn und schützen die Zellen vor schädlichen Einflüssen. Eine ketogene Ernährung kann bei gestörter Hirnfunktion, Krebserkrankungen sowie beim Muskelaufbau unterstützend wirken.

→ **Bitte fragen Sie vor einer Ernährungsumstellung Ihren Arzt, ob ggf. ein medizinischer Grund gegen eine ketogene Ernährung vorliegt (selten)!**

Mittlere Kohlenhydratmengen (ca. 10 g/100 g)
Nur in geringer Menge geeignet, Portionen berechnen

Mäßige Kohlenhydratmengen (ca. 3–7 g/100 g)
In begrenzter Menge geeignet, Portionen berechnen

Eiweiß- und fettreich, praktisch kohlenhydratfrei
Für jede Mahlzeit geeignet, bei großen Mengen Eiweiß berechnen

Sehr kohlenhydratarm (< 3 g/100 g) und/oder sehr fettreich
Für jede Mahlzeit geeignet

Was Sie bei einer ketogenen Ernährung NICHT essen

Zucker- und stärkereiche Lebensmittel lassen wir links liegen. Sie nützen uns nicht und würden die Ketonbildung stören. Dazu gehören übliche Brote, Gebäcke, Kekse, Kuchen, Reis, Nudeln, Kartoffeln, Süßigkeiten, süße Getränke, allzu süßes Obst, übliche Eiscremes, Desserts, Cocktails und dergleichen. Doch keine Sorge, wie unsere Rezepte zeigen, gibt es für alles leckere ketotaugliche Alternativen. Das Weglassen von Getreideprodukten aus Weizen, Gerste und Roggen bringt als weiteren Vorteil mit sich, dass die Ernährung damit auch glutenfrei wird. Das Klebereiweiß Gluten bereitet nämlich vielen Menschen Beschwerden und sollte vor allem bei Darm- und Autoimmunerkrankungen eingeschränkt werden.

Was Sie bei einer ketogenen Ernährung trinken

- → Wasser, gerne auch zuckerfrei aromatisiert zum Beispiel mit Kräutern, Gurkenscheiben, Himbeeren, Ingwerstückchen etc. oder mit einem Duftring (siehe Seite 296, bei den Bezugsquellen),
- → zuckerfreie Tees aller Art wie Schwarztee, Grüntee, Kräutertee, Roiboostee, Hibiskustee,
- → zuckerfreien Kaffee.

Wer seinen Tee oder Kaffee nicht schwarz trinkt, kann einen Schuss Sahne, Mandeldrink oder Sojabarista zugeben. Zum eventuellen Süßen bitte nur zuckerfreie Alternativen verwenden, die den Insulinspiegel nicht erhöhen (siehe Seite 32). Kakao, Smoothies oder Mixgetränke können Sie mit einem Sahne-Wasser-Mix, Kokosmilch oder einer zuckerfreien pflanzlichen Milchalternative wie zum Beispiel Mandeldrink herstellen.

Als Mahlzeitenersatz und Keto-Booster kann ein Bulletproof-Coffee (englisch für »schusssicherer Kaffee«, weil er sicher zur Ketose führt) dienen. Das ist ein schwarzer Kaffee, der kräftig mit MCT-Öl (siehe Seite 26) und etwas Butter verquirlt wird. Tipp: Schmeckt viel besser, als es klingt!

Die Wirkung von Alkohol

Während der Umstellung auf eine ketogene Ernährung hat die Leber erst einmal genug damit zu tun, mehr Ketone zu bilden. Auch wer regelmäßig Medikamente einnimmt, sollte seine Leber nicht zusätzlich mit dem Abbau von Alkohol belasten. Und für alle, die abnehmen wollen, gilt: Alkohol bremst die Fettverbrennung und ist deswegen kontraproduktiv.

Wenn keine medizinischen Gründe dagegensprechen, können Sie nach der Umstellung ein Glas extra trockenen Wein, Sekt oder Apfelwein zum Essen trinken. Spirituosen enthalten keine Kohlenhydrate, insofern sind sie zwar ketogeeignet, aufgrund ihres hohen Alkoholgehalts aber dennoch mit Vorsicht zu genießen.

Klippen umschiffen und Anfängerfehler vermeiden!

Wenn Sie sich für eine ketogene Ernährung entschieden haben, müssen Sie sich möglicherweise auf Gegenwind gefasst machen – aus der Familie, von Freunden und vielleicht auch ihrem therapeutischen Team, sofern dies sein Ernährungswissen seit der Ausbildung nicht mehr aufgefrischt hat. Deswegen ist es hillfreich, wenn Sie sich vorab gut informieren und mit Ihren Therapeuten besprechen. Sie sollten sich zwar nicht ins Bockshorn jagen lassen, es gibt aber auch (seltene) Situationen, in denen Sie sich auf keinen Fall ketogen ernähren dürfen (siehe Seite 20). Ansonsten gilt: Wer zum Beispiel an Diabetes, Bluthochdruck, Krebs oder einer neurologischen Erkrankung leidet, muss unbedingt vorab seine Ärzte von der geplanten Ernährungsumstellung in Kenntnis setzen. Denn zu Beginn der Ernährungsumstellung und bei Krankheiten ist es nötig, regelmäßig die Laborwerte bzw. den Blutdruck zu kontrollieren. Es kann zudem notwendig werden, die Medikamentendosis zu verringern – und das sollten Sie keinesfalls auf eigene Faust tun. Zudem kann es bei manchen Krankheiten wichtig sein, die Ernährung mit anderen Therapiemaßnahmen zu koordinieren. Also: erst besprechen, messen, dann umstellen!

Bei sehr vielen Menschen klappt die Umstellung auf ketogene Ernährung reibungslos. Bei manchen kann es aber zu Beginn zu leichten Beschwerden kommen. Diese sogenannte »Keto-Flu« (englisch für »Ketogrippe«, hat aber nichts mit einer Virusinfektion zu tun) kann ein paar Tage dauern. Sie lässt sich mit den folgenden Tipps meist verhindern oder doch abmildern:

→ Reichlich trinken! Faustregel: 1 Liter pro 25 Kilogramm Körpergewicht pro Tag. Warum? Zu Beginn einer ketogenen Ernährung scheidet der Körper mehr Wasser aus. Wird das nicht ausgeglichen, kann es zu Kopfschmerzen, Schwindel, Unwohlsein oder Verstopfung kommen.

→ Nicht am Salz sparen! Mit dem Wasser gehen anfangs auch mehr Salze (Mineralstoffe) verloren und die müssen »nachgefüllt« werden, um die genannten Beschwerden zu vermeiden. Also normal salzen und täglich eine Tasse salzige Fleisch- oder Gemüsebrühe trinken. Bei Beschwerden wie Schwindel, Krämpfen oder Kopfschmerzen einen halben Teelöffel Salz in einem Glas Wasser auflösen und trinken.

- → Genug Ballaststoffe essen! Werden nicht ausreichend Salat, Gemüse, Pilze oder Samen gegessen, kann es zu Darmproblemen oder vorübergehender Verstopfung kommen. Dann helfen Flohsamenschalen oder Leinsaat – dazu müssen Sie jedoch immer reichlich trinken!

- → Den Körper bei der Umstellung auf die fettreichere Ernährung unterstützen! Dazu ist es ratsam, die Mengen langsam zu steigern, vor allem, wenn die Ernährung zuvor sehr fettarm war. Pflanzliche Bitterstoffe helfen bei der Fettverdauung und -verwertung und vorübergehend können Sie dazu auch Enzyme einnehmen.

- → Für ein förderliches Umfeld sorgen! Wer seine Ernährung radikal umstellt, sollte nicht noch mit Freunden, Familie oder Kollegen disputieren müssen. Hilfreich kann es sein, die Umstellung im Vorfeld gut zu planen, mit seinem Umfeld zu besprechen und – falls nicht ohnehin selbstverständlich – um Unterstützung zu bitten.

Die Zeitfrage

Wer sich zum ersten Mal ketogen ernährt, sollte seinem Körper mindestens vier Wochen Zeit für die Umstellung geben. Keto mal eben für drei Tage ausprobieren? Das macht keinen Sinn, dann lassen Sie es lieber. In einer so kurzen Zeit wird die Umstellung des Organismus nicht gelingen und dann können Sie auch die Vorteile der Ketose nicht spüren.

Wie lange keto sinnvoll ist? Auch das lässt sich nicht pauschal sagen. Allerdings ist niemand verpflichtet oder gar gezwungen, sich lebenslang ketogen zu ernähren – es ist eher eine Ernährung für bestimmte Lebensphasen. Gleichwohl gibt es Menschen, die es über Jahre und Jahrzehnte tun oder denen dies aufgrund einer schweren Erkrankung zu empfehlen ist. Wie lange Sie ketogen essen, hängt also von Ihren Zielen und von Ihrem Gesundheitszustand ab – und natürlich davon, wie lange Sie sich mit dieser Ernährungsform wohlfühlen.

Wer abnehmen möchte, wird sich anfangs konsequenter ketogen ernähren und dann bis zum Erreichen des Zielgewichts allmählich lockern. Anschließend sollte die Ernährung so gewählt werden, dass das erreichte Gewicht gut gehalten werden kann und eine langfristige Umstellung der zuvor schädlichen Gewohnheiten gelingt. Ähnliches gilt für Diabetiker, Bluthochdruckpatienten und für Menschen mit Haut- oder Darmerkrankungen. Bei einer neurologischen oder fortschreitenden Erkrankung sprechen gute Gründe dafür, die ketogene Ernährung längerfristig einzuhalten. Wer sich ketogen ernährt, um seine körperliche oder geistige Leistungsfähigkeit zu fördern, wird sie eher phasenweise und situationsbedingt einsetzen.

Moderate Low-Carb-Ernährung für danach oder zwischendurch

Für die Zeit nach und zwischen Phasen einer ketogenen Ernährung empfehlen wir, sich weiterhin gesund, pflanzenbetont, mit »echten« Lebensmitteln, gesunden Fetten und nicht allzu vielen Kohlenhydraten zu ernähren. Mit anderen Worten: Wer sich aus der ketogenen Ernährung wieder ausschleicht oder sie nur phasenweise anwendet, kann die Fette etwas reduzieren und nach und nach wieder verträgliche, nährstoff- oder ballaststoffreiche Kohlenhydratquellen wie Kartoffeln, Süßkartoffeln, Reis, Quinoa, süßeres Obst, handwerklich hergestelltes Sauerteigbrot und dergleichen einführen. Es gibt jedoch auch dann keinen Grund, fettreiche Lebensmittel zu fürchten oder große Mengen an Kohlenhydraten zu essen bzw. zu trinken. Wer das Wohlgefühl mit einer gesunden Low-Carb-Ernährung einmal erlebt hat, möchte es ohnehin nicht mehr missen. Wenn Sie kohlenhydratmäßig etwa bei der Hälfte dessen landen, was Durchschnittsdeutschland isst, liegen Sie schon ganz gut. Das heißt: bis etwa 25 Prozent der täglichen Kalorien in Form von »Carbs«. Das wären bei einem Energiebedarf von 2000 Kilokalorien maximal 125 Gramm Kohlenhydrate täglich. Mehr müssten Sie sich erst durch körperliche Aktivität »verdienen«.

Wer abbrechen oder wer es später noch einmal versuchen sollte

Wer alle Möglichkeiten der Unterstützung und therapeutischen Begleitung ausgeschöpft hat und sich dennoch auch nach Tagen bis Wochen unter ketogener Ernährung nicht wohlfühlt, wer hungrig bleibt oder trotz Behebung der Anfängerfehler nicht in Ketose kommt, sollte abbrechen. Denn auch die ketogene Ernährung soll ja schmecken, sättigen und Spaß machen. Möglich, dass Sie in diesem Fall zu den wenigen Menschen gehören, für die eine ketogene Ernährung keine Option ist. Es gibt aber auch Lebensumstände, die eine Ernährungsumstellung auf Ketose erschweren. Dazu gehören beispielsweise nervlich aufreibende Phasen, denn auch das Stresshormon Kortisol spielt im Zucker- und Fettstoffwechsel mit und kann eine Ketose verhindern oder erschweren. Meist genügt es dann, erst einmal den Stress abzubauen und sich mit nährstoffreichen Lebensmitteln und gesunden Fetten moderat low-carb (kohlenhydratreduziert, ca. 125 bis 150 Gramm Kohlenhydrate pro Tag) zu ernähren. Vielleicht ebnet sich dadurch später einmal ganz natürlich der Weg in die Ketose.

Wie streng Sie sein sollten

Am Anfang auf jeden Fall streng, das heißt: Halten Sie sich an die Regeln (maximal 50 Gramm Kohlenhydrate täglich und gegebenenfalls mehr Fett), bis der Körper weiß, was Sie von ihm wollen und sich umgewöhnt hat. Eine ketogene Ernährung ist eine bedeutende Umstellung für Ihren Stoffwechsel und dafür sollten Sie ihm mindestens vier Wochen Zeit geben. Dann kommen Sie auch in den vollen Genuss der Vorteile der Ketoküche. Je nachdem, welche Ketonpegel Sie anstreben, können Sie dann eventuell lockern oder müssen nachjustieren.

Und wenn ein Ausrutscher passiert ist? Aufstehen, Krönchen richten und ketogen weitermachen. Außer bei Erkrankungen wie Epilepsie oder Migräne, wo es durch Ausrutscher oder Cheat-Days tatsächlich zu erneuten Anfällen kommen kann, ist es in den meisten Fällen nicht schlimm, wenn Sie mal aus der Spur geraten. Hauptsache, Sie finden danach gleich wieder hinein.

TIPP

Spüren Sie doch einmal nach, was der Auslöser für Ihren »Ausrutscher« war. Langeweile, Frust, Süßhunger, alte Gewohnheiten? Oder ist die Motivation zum Erreichen Ihrer langfristigen Ziele zu gering? Wenn Sie das wissen, können Sie sich fürs nächste Mal eine (kohlenhydratarme) Alternative ausdenken, die Sie dann ohne Reue genießen können. Vielleicht benötigen Sie aber in dieser Situation gar kein Essen. Vielleicht geht es Ihnen mit einem Spaziergang, einem Vollbad, einem Gespräch unter Freunden oder beim Joggen gleich viel besser.

Ein Wort zum »Mogeln«

Wer sich nur ein paar Wochen lang ketogen ernährt, sollte nicht mogeln. Punkt! Möchten Sie sich jedoch längerfristig ketogen ernähren und haben kein Anfallsleiden, das sich durch Ausrutscher gleich wieder bemerkbar machen würde, können Sie durchaus gelegentlich einen Cheat-Day oder, besser noch, eine Cheat-Mahlzeit einlegen (von *to cheat*, englisch für mogeln). Natürlich ist damit nicht gemeint, dass Sie regelmäßig einen ganzen Tag lang Junk-Food essen! Aber ganz bewusst zu ausgewählten Anlässen mal eine Scheibe gutes Brot oder ein halbes Brötchen, mal ein Stück Pizza oder eine Kugel Eis oder eine Süßkartoffel oder zwei Pellkartöffelchen können, sofern Sie es vertragen und wollen, dabei helfen, langfristig bei der Stange zu bleiben. Einzelne Cheat-Mahlzeiten haben gegenüber ganzen Cheat-Days den Vorteil, dass Sie die Ketose nur für ein paar Stunden unterbrechen, nicht für einen oder mehrere Tage. Je kürzer die Unterbrechung, desto schneller kommen Sie auch wieder hinein.

Bin ich drin? Messen!

Ob Sie in Ketose sind und genug Ketone bilden oder nicht, lässt sich messen. Das sollten Sie zumindest anfangs auch tun, es gibt dazu drei Verfahren:

→ Messung im Urin – einfach und preiswert mithilfe von Teststreifen aus der Apotheke (ca. 8 Euro pro 50 Stück). Gemessen wird die Ausscheidung des Ketons Azetoazetat (also ein Ketonüberschuss). Zu Anfang ist dieses Verfahren als Verlaufskontrolle gut geeignet, langfristig aber nicht immer zuverlässig. Zudem können zu hohe oder zu niedrige Trinkmengen das Ergebnis verfälschen.

→ Messung im Blut – dafür müssen Sie sich in den Finger piksen. Bestimmt wird das Keton beta-Hydroxybutyrat (BHB), es gibt Kombigeräte (ca. 30 bis 50 Euro) für Blutzucker- und Ketonteststreifen. Die aktuelle BHB-Konzentration im Blut wird zuverlässig festgestellt, die Messstreifen sind allerdings (noch) relativ teuer (ca. 1 bis 2 Euro pro Stück).

→ Messung in der Atemluft – einfach und langfristig preiswert, da kein Zusatzmaterial gekauft werden muss, nur einmalig ein Messgerät (ca. 100 bis 250 Euro). Gemessen wird das Keton Azeton in der Ausatemluft, ein Indikator für Fettabbau und aktive Ketonbildung. Es gibt handliche Geräte für unterwegs, die eine App erfordern.

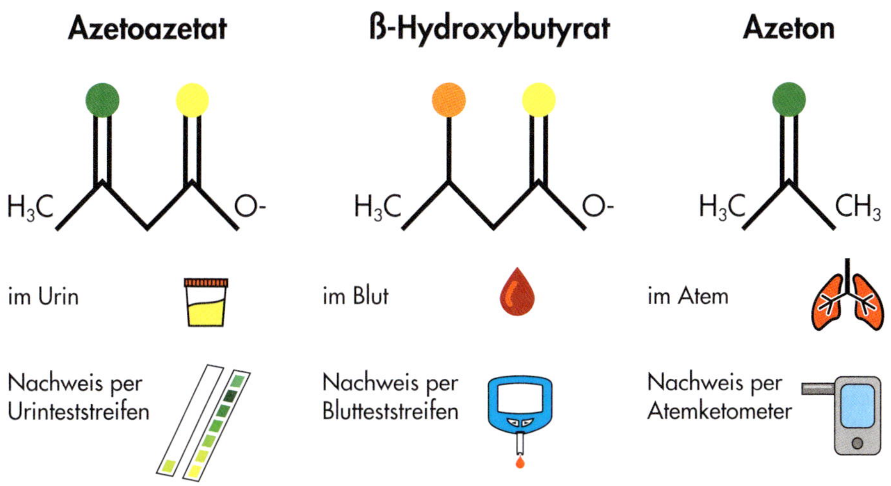

Welche der Messmethoden besser ist, hängt von der Zielsetzung ab. Geht es darum, möglichst hohe BHB-Werte zu erreichen, sollte auch das BHB im Blut gemessen werden. Bei einer nahrungsinduzierten Ketose werden Blutwerte zwischen 0,5 und 3 mmol/l BHB angestrebt. Zum Abnehmen reichen Werte im unteren Bereich (0,5–1,5 mmol/l), bei neurologischen Erkrankungen und Krebs sollten die höheren Werte erreicht werden (1,5–3 mmol/l). Ist das Ziel Gewichtsreduktion und verstärkter Fettabbau, ist das Azeton in der Atemluft hilfreich. Die Anschaffung eines Atemtestgerätes lohnt aber nur, wenn man länger oder häufiger in Ketose sein will. Für kurzfristige Anwendungen reicht meist die preiswerte Messung im Urin.

Wer sich NICHT ketogen ernähren darf!

Trotz aller Vorteile muss eines klar gesagt werden: Nicht jeder Organismus kommt mit einer ketogenen Ernährung zurecht – und dann darf man sie auch nicht machen. Beispielsweise kann es an den nötigen »Werkzeugen« (Enzymen) zur Ketonbildung, zur Nutzung von Fetten oder Ketonen oder der Neubildung von Zucker (Glukoneogenese) fehlen. Dabei handelt es sich meist um angeborene Störungen, die den Betroffenen bzw. ihren Ärzten bekannt sind. Fragen Sie im Zweifel nach, ob medizinische Bedenken vorliegen.

Es gibt weitere Situationen, in denen wir von einer ketogenen Ernährung dringend abraten, zum Beispiel:

- → bei schwerwiegenden Essstörungen wie der Magersucht Anorexia nervosa,
- → in den ersten sechs Wochen nach einem Herzinfarkt,
- → bei Leber- und Nierenerkrankungen wie schwerer Niereninsuffizienz oder Nierensteinen,
- → bei Porphyrie,
- → bei Störungen der Bauchspeicheldrüse, die zu chronisch erhöhten Insulinspiegeln führen.

Auch hier gilt: Konsultieren Sie im Zweifel bitte unbedingt Ihren Arzt oder Ihre Ärztin, *bevor* Sie mit einer ketogenen Ernährung beginnen. Und für den Fall, dass Sie Medikamente gegen eine chronische Krankheit bekommen, sollten Sie Ihre Ernährungsumstellung ärztlich und von einer ketoversierten Ernährungsfachkraft begleiten lassen. Während der ersten vier bis sechs Monate sollten alle sechs Wochen Laborkontrollen durchgeführt werden.

Die Fettfrage

Der im Vergleich zu anderen Diäten hohe Fettgehalt einer ketogenen Ernährung sorgt immer wieder für Bedenken, sowohl bei Verbrauchern und Patienten als auch bei Ärzten und anderen Therapeuten. Zu tief sitzt das Vorurteil, Fett sei per se ungesund oder schade der Figur. Und nun soll eine fettreiche Ernährung schlank, fit und gesund machen? Aber ja! Entscheidend sind dabei zwei Punkte: Erstens muss die Fettqualität stimmen. Und zweitens ist bedeutsam, dass die Fette im Kontext einer ketogenen Ernährung (das heißt mit sehr wenigen Kohlenhydraten) anders genutzt werden als bei Mischkost.

Fettqualität bedeutet, dass Sie hochwertige Fette und Öle sowie hochwertige fettreiche Lebensmittel (Nüsse, durchwachsenes Fleisch, fetten Fisch, Avocados, Käse, Sahneprodukte in Bioqualität) bevorzugen sollten. Wichtig ist es auch, genug Omega-3-Fettsäuren im Essen zu haben. Reich an besonders wertvollen Omega-3-Fettsäuren* sind fette Fische, Meeresfrüchte und Meeresgemüse wie Algen. Geringe Mengen finden sich in Eiern von freilaufenden Hühnern, im Fleisch von Wild und Weidetieren sowie in Milch und Milchprodukten von grasgefütterten Kühen, Schafen und Ziegen. Pflanzliche Lebensmittel enthalten eine Vorstufe dieser Omega-3-Varianten, die alpha-Linolensäure (ALA). Sie muss vom Körper erst noch umgebaut werden, was nicht immer gut gelingt. Viel ALA weisen Leinöl (ca. 66 Prozent), Hanföl (ca. 30 Prozent), Walnuss- und Rapsöl (ca. 9 Prozent) und natürlich auch Leinsamen, Chiasamen, Walnüsse und Hanfsamen auf. Übrigens: Sonnenblumen-, Maiskeim-, Weizenkeim- und Distelöl liefern kaum ALA, aber sehr viel von ihrem Gegenspieler, der Linolsäure (Omega-6-Fettsäure). Deswegen werden sie heute nicht mehr empfohlen. Da sie jedoch häufig noch in Fertigprodukten, fertigen Pestos, Mayonnaisen und dergleichen stecken, sollten Sie die Zutatenlisten unter die Lupe nehmen und gegebenenfalls lieber selbst zur Tat schreiten (siehe Rezeptteil).

Fettqualität bedeutet auch, möglichst naturbelassene Fettquellen wie nachhaltig erzeugte oder gefangene tierische Lebensmittel, Butter und Milchprodukte von Weidetieren in Bioqualität und native Bio-Pflanzenöle zu verwenden. Konventionelle Öle sind bereits stark hitzegeschädigt und daraus hergestellte Streichfette oder Fertigprodukte können schädliche trans-Fettsäure enthalten. Daher lieber ein paar Euro mehr für gute Fette und Öle ausgeben und Fertigdressings, Mayonnaisen und andere fettreiche Fertigprodukte besser meiden! Wer sich ketogen ernährt, braucht sich um seinen Fettverzehr noch weniger Sorgen zu machen als Mischköstler. Denn die vor allem den tierischen Fetten nachgesagten gesundheitlichen Nachteile konnten letztlich nie belegt werden. Immer neue Auswertungen der dazu vorliegenden Studien fanden stets nur eines: nichts! Keine wissenschaftlichen Belege dafür, dass Fette per se krank oder dick machen, dem Herzen oder dem Gehirn schaden. Weder dem Schweineschmalz noch dem Kokosöl, weder dem Milchfett noch den fetten Nüssen ließen sich krankmachende Effekte nachweisen – immer vorausgesetzt, die Fettqualität stimmt. Es zeigte sich eher das Gegenteil: Wer einen Teil der Kohlenhydrate auf seinem Teller durch gesunde Fette ersetzt, darf sich über viele gesundheitliche Vorteile freuen.

* Gemeint sind damit die besonders langkettigen, hoch ungesättigten Omega-3-Fettsäuren EPA (Eicosapentaensäure) und DHA (Docosahexaensäure).

Eine ketogene Ernährung bietet weitere Vorteile. Denn sobald die Kohlenhydrate weitgehend fehlen, werden die Fette zur wichtigsten Energiequelle. Das heißt: Der Körper verbrennt jetzt deutlich mehr Fett und lagert weniger ein. Studien belegen eindeutig: Selbst bei erhöhtem Verzehr der früher so verpönten gesättigten Fettsäuren (zum Beispiel in Milch-, Kokos- und Rinderfett) finden sich im Blut der Ketoköstler deutlich weniger davon. Sogar eine verfettete Leber kann trotz erhöhten Fettverzehrs prima entfetten, wenn zugleich die Kohlenhydrate deutlich reduziert werden. Deswegen sind bei ketogener Ernährung hochwertige Fette aller Art nicht nur erlaubt, sondern erwünscht, auch Butter, Ghee, Speck, Sahne, Schmalz und Kokosöl (siehe Seite 23).

TIPP: Einlegen in Öl

Viele Aromen sind fettlöslich. Daher lassen sich feine Würzöle zum Aromatisieren von Suppen, Salaten, Gemüsen oder auch Antipasti leicht selbst herstellen. Lecker ist zum Beispiel einige Salbeiblätter mit 2 Stangen Zimt auf 500 ml Olivenöl oder 1 Chilischote mit etwas Anis, 1 klein geschnittene Knoblauchzehe, 1 klein geschnittene Zitrone und 1 EL Erythrit oder auch Petersilie mit Zitrone.

Wenn in Öl eingelegte Lebensmittel mit Salz versetzt, zuvor leicht erhitzt (ohne zu kochen!), gesäuert und dann mit einer 1 Zentimeter dicken Ölschicht abgedeckt werden, verbessert sich die Haltbarkeit auf circa vier bis sechs Monate. In Öl eingelegte Lebensmittel müssen dunkel und kühl gelagert werden. Denn Öle sind lichtempfindlich und Licht lässt Öl schneller ranzig werden. Pesto hält übrigens länger, wenn Sie den Parmesankäse erst kurz vor der Verwendung beimischen.

Besondere Öle

Ein gutes Öl ist mehr als nur Fett! Denn in nativen Pflanzenölen stecken auch viele sekundäre Pflanzenstoffe aus den Ölsaaten und Ölfrüchten. Sie tragen erheblich zum gesundheitsförderlichen Effekt einer fettreicheren Ernährung bei. Und sie bringen noch mehr geschmackliche Vielfalt und Abwechslung auf die Teller – immer vorausgesetzt, es besteht keine Allergie auf die entsprechenden Pflanzen! Manche Öle eignen sich aufgrund ihres sehr milden Geschmacks sogar gut für süßliche und fruchtige Speisen und Desserts. Daher sind sie ideale Begleiter für die Ketoküche.

Tipp: Da bei hochwertigen Ölen sehr viel gemogelt und gepanscht wird, sollten Sie sich nach einem Öllieferanten Ihres Vertrauens umsehen, der alle Fragen zu Anbau, Herstellung, Qualitätskontrollen und Verwendung offen beantwortet oder im Internet frei zugänglich präsentiert. Noch gibt es eine Reihe von Ölmühlen und -händlern, die hervorragende Qualitäten anbieten.

Aprikosenkernöl

Wer Mandeln mag, wird Aprikosenöl lieben, denn es schmeckt leicht nach süßen Mandeln. Daher ist es ideal, um milde Gerichte für die Ketoküche aufzufetten (siehe Seite 29). Es kann zum Kochen verwendet werden, jedoch nicht zum Braten. Hierzulande weitgehend unbekannt, ist es in Ladakh (Indien) ein übliches Speise- und Massageöl. Aprikosenkernöl enthält keine Blausäure, ist jedoch reich an Antioxidantien wie der Vitamin-E-Variante gamma-Tocopherol, an phenolischen Verbindungen, Squalen und Phytosterolen und es gibt Hinweise auf eine herzschützende Wirkung.

Granatapfelsamenöl

Dieses helle, flüssige Öl mit eher unauffälligem Geschmack ist eines der teuersten Speiseöle. Denn für 1 Liter benötigt man etwa 100 Kilogramm Granatapfelsamen. Es besteht zu zwei Dritteln aus einer sehr seltenen Fettsäure, der Punicinsäure (dreifach ungesättigt, Omega 5). Granatapfelsamenöl wirkt stark antioxidativ und entzündungshemmend und es gibt Hinweise auf leber-, nieren- und nervenschützende Wirkungen. Zudem hilft das Öl, die Haut vor Sonnen- und Altersschäden zu schützen. Seine entzündungshemmenden Wirkungen kommen auch Patienten mit Akne, Psoriasis und Ekzemen zugute. Es enthält außerdem pflanzliche Hormone (Phytoöstrogene), die unseren Hormonen ähnlich sind, und kann daher zur Behandlung von Wechseljahrbeschwerden ausprobiert werden.

Hanföl

Natives Hanföl gehört zu den bemerkenswertesten Speiseölen überhaupt: Es enthält eine exquisite Auswahl an mehrfach ungesättigten Fettsäuren in optimaler Mischung (Omega-6- zu Omega-3-Verhältnis von 2 : 1 bis 3 : 1). Zwei weitere Besonderheiten kennzeichnen das Hanföl: die vierfach ungesättigte Stearidonsäure, die vom Körper leichter als andere pflanzliche Fettsäuren in langkettige Omega-3-Fettsäuren umgewandelt wird, die entzündungshemmend wirken und die Blutfette (Triglyzeride) senken. Und zweitens die dreifach ungesättigte gamma-Linolensäure, die nur in ganz wenigen Pflanzenölen vorkommt (Borretschsamen- und Nachtkerzenöl) und die ebenfalls entzündungshemmend und beruhigend bei Hautproblemen wirkt. Natives Hanföl senkt den Blutdruck und Stress, es hält die Blutgefäße elastisch und beeinflusst das Immunsystem positiv. Es schmeckt intensiv nussig bis krautig und eignet sich gut für Salat-Dressings, Marinaden und zum Aromatisieren fertig gegarter Saucen und Gemüsegerichte.

Kokosöl

Dieses bei Zimmertemperatur feste Öl ist ein Star der Ketoküche. Es ist reich an sogenannten mittelkettigen Fettsäuren, die in der Leber bevorzugt in Ketone umgewandelt werden. Daher fungiert Kokosöl auch als »Keto-Booster« (siehe Seite 26). Aufgrund seiner milden Geschmacksnote passt es hervorragend auch zu süßlichen Gerichten, Gebäck und Riegeln.

Kokosöl kann ebenso pur genossen werden. Es hat antibakterielle, antipilzliche und antivirale Eigenschaften und ist sehr gut erhitzbar. Gelegentlich wird es aufgrund seiner Fettsäuren als schädlich bezeichnet, wofür es jedoch keine Belege gibt. Im Gegenteil, gerade viele ältere Menschen und Kopfarbeiter spüren seine energetisierende und belebende Wirkung.

Korianderöl

Reife Korianderfrüchte enthalten sowohl fette als auch ätherische (flüchtige) Öle. Letztere sind für seine würzenden und arzneilichen Effekte verantwortlich. Hauptbestandteile sind intensiv duftende Terpene, mit deren Hilfe Korianderöl gegen eine sehr breite Palette von Krankheits- und Verderbniserregern wirkt, auch gegen multiresistente Krankenhauskeime. Die Universitätsklinik Freiburg bestätigte dem Korianderöl folgende Effekte: angstlösend, krampflösend, stark antimikrobiell, pilzhemmend, Malariaerreger bekämpfend, entzündungshemmend, antioxidativ, schmerzlindernd und lokal betäubend. Da es zudem den Speichelfluss anregt, kann es auch bei Appetitmangel hilfreich sein. Es reduziert Zahnbelag (Plaque) und ist äußerlich angewendet ein gut verträgliches Mittel bei verschiedenen Hauterkrankungen wie z. B. Neurodermitis. Weil es würzende, blähungsmindernde und verdauungsfördernde Eigenschaften hat, eignet es sich hervorragend für Kohlgerichte. Wenige Tropfen genügen.

Leinöl

Die Lein- oder Flachspflanze gehört zu den ältesten Kulturpflanzen der Welt. Sumerer und Ägypter bauten sie schon vor 8000 Jahren an, ebenso die Bewohner der jungsteinzeitlichen Pfahlbauten am Bodensee. Leinöl ist extrem empfindlich, weil es zu mehr als 50 Prozent aus alpha-Linolensäure (ALA) besteht und damit als eine der besten pflanzlichen Omega-3-Quellen gilt. Gute Qualitäten werden in kleinen Chargen unter Licht- und Luftabschluss kalt gepresst. ALA ist essenziell: Wir benötigen sie, können sie aber im Körper nicht selbst herstellen und sollten sie daher regelmäßig in kleinen Mengen essen. Omega-3-Fettsäuren wirken entzündungshemmend, cholesterin-, blutdruck- und blutfettsenkend und damit herz- und gefäßschützend. Zudem gibt es Hinweise auf einen Schutz vor Allergien, Hautkrankheiten, Brust- und Darmkrebs, Typ-2-Diabetes und psychischen Erkrankungen sowie gegenüber Wechseljahrbeschwerden. Nicht anwenden sollte man Leinöl bei Prostatakrebs. Das Öl kann zur Nahrungsergänzung pur eingenommen werden, eignet sich aber auch als Zutat von Salatdressings, Gemüsesäften, Smoothies oder zur Zubereitung von Quarkspeisen. Es darf nicht erhitzt werden.

Nachtkerzenöl

Als es nach dem Ersten Weltkrieg an Fetten für die Ernährung fehlte, untersuchte man auch die Samen von Wildkräutern auf essbare Öle. Einer Dissertation aus dem Jahre 1918 ist zu entnehmen, dass man so auf *Oenothera biennis* aufmerksam wurde, die Nachtkerze. Bei der Analyse ihres Öls fand man eine bis dahin unbekannte, im Pflanzenreich seltene Fettsäure, deren Nutzen man erst 60 Jahre später erkannte: die dreifach ungesättigte gamma-Linolensäure (Gehalt: 8 bis 14 Prozent). Obwohl sie zu den Omega-6-Fetten gehört, wird sie zu entzündungshemmenden Gewebshormonen umgebaut. Menschen mit Hautproblemen fehlt diese Fettsäure häufig, sodass Nachtkerzenöl hier lindernd eingesetzt werden kann, innerlich wie äußerlich. Ein Versuch damit lohnt auch bei Stress und bei prämenstruellen Beschwerden. Aufgrund seines etwas gewöhnungsbedürftigen Geschmacks kombiniert man es am besten mit anderen Ölen.

Olivenöl

Hier wird am meisten gemogelt, zum Teil sogar mit staatlicher bzw. europäischer Duldung. Daher kann man sich leider auf Begriffe wie »nativ« oder »erste Pressung« nicht immer verlassen. Ein sehr gutes Olivenöl zeichnet sich dadurch aus, dass es aus biologischem Anbau stammt, dass die Oliven unreif geerntet und innerhalb weniger Stunden unter Luftabschluss gepresst wurden. Ein solches Öl sollte in seiner Beschreibung mindestens 250 Milligramm Polyphenole aufweisen. Diese Sekundärstoffe tragen erheblich zum Schutz von Herz und Gefäßen bei, sie sind vermutlich sogar entscheidender dafür als die cholesterinsenkende Ölsäure. Zudem machen sie das Öl haltbarer und hitzebeständig, sodass sich polyphenolreiche Öle gut zum Braten eignen. Ein solches Olivenöl schmeckt intensiv und durchaus etwas bitter.

Pflaumenkernöl

Eine Marzipannote im Ketodessert? Kalt gepresstes Pflaumenkernöl macht´s möglich. Es riecht und schmeckt nicht nach Pflaume, sondern duftet aromatisch nach Marzipan, der Geschmack ist dezent. Das Öl eignet sich hervorragend, um Ketodesserts, -Müslis, -Kuchen, -Konfekt, -Kakao oder -Eis auf delikate Weise mit Fett anzureichern. Auch schön zum Aromatisieren von Schlagsahne und für Salatdressings.

Walnussöl

Es enthält ebenso viel pflanzliche Omega-3-Fettsäuren (alpha-Linolensäure) wie Rapsöl, ist zudem sehr delikat im Geschmack und bringt nussige Abwechslung an Salate, Dips und Gemüsegerichte. Auch seine antioxidativen Phenole und sein Vitamin E (vor allem gamma-Tocopherol) machen das Öl der Walnuss zu einer Besonderheit. Es wirkt zudem desinfizierend und cholesterinsenkend. Natives Walnussöl sollte nicht erhitzt werden, es wird bei warmen Gerichten erst am Ende zugefügt.

Keto-Booster

So heißen Lebensmittel oder Inhaltsstoffe, die die Ketonbildung (Ketogenese) besonders fördern. Man kann sie nutzen, um seine Ketonwerte zu steigern. Die natürlichsten und ältesten Keto-Booster sind Fasten und Sport, beide erleichtern den Einstieg in eine ketogene Ernährung. Die schnellsten Keto-Booster sind MCT-Öle (MCT = englisch für Medium Chain Triglycerides). Dabei handelt es sich um Öle, die ausschließlich aus mittelkettigen Fettsäuren bestehen. Deren Besonderheit ist, dass sie einen kürzeren Weg zur Leber haben als langkettige Fettsäuren, wie sie in anderen Ölen, in Fisch oder Nüssen dominieren. Mittelkettige Fettsäuren gelangen direkt zur Leber und regen dort die Ketonbildung auch unabhängig von der restlichen Nahrung an.

MCT-Öle sind neutral schmeckende, jedoch nicht hitzebeständige Konzentrate, die aus Kokos- und Palmkernöl hergestellt werden. Auch Kokosöl schubst die Ketonbildung an. Weil es außerdem noch lecker schmeckt und sehr gut hitzebeständig ist, wird es in Ketorezepten gerne eingesetzt. Es fördert die Ketonbildung langsamer und milder als MCT-Öle, weil es eine etwas andere Fettsäurezusammensetzung hat. Dafür hält seine Wirkung jedoch länger an. MCT- und Kokosöl können auch gemischt werden, dann hat man einen schnellen und anhaltenden Anstieg der Ketonwerte. Ein bekanntes Keto-Booster-Rezept ist der sogenannte Bulletproof-Coffee aus Kaffee, der mit Kokosöl und/oder MCT-Öl und gegebenenfalls etwas Butter (sie enthält auch ein paar mittelkettige Fettsäuren und sie emulgiert die Öl-Kaffee-Mischung) gemixt wird. Er sorgt schnell für mehr Ketone, und Demenzpatienten berichten, dass Bulletproof-Kaffee mit reichlich MCT-Öl in ihrem Kopf »die Lichter anschaltet«. Aber: Wer abnehmen möchte, kann das kalorienreiche Getränk zwar im Austausch gegen eine Mahlzeit genießen, nicht jedoch zusätzlich. Dann hilft es eher beim Zunehmen.

Auch Grüntee, Zitrone und Zimt unterstützen die Ketonbildung, jedoch auf einem anderen Weg: Ihre Sekundärstoffe helfen, den Insulin- und Zuckerspiegel flach zu halten und die Fettverbrennung anzukurbeln. Beides fördert die Ketogenese, ebenso das Koffein in Kaffee und Tee. Trinken Sie daher regelmäßig grünen Tee und Wasser mit einem Spritzer Zitrone und würzen Sie mit Zimt, der übrigens auch prima zu Fleischgerichten passt.

Die Eiweißfrage

Eiweiß (Protein) ist ein sehr wichtiger Nährstoff. Denn unser Körper kann nicht alle Eiweißbausteine selbst herstellen, die er zum Wachstum, zur Regeneration, für die Wundheilung, den Muskelaufbau und -erhalt, fürs Immunsystem, die Verdauungssäfte oder die Herstellung seiner »Werkzeuge« (Enzyme), von Botenstoffen (Neurotransmittern) und manchen Hormonen braucht. Deswegen müssen wir genug

Protein essen. Wie viel genug ist, hängt davon ab, wie alt man ist, wie gesund oder krank, wie dick oder dünn, wie aktiv oder inaktiv. Unsere Rezepte und Übersichten für bestimmte Erkrankungen sind darauf abgestimmt.

Als Faustregel kann gelten: mindestens 0,8 Gramm pro Kilogramm Körpergewicht täglich, also zum Beispiel 48 Gramm bei einem Gewicht von 60 Kilogramm oder 80 Gramm bei einem Gewicht von 100 Kilogramm. Bei Kindern, Jugendlichen, Senioren, Vegetariern und Veganern und bei Kraftsportlern ist der Eiweißbedarf höher, er liegt dann bei etwa 1,5 bis 2 Gramm pro Kilogramm Körpergewicht. Bei starkem Übergewicht legt man zur Mengenbestimmung nicht das tatsächliche Körpergewicht, sondern das Normalgewicht zugrunde. Also auch wenn man aktuell vielleicht 130 Kilogramm auf die Waage bringt, wird von einem Normalgewicht von 90 Kilogramm ausgegangen, was einen täglichen Eiweißbedarf von etwa 72 Gramm bedeutet (90 x 0,8 = 72).

Nicht nur wer abnehmen möchte, profitiert von einer guten Proteinversorgung, denn Eiweiß ist der Nährstoff, der am besten und nachhaltigsten sättigt. Zudem kann Eiweiß die Blutdruck- und die Cholesterinwerte verbessern. Das ist auch für Diabetiker ideal, eine normale Nierenfunktion vorausgesetzt.

Sehr oft heißt es jedoch, zu viel Eiweiß werfe einen aus der Ketose. Denn aus überschüssigem Protein könne die Leber Zucker herstellen, sodass der Blutzucker steige, was die Ketose unterbinden könne. Doch das ist bestenfalls die halbe Wahrheit, denn die Umwandlung von Eiweiß in Zucker erfolgt nur bei Bedarf. Ist man gut in Ketose, braucht der Körper nur wenig Zucker und die Blutzuckerwerte sind in der Regel im niedrigen Normalbereich, also nicht erhöht. Eher stört zu viel Protein die Ketonbildung, weil es eine Insulinausschüttung auslöst und weil Insulin die Ketonbildung bremst. Am besten testet man den Effekt individuell aus, indem man einfach mal misst, ob und wie die Ketonwerte reagieren (siehe Seite 18), wenn die Fleisch-, Fisch-, Quark-, Käse- oder Tofuportion einmal größer oder kleiner ausfiel. Wer auf zu viel Eiweiß mit einem großen Abfall der Ketone reagiert, kann seine Eiweißportionen etwas verringern. Eine ausreichende Zufuhr hat jedoch Vorrang.

Es geht auch vegetarisch – und vegan

Sich ketovegetarisch zu ernähren ist unproblematisch, denn die Palette der hochwertigen pflanzlichen Fette ist groß (siehe Seite 22) und es können ja Eier, Käse und fette Milchprodukte eingebunden werden. Wer sich allerdings vegan und keto ernähren möchte, muss sich ein solides Ernährungswissen aneignen und besonderes Augenmerk auf die Versorgung mit Mikronährstoffen und Eiweiß legen. Denn die vegane Ernährung ist zwar reich an sekundären Pflanzenstoffen, sie liefert jedoch kein Vitamin B12 und wenn man nicht aufpasst, ist sie arm an Eisen, Zink, Selen, Jod, hoch ungesättigten Omega-3-Fettsäuren sowie Eiweiß. Als Ersatz für Milch und Milchprodukte können bei veganer Ernährung pflanzliche Drinks verwendet werden. Sie enthalten jedoch deutlich weniger Protein als Milch, was im Tagesplan berücksichtigt werden muss.

Hochwertige pflanzliche Eiweißquellen sind Nüsse, Samen, Keimlinge und Hülsenfrüchte, Tofu, Tempeh und Lupinen. Bei rein pflanzlicher Ernährung sollten täglich 1,5 Gramm Eiweiß pro Kilogramm Körpergewicht gegessen werden. Allerdings bringen pflanzliche Eiweißquellen meist auch viele Kohlenhydrate mit, sodass es bei guter veganer Eiweißversorgung schwierig werden kann, in Ketose zu kommen. Oder anders gesagt: Wer allein mit pflanzlichen Lebensmitteln in Ketose kommen möchte, läuft Gefahr, zu wenig Eiweiß zu bekommen. Nach derzeitigem wissenschaftlichem Stand gilt eine pesco-vegane Ernährung als optimal, wenn also ab und zu Fisch gegessen wird. Wer das nicht möchte, sollte seine Mahlzeiten bei Bedarf mit kohlenhydratarmen Proteinshakes aus hochwertigem, isoliertem Pflanzenprotein ergänzen, beispielsweise aus Erbsen- oder Hanfprotein.

TIPP

Wir empfehlen bei veganer Ernährung zweimal jährlich Laborkontrollen, um eventuelle Mängel aufzudecken.

Ketogene Ratio

Die ketogene Ratio (KR) beschreibt das Verhältnis der Hauptnährstoffe eines Ketogerichtes. Hauptnährstoffe sind Fett, Eiweiß und Kohlenhydrate. Möchten Sie Keto einfach nur mal so aus Spaß ausprobieren oder damit abnehmen, müssen Sie keine KR beachten (es sei denn, Sie haben Spaß an Zahlen). Wer jedoch mithilfe der Ernährung besonders viele Ketone bilden will oder aufgrund einer Erkrankung bilden sollte, dem hilft die ketogene Ratio. Denn je höher die Ratio, desto mehr Ketone kann der Körper bilden.

$$\text{Ketogene Ratio (KR)} = \frac{\text{Fettgehalt (in Gramm)}}{\text{Gehalt an Kohlenhydraten und Eiweiß (in Gramm)}}$$

Wer sicher in Ketose gelangen möchte, kann auf eine KR von mindestens 2 : 1 achten – so sind auch viele Rezepte in diesem Buch ausgelegt. Zum Abnehmen ist eine Ratio von 1 : 1 optimal. Zur Therapieunterstützung bei neurologischen Leiden, bei Krebserkrankung oder zum Zunehmen ist jedoch eher eine ketogene Ratio von 3 : 1 oder 4 : 1 empfehlenswert.

Was heißt das konkret?

→ Eine ketogene Ratio von 1 : 1 besagt, dass in einem Gericht genauso viel Fett enthalten ist wie Kohlenhydrate und Eiweiß zusammen.

→ Eine ketogene Ratio von 2 : 1 bedeutet, dass ein Gericht doppelt so viel Fett aufweist wie Kohlenhydrate und Eiweiß zusammen.

→ Bei einer Ratio von 3 : 1 ist die Fettmenge dreimal so hoch wie die von Kohlenhydraten und Proteinen zusammen.

→ Beim Faktor 4 : 1 ist die Menge an Fett viermal so hoch wie die von Kohlenhydraten und Proteinen zusammen.

Auf- und Abfetten

Sie finden ein Rezept attraktiv oder lecker, es hat aber die »falsche« ketogene Ratio für Sie? Kein Problem, Sie können das ganz leicht anpassen, indem Sie den Fettgehalt steigern oder verringern. Fügen Sie mehr Fett hinzu, erhöht sich die ketogene Ratio und es können mehr Ketone gebildet werden. Verringern Sie den Fettgehalt, sinkt die ketogene Ratio und es entstehen weniger Ketone.

Natürlich müssen Sie zur Steigerung der ketogenen Ratio Ihre Gerichte nicht in Öl ertränken! Auffetten gelingt einfach und ohne lästige Fettaugen mit den richtigen, von Natur aus reichhaltigeren »Alternativen«, zum Beispiel mit Mascarpone oder Crème fraîche anstelle saurer Sahne, mit Nüssen statt Leinsamen oder mit etwas mehr fettem Fisch. Auch fettreiche Dips, Saucen, (selbst gemachte) Mayonnaisen, Avocados oder Nussmuse eignen sich hervorragend zum schmackhaften Auffetten, im Rezeptteil finden Sie dazu viele Tipps.

Und Abfetten? Geht genau umgekehrt: Quark anstelle von Sahnejoghurt, saure Sahne statt Crème fraîche, weniger Nüsse, mehr Leinsamen, Frischkäse anstelle von Mascarpone, eher magere Teilstücke beim Fleisch, weniger Käse.

Wie funktioniert das konkret?

- → Um eine ketogene Ratio von 2 : 1 auf 1 : 1 abzufetten, muss der Fettgehalt um die Hälfte verringert werden.
- → Um eine ketogene Ratio von 2 : 1 auf 3 : 1 zu erhöhen, muss noch einmal die Hälfte des aktuellen Fettgehaltes zugefügt werden. Für eine Ratio von 4 : 1 muss der aktuelle Fettgehalt verdoppelt werden.

Alternativ kann zum Auffetten natürlich auch der Kohlenhydratgehalt weiter verringert werden. Am Proteingehalt sollten Sie dagegen nichts verändern, denn Eiweiß ist ein wichtiger Nährstoff, von dem wir stets genug essen sollten.

Supplemente: wenn nötig

Eine gesunde ketogene Ernährung, die reich an pflanzlichen Lebensmitteln ist, liefert ausreichend Vitamine, Mineralstoffe und, sofern man darauf achtet, auch genug Ballaststoffe. Ob zusätzliche Nährstoffgaben nötig sind, hängt vom individuellen Versorgungsstatus ab und davon, ob tierische Lebensmittel einbezogen werden oder nicht. Ideal ist es, die wichtigsten Vitamin-, Mineralstoff- und Eiweißwerte vorab messen zu lassen. Etwaige Nährstofflücken sollten gezielt geschlossen werden. Wer sich über viele Monate oder Jahre sehr streng ketogen ernährt (ketogene Ratio 3 : 1 oder 4 : 1), benötigt unter Umständen Carnitin. Auch hier empfiehlt sich eine regelmäßige, etwa halbjährliche Laborkontrolle.

Was über Kohlenhydrate noch zu sagen bleibt

Kurz gesagt: Sie werden überschätzt! Seit Langem steht fest, dass Kohlenhydrate nicht essenziell sind, also keine lebens- und zufuhrnotwendigen Nährstoffe darstellen. Die wenigen Kohlenhydrate, die der Körper zum Beispiel für die roten Blutkörperchen und manche Hirnzellen benötigt, kann er auch selbst herstellen.

Praktisch alle Kohlenhydrate, die wir essen, werden im Zuge der Verdauung in Zucker umgewandelt. Deswegen müssen in der ketogenen Ernährung auch die stärkereichen Lebensmittel gemieden werden. Es ist jedoch nicht nötig und wäre auch eine unnötige Erschwernis, auf jegliche Kohlenhydratzufuhr zu verzichten. Man müsste ja dafür jegliches Gemüse und Obst ausschließen, dürfte weder Nüsse noch Milchprodukte essen. Das ist nicht nur unnötig, es wäre auch der Gesundheit nicht zuträglich. Denn viele wichtige Nähr- und Wirkstoffe stecken in Pflanzen – und die bringen eben ein paar Kohlenhydrate mit. Deswegen sind bei einer wohlformulierten ketogenen Ernährung auch bis zu 50 Gramm Kohlenhydrate erlaubt. Viele Kohlenhydratquellen lassen sich durch Fermentieren kohlenhydratärmer, gesünder und ketotauglicher machen (siehe Seite 33).

Sekundäre Pflanzenstoffe

Sekundäre Pflanzenstoffe sind im Gegensatz zu Nährstoffen nicht lebensnotwendig. Dennoch sind sie gesundheitlich sehr bedeutsam, wir nennen sie daher Wirkstoffe. Sie werden von Pflanzen zum Schutz vor Schädlingen und Krankheiten gebildet, um Nützlinge anzulocken (z. B. die Farbstoffe) oder als Wachstumsregulatoren. Diese Wirkstoffe verfügen teils über arzneiliche (pharmakologische) Effekte, daher können sie wie Medikamente wirken. Sekundärstoffe unterstützen den Körper im Kampf gegen Krebs, Infektionen oder wirken als Antioxidantien dem Stress durch zu viele freie Radikale entgegen. Die bekanntesten sekundären Pflanzeninhaltsstoffe sind Carotinoide, Polyphenole, Phytosterine, Phytoöstrogene, Glukosinolate und eine Vielzahl an weiteren Antioxidantien. Zur großen Gruppe der Polyphenole gehören Flavonoide und Anthozyane. Polyphenole bekämpfen effektiv Viren, Bakterien und Pilze. Zudem nähren sie unser Mikrobiom im Darm, dienen also als »Bakterienfutter« (Präbiotika). Besonders viele Polyphenole finden sich in Granatäpfeln, in Grüntee, Kurkuma, Kakao und allen roten und dunklen Beeren.

Bitterstoffe

Heutzutage enthalten Gemüse und Salate deutlich weniger Bitterstoffe, denn sie wurden ihnen weitgehend weggezüchtet. Dafür sind unsere Geschmacksknospen durch die vielen zuckrigen Lebensmittel, die uns zur Verfügung stehen, zunehmend auf süß getrimmt. Das ist ungünstig, denn Bitterstoffe haben wichtige Funktionen im Körper, ein Mangel kann sogar krank machen. Nicht nur, dass Bitterstoffe als »Essbremse« dienen und damit unsere oft unstillbare Lust auf Süßes reduzieren können, sie regeln auch die Insulinausschüttung herunter und fungieren als natürliche Fatburner. Durch die Aktivierung unserer Verdauungsdrüsen, insbesondere Leber und Bauchspeicheldrüse, heizen sie unsere Verdauungs- und Stoffwechselvorgänge an, mithilfe eines verbesserten Galleflusses fördern sie die Fettverdauung. Sie helfen gegen Darmträgheit und wirken entgiftend, was Blähungen, Gärungs- und Fäulnisprozesse verringert. Bitterstoffe stärken zudem das natürliche Säure-Basen-Gleichgewicht und wirken regulierend auf das Immunsystem ein. Sie können auch in Form von Tees, Wildkräutern, Schwedenkräutern und Gemüse, deren Bitterstoffe nicht herausgezüchtet wurden, zugeführt werden. Dazu zählen: Artischocke, Radicchio, Chicorée, Endiviensalat und Löwenzahn. Insbesondere die Wildsorten enthalten noch ausreichend Bitterstoffe.

Darmflora/Probiotika

Schon die Ärzte der Antike haben erkannt, dass unser Darm und die Myriaden seiner Mitbewohner ganz entscheidend unsere Gesundheit und unser Wohlbefinden beeinflussen. Doch erst die moderne Forschung hat es möglich gemacht, die Zusammenhänge genauer zu verstehen. Zwar wissen wir auch heute noch lange nicht alles darüber, es ist jedoch unstrittig, dass eine vielfältige Darmflora nicht nur unseren Darm gesund hält, sondern auf alle Organe einwirkt, bis hinauf zum Gehirn. Deshalb ist es wichtig, dass unsere Ernährung auch unsere nützlichen Darmbewohner mitversorgt, insbesondere mit Sekundärstoffen und Ballaststoffen (Präbiotika). Neben diesem »Bakterienfutter« ist es auch hilfreich, wenn wir nützliche Bakterien essen (Probiotika), die, nachdem sie die Magenpassage überstanden haben, ihre Wirkungen im Darm entfalten können. Sie sind insbesondere in fermentierten Lebensmitteln wie milchsaurem Gemüse enthalten (siehe Seite 33), aber auch in Sauermilchprodukten.

Wenn süß, dann bitte so

Üblicher Zucker ist bei ketogener Ernährung tabu, ebenso Honig, Agavendicksaft, Kokosblütenzucker und andere Süßungsmittel, die verwertbare Kohlenhydrate enthalten. Selbst süße Früchte wie Ananas, Weintrauben oder Bananen sind zu kohlenhydratreich für diese Ernährungsweise. Beerenobst enthält dagegen nur um die 5 Prozent Kohlenhydrate und wird daher in moderaten Mengen (z. B. 50–100 g) empfohlen. Für einen intensiveren Geschmack können Sie einen Teil der Früchte zerdrücken oder pürieren und den Rest in kleine Stückchen schneiden. So sieht es auch nach mehr aus. Gewürze wie Vanille oder Zimt unterstreichen den Geschmack, ebenso süßliche Öle wie Kokos-, Mandel- oder Pflaumenkernöl.

Doch was ist mit Kuchen, Keksen, Eis oder Desserts? Es gibt Menschen, die völlig auf süße Speisen verzichten können. Doch für die meisten ist die ketogene Ernährung sehr viel einfacher, wenn es auch mal etwas Süßes gibt. Da die meisten Süßstoffe im Verdacht stehen, die Darmflora und die Hunger-Sättigungs-Regulation zu stören, genießen Sie keinen guten Ruf. Der Zuckeralkohol Xylit (Birkenzucker) enthält zwar nur wenige verwertbare Kohlenhydrate und nur etwa die Hälfte des Kaloriengehaltes von Zucker, er kann aber bei empfindlichen Personen leicht Darmgrummeln verursachen (und er ist für Hunde giftig). Als Zuckeralternativen eignen sich für die ketogene Ernährung daher am besten Erythrit und Stevia, einzeln oder in Kombination.

Stevia ist ein Süßstoff, der aus der Pflanze *Stevia rhebaudiana* gewonnen wird, die in vielen Kulturen seit Langem zum Süßen und zur Senkung von Blutzucker und Blutdruck genutzt wird. Man schlägt also mehrere Fliegen mit einer Klappe, zudem sind von Stevia keine negativen Nebeneffekte bekannt. Allerdings hat es einen bitteren Beigeschmack, der häufig als unangenehm empfunden wird. Er fällt jedoch kaum mehr auf, wenn Stevia mit Erythrit kombiniert wird.

Erythrit (oder Erythritol) ist ebenfalls natürlichen Ursprungs und hat gegenüber Xylit mehrere Vorteile: Es enthält weder verwertbare Kohlenhydrate noch Kalorien. Es steigert weder den Blutzucker- noch den Insulinspiegel, der Körper scheidet es praktisch unverändert wieder aus, es ist gut für die Zähne und besser darmverträglich. Allerdings hat es einen Kühleffekt im Mund, den manche Menschen nicht mögen. In Produkten, die Erythrit mit Stevia kombinieren, fällt er jedoch nicht mehr auf. (Bezugsquellen für beide Zuckeralternativen finden Sie auf Seite 296.)

Zuckeraustauschstoffe sind chemisch Zuckeralkohole. Sie machen nicht betrunken, müssen jedoch auf den Etiketten als Kohlenhydrate gekennzeichnet werden. Das führt oft zu Irritationen, weil nicht immer dabeisteht, dass es sich bei diesen um (weitgehend) unverwertbare Zuckeralkohole handelt. Erythrit muss auf die tägliche Kohlenhydratmenge nicht angerechnet werden.

Fermentieren

Lebensmittel, die von Natur aus kohlenhydratarm sind, gehören zu den Stars der Ketoküche. Doch stärkereiche Gemüse, süße Früchte und Milch enthalten Kohlenhydrate in Mengen, die sich schnell summieren. Was tun? Hier bietet das Fermentieren (= milchsauer Vergären) eine wunderbare Möglichkeit, den Kohlenhydratgehalt auf gesunde und natürliche Weise zu reduzieren. Beim Fermentieren bauen Milchsäurebakterien und andere nützliche Mikroorgansimen (andere Bakterien, Pilz- und Hefekulturen bzw. deren Enzyme) einen Teil der Kohlenhydrate und, wo vorhanden, auch die löslichen Ballaststoffe ab und vermehren sich dabei prächtig. Deshalb sind Joghurt, Kefir oder Sauermilch so gesund und zudem ketotauglicher als Trinkmilch, sind Sauerkraut, Kimchi, fermentierte Möhren, Rote Bete, Gurken oder Zwiebeln kohlenhydratärmer und damit ketotauglicher als die frischen Varianten, sind trockener Wein und Apfelwein besser geeignet als Trauben- oder Apfelsaft.

Doch das ist noch nicht alles: Durch die Tätigkeit der Mikroorganismen entstehen organische Säuren wie die Milchsäure, wodurch der pH-Wert im vergorenen Lebensmittel sinkt, es wird saurer. Durch die Säure und den Ausschluss von Sauerstoff haben krankmachende Keime keine Überlebenschance. Zudem verdrängen die Milchsäurebakterien andere Bakterien und Hefen, sodass Fermentiertes weniger schnell verdirbt. Durch die Tätigkeit der nützlichen Kleinstlebewesen entstehen außerdem Vitamine und eine Vielzahl neuer Aromen und Sekundärstoffe, die zur geschmacklichen Vielfalt und zur Darmgesundheit beitragen. Durch den partiellen Abbau von Ballaststoffen wird die Struktur des Gärgutes zudem »mürber«, sodass Fermentiertes auch leichter verdaulich ist.

Die durch Fermentieren neu gebildeten Säuren helfen außerdem dabei, Blutzucker und Insulinspiegel flach zu halten, was die Ketose unterstützt und gesund für den ganzen Körper ist. Außerdem fördern sie die Autophagie (Körperzellentgiftung). Die dabei aktiven Mikroorganismen können sich darüber hinaus auch im Darm nützlich machen. Um sie zu erhalten, sollten die fermentierten Lebensmittel nach der Gärung nicht erhitzt werden. Fertig gekaufte Sauerkonserven sind jedoch in der Regel erhitzt und enthalten oft Zucker oder Süßstoffe. Daher sind sie nicht optimal. Achten Sie beim Einkaufen auf die Deklaration. Oder fermentieren Sie selbst!

Keto Low Budget

Biofleisch, native Öle, Avocados, Mandelmehl – manche Zutaten für eine wohlformulierte, hochwertige Ketoküche können teuer sein. Was tun, wenn das Budget knapp oder die Familie groß ist und die Einkäufe ohnehin schon genug Geld verschlingen? Auch dann ist eine ketogene Ernährung sehr gut möglich! Die folgenden Tipps helfen dabei:

1. Saisonal einkaufen
   Was Saison hat, ist zu dieser Zeit nicht nur nährstoffreicher und schmackhafter, sondern meist auch viel günstiger zu haben als außerhalb der saisonalen Erntezeit. Heimisches Kohlgemüse wie Blumenkohl, Weißkohl und Wirsing sowie Knollensellerie sind ketotaugliche Nährstoffbomben und zudem meist recht preiswert.

2. Größere Mengen einkaufen
   Ob Fleisch, Wurst, Käse, Gemüse, Öl, Nüsse oder Gewürze: Wer in größeren Mengen einkauft, kann tüchtig Geld sparen – und Verpackungsmaterial. Achten Sie aber darauf, dass die Einkäufe lange genug haltbar sind, beziehungsweise dass Sie alles verwerten (auch Reste), einfrieren oder konservieren können. So haben Sie immer schöne Vorräte und können beim Kochen improvisieren.

3. TK-Produkte kaufen
   Gerade bei Beerenobst, Kräutern, Pilzen oder Gemüse sind TK-Produkte oft deutlich günstiger als frische Ware. Bitte achten Sie aber darauf, dass keine Geschmacksverstärker, Zucker oder sonstige kohlenhydratreiche Zusätze enthalten sind.

4. Direkt beim Erzeuger kaufen
   Wer sich in der Nähe seines Wohnortes umschaut, kann oft Biofleisch, Eier, Forellen, Obst oder Gemüse günstiger einkaufen. Auch hochwertiges Olivenöl direkt beim Erzeuger (und in 5-Liter-Kanistern anstelle kleiner Flaschen) zu kaufen, spart Geld und ist nachhaltiger, sofern keine langen Anfahrten oder Transportwege anfallen.

5. Streuobstwiesen und Selbstpflückanlagen nutzen
   Wer auf dem Land lebt, wird sich oft wundern, wie häufig Kirschen, Walnüsse, Äpfel oder Birnen ungenutzt am Baum hängen bleiben. Sprechen Sie mit den Besitzern und fragen Sie, ob Sie etwas ernten dürfen. Beerenobst selbst zu pflücken, macht auch Kindern Spaß.

6. Kräuter selbst ziehen und Wildkräuter beim Spazierengehen sammeln
   Kräuter, von Basilikum über Thymian und Minze bis Melisse oder Rosmarin, gedeihen gut und leicht in Töpfen, ob auf der Fensterbank, auf dem Balkon, im Hochbeet oder im Garten. Kresse lässt sich sogar auf Papiertaschentüchern oder Wattepads ziehen.

7. Fettreichere Teilstücke und – wer mag – Innereien bevorzugen
Durchwachsenes Fleisch passt nicht nur viel besser in eine ketogene Ernährung, es ist zudem auch günstiger als Filet und Schnitzel. Das gilt im Übrigen auch für Gehacktes, Hühnerkeulen und ganze Hähnchen mit Haut. Innereien wie Nieren oder Leber enthalten zwar wenig Fett und kleine Mengen an Kohlenhydraten, sie sind jedoch preiswert und extrem nährstoffreich und dürfen die ketogene Küche ruhig gelegentlich bereichern. Hier ist Bioqualität besonders wichtig.

8. Hering oder Makrele statt Lachs
Auch preiswerte Fische wie Heringe, Makrelen, Sprotten und Sardinen sind fettreich und liefern wertvolle Omega-3-Fettsäuren. Wichtig ist in jedem Fall die Qualität, daher sollten Sie, wann immer möglich, Fische aus Wildfang, nachhaltiger Fischerei oder ökologischer Aquakultur bevorzugen.

9. Fisch aus der Konserve
Klar, fangfrisch ist das Optimum, doch wenn das nicht möglich ist, können Sie auch auf Fischkonserven zurückgreifen. Wichtig ist auch hier die Herkunft (siehe oben) und dass keine kohlenhydratreichen Beigaben wie Hülsenfrüchte oder Reis und keine Omega-6-reichen Öle wie etwa Sonnenblumenöl enthalten sind. Bevorzugen Sie Fischkonserven im eigenen Saft oder in nativem Olivenöl.

10. Gemüse und Öl statt Avocado
Avocados können sehr lecker, aber auch teuer sein, zudem benötigt ihre Erzeugung viel Wasser und ist oft nicht nachhaltig. Erhöhen Sie stattdessen den Gemüseanteil im Rezept und kompensieren Sie das fehlende Fett zum Beispiel durch ein paar Mandeln und etwas Olivenöl.

11. Wasser: Leitung statt Flasche, Wein: Apfel statt Traube
Trinken Sie Leitungswasser, sofern die Wasserqualität vor Ort dies zulässt. Und statt Riesling oder Scheurebe ist gerade im Sommer ein Apfelwein ketotauglich, erfrischend und günstig, zumal er üblicherweise mit reichlich Sprudelwasser verdünnt (sauer gespritzt) genossen wird.

12. Konventionell, aber frisch kaufen
Wenn Sie sich keine Bioware leisten können oder es gerade keine gibt, wählen Sie konventionelle, jedoch frische und saisonale Grundnahrungsmittel.

13. Rezepte abwandeln, Zutaten austauschen, selbst machen
Brokkoli statt grüner Spargel, Nusssplitter statt Pinienkerne, gemahlene Mandeln statt Mandelmehl, Leinsaat anstelle von Chiasamen, natives Olivenöl anstelle von Mandel- oder Avocadoöl – es gibt vielfältige Möglichkeiten, ein Rezept preiswerter umzusetzen. Das Selbstmachen lohnt sich vor allem bei Ketobroten und Riegeln, die

sich aus Grundzutaten genauso einfach, jedoch preiswerter herstellen lassen als mit Fertigmischungen.

14. Beim Discounter nach ketotauglichen Produkten suchen
Suchen Sie gezielt nach Bio-Produkten, nach zuckerfreien Produkten und nach Produkten aus/mit nativen Ölen. Allerdings sind ketotaugliche Fertigprodukte wie Riegel, Brote oder Backmischungen oft überteuert und keine besonders hochwertige Bioqualität, selbst machen lohnt sich hier besonders!

Das sagt der ketoerfahrene Patient

Jürgen K., 53 Jahre, der mit Keto in fünf Monaten 28 Kilo abspecken, unter anderem seine Blutdrucksenker und Mittel gegen Sodbrennen absetzen konnte und der dabei die Freude am Kochen für sich entdeckt hat, nachdem er sich zuvor jahrelang von der Tankstelle und vom Bäcker ernährt hat, sagt: »Zum Discounter gehen wir trotzdem. Denn dort gibt es mehr und mehr sehr gute Produkte in Bio-Qualität. Das alles ist etwas teurer als Produkte aus dem Billigregal. Aber erstens ist mir das meine Gesundheit wert und zweitens spare ich das bei den Medikamenten wieder ein.«

Keto nachhaltig

Der ketogenen Ernährung wird oft nachgesagt, sie sei im doppelten Sinn nicht nachhaltig: Weder könne man sie lange durchhalten, noch sei sie klima- oder umweltfreundlich. Zum ersten Punkt: Wir kennen Menschen, die sich seit vielen Jahren ketogen ernähren und denen es dabei ausgezeichnet geht. Wissenschaftliche Studien mit epilepsiekranken Kindern und Jugendlichen bestätigen dies: Eine ketogene Ernährung kann (sie muss nicht) auch über Jahre eingehalten und mit Genuss verzehrt werden. Unsere Rezepte zeigen Ihnen, dass die ketogene Ernährung alles andere als eintönig ist. Sie ist auch keine Speck-und-Eier-Diät, womit wir beim zweiten Punkt wären: Es spricht zwar nichts gegen Speck und Eier, doch enthalten unsere Ketorezepte neben hochwertigen tierischen Lebensmitteln immer auch einen hohen Anteil an Gemüse, Salaten, Kräutern oder Pilzen. Viele Rezepte sind vegetarisch oder vegan, sodass für jeden Geschmack etwas dabei ist.

Ob die Ernährung nachhaltig ist, hängt jedoch in erster Linie davon ab, wie Sie einkaufen! Daher empfehlen wir Ihnen, wann immer möglich auf ökologisch angebaute Pflanzen und eventuell auf Wildsammlung zurückzugreifen oder selbst anzubauen. Wir raten Ihnen auch, regional, saisonal und möglichst die besten Bio-Öle zu kaufen. Tierische Lebensmittel wie Fleisch, Wurst, Fisch, Eier und Milch sind nachhaltig, wenn die Tiere artgerecht gefüttert und gehalten werden. Wählen Sie auch hier Bioware und suchen Sie nach Bauernhöfen in Ihrer Gegend, die eine nachhaltige Viehwirtschaft betreiben. Greifen Sie ruhig mal zu Wild aus hiesigen Wäldern und Fischen aus heimischen Seen oder Teichen. Die Idee, dass tierische Lebensmittel per se der Gesundheit schaden, ist absurd. Ihre Erzeugung belastet die Umwelt bei der üblichen Massenproduktion auf dem Land und im Wasser. Eine nachhaltige Tierproduktion ist jedoch nicht nur möglich, sie ist für den Klima- und Bodenschutz sogar unabdingbar.

INFO: Pestizide in Gemüse

Die Lebensmittelüberwachungsbehörde Stuttgart fand 2019 in 93 Prozent der getesteten Gemüseproben Rückstände von Pestizidwirkstoffen. 18 Prozent aller Proben enthielten Rückstände oberhalb der gesetzlich festgelegten Höchstmengen und hätten nicht verkauft werden dürfen. Im Biolandbau ist der Einsatz synthetischer Pestizide verboten, daher lohnt sich der Kauf von Biogemüse mit einem Siegel der Bioverbände (wie z. B. Demeter, Bioland, Naturland).

Ich bin dann mal keto

In die ketogene Ernährung kann man langsam, über eine bis zwei Wochen einsteigen, man kann aber auch von heute auf morgen beginnen. Das ist einerseits Typsache, hängt aber auch davon ab, wie Sie zuvor gegessen haben. Wer sehr lange wenig Fett und viele Kohlenhydrate zu sich genommen hat, sollte sich besser langsam einschleichen. Damit der Einstieg gut gelingt, haben wir im Praxisteil ab Seite 64 nicht nur leckere Rezepte, sondern auch viele Tipps für Sie zusammengestellt. Ein Übersichtsplan erleichtert es Ihnen, schnell die für Ihre jeweilige Situation oder Erkrankung passenden Gerichte zu erkennen. Und im Anhang (ab Seite 280) finden Sie Tipps zum Weiterlesen und Bezugsquellen für ketogene Lebensmittel und Umsetzungshilfen.

Wieso? Weshalb? Warum?

Jetzt haben Sie hoffentlich die Gebrauchsanweisung gelesen oder Sie wissen ohnehin schon, was eine ketogene Ernährung ist und was Sie beim Einstieg beachten sollten. Doch wie genau wirkt diese besondere Art und Weise zu essen?

Zwei wichtige Wirkprinzipien

1. Die drastische Reduktion der Kohlenhydrate

Wer weniger Kohlenhydrate isst, benötigt weniger Insulin. Dieses Hormon ist lebenswichtig und spielt eine große Rolle im Stoffwechsel – allerdings nicht nur im gesunden, sondern auch im kranken Stoffwechsel. Denn so wichtig das Insulin für den Fett- und Zuckerstoffwechsel ist, für Hunger und Sättigung, für Muskelaufbau, Gedächtnis und die Erinnerung, so groß sind die Probleme, die mit einem gestörten Insulinhaushalt einhergehen. Bei Über- und Fehlernährung, durch Veranlagung, bei Bewegungs-, Schlaf- und Lichtmangel oder bei zu viel Stress verliert es allmählich an Wirkung. Dann muss die Bauchspeicheldrüse immer mehr davon bilden, um überhaupt noch Wirkungen zu erzielen.

Man kann sich leicht vorstellen, wie sich das gegenseitig hochschaukelt: Es wird immer mehr Insulin gebildet, was aber immer weniger bewirkt. Am Ende ist andauernd viel zu viel Insulin im Blut (Hyperinsulinämie) und trotzdem fehlt es im ganzen Körper an Insulinwirkung, weil die Empfindlichkeit auf das Hormon herunterreguliert wird (Insulinresistenz). Beides sind wichtige Kennzeichen der allermeisten Zivilisationskrankheiten. Wir haben es hier also mit einem enorm wichtigen »Schalter« für eine bessere Gesundheit und mehr gesunde Lebensjahre zu tun!

Die Folgen von zu viel unwirksamem Insulin im Blut: Es bleibt zu viel Zucker im Blut, der zu Entzündungen führt, wichtige Eiweiße verklebt und unwirksam macht und der für viele Krebszellen ein gefundenes Fressen ist. Es gelangt ständig zu viel Fett ins Blut und in die Organe, die allmählich verfetten und sich entzünden, Zellen gehen zugrunde. Auch das Fettgewebe kann entzündet sein und sendet diese Botschaft dann in den gesamten Körper aus. Das viele Insulin im Blut fördert übermäßige Zellteilungen, erschwert das Abnehmen, behindert die Hunger- und Sättigungsregulation, den Lymphabfluss, das Lernen und die Gedächtnisbildung, stört andere Hormone bei der Arbeit. Langfristig drohen starkes Übergewicht, Typ-2-Diabetes, nichtalkoholische Fettleber, Krebserkrankungen, entzündliche Erkrankungen, Demenzen und vieles mehr.

Und weil Insulin außerdem auch noch die Ketonbildung blockiert, ist es für eine ketogene Ernährung so wichtig, nur wenig Insulin im Blut zu haben: nur so viel, wie es braucht, um gesund und fit zu sein. Und was lockt am meisten Insulin aus der Bauchspeicheldrüse? Kohlenhydrate! Deswegen ist die wichtigste Ernährungsmaßnahme zur Normalisierung der Insulinmenge und der Insulinwirkung schlicht und einfach, weniger Kohlenhydrate zu essen. Also weniger Brot, Reis, Nudeln, Kuchen, Gebäck, Mehl- und Süßspeisen, Honig, Zucker und damit gesüßte Getränke. So verhindert man nicht nur Insulin-, sondern auch Blutzuckerspitzen nach dem Essen. Übrigens: Körperliche Bewegung, Entspannung, gesunder Schlaf, Stressreduktion und ausreichend Sonnenlicht wirken in die gleiche Richtung und unterstützen die Ketose.

2. Die Bildung von Ketonen

Bei geringem Insulinspiegel kommt die Ketonbildung in der Leber so richtig in Schwung. Gefördert wird sie durch den Gegenspieler des Insulins, das Hormon Glukagon. Es wird ebenfalls von der Bauchspeicheldrüse gebildet, und zwar dann, wenn der Insulinpegel sinkt beziehungsweise niedrig ist. Das ist beim Fasten der Fall, im Hungerzustand, nachts, wenn wir schlafen, bei Kälte, wenn wir intensiv Sport treiben oder andere körperliche Hochleistungen erbringen, ohne dabei zu essen – etwa ein Kind zur Welt bringen oder hart arbeiten. Immer dann wird die Ketonbildung eingeschaltet, und mitverantwortlich dafür ist das Glukagon. Es fördert den Abbau und die Verwertung von Fetten, sodass die Leber reichlich Fettsäuren bekommt, aus denen sie Ketone basteln kann. Ob die Fette aus den Speckröllchen kommen oder vom Teller, ist der Leber egal.

Ketone: hochpotent und vielseitig

Ketone sind viel mehr als ein Treibstoff-Ersatz für Zucker! Sie sind:

- »Öko-Brennstoffe«, weil sie besonders sauber und schadstoffarm verwertet werden,
- Rettungssanitäterinnen, weil sie Proteine vor dem Verkleben durch Zucker (Bildung von sogenannten AGEs) schützen und weil sie einen Teil der Insulinwirkung übernehmen können,
- Baustoffe, weil das Gehirn aus ihnen wichtige Zellmembranbauteile herstellt,
- Maschinenbauer, weil sie die Bildung neuer Zellkraftwerke (Mitochondrien) fördern,

- → Schleusenwärterinnen, weil sie bestimmte Kanäle in den Zellmembranen öffnen und so regulieren, was hinein und hinaus gelangt,
- → Mediatoren, weil sie die Umwandlung anregender Botenstoffe (Glutamat) in beruhigende Botenstoffe ankurbeln (GABA),
- → Steuermänner, weil sie Gene ein- und ausschalten können und helfen, Zellwachstum und Zellteilung zu regulieren,
- → Recycling-Fachleute, weil sie dafür sorgen, dass defekte Zellbestandteile abgebaut und wiederverwendet werden (Autophagie),
- → Müllmänner, weil sie das Immunsystem bei seiner Arbeit unterstützen und dabei helfen, Krankheitserreger wie Viren und Bakterien unschädlich zu machen,
- → Feuerwehr, weil sie entzündungshemmend wirken,
- → Gärtner, weil sie das Gehirn »düngen« – mit dem Wachstumsfaktor BDNF – und »wässern«, indem sie die Durchblutung fördern.

Mit anderen Worten: Wohl denen, die (immer wieder mal) Ketone im Blut haben!

Den Schalter immer wieder mal umlegen: Low-Carb-Keto-(Intervall-)Fasten

Unser Körper ist ein wahrer Überlebenskünstler. Nicht nur, dass er in der Lage ist, zu jeder Sekunde Abermillionen biochemischer Reaktionen ablaufen zu lassen und Milliarden Zellen sinnvoll zu vernetzen, zu steuern und noch dazu unser enorm energiezehrendes Gehirn am Laufen zu halten. Er muss zudem auch reparieren, renovieren, austauschen und recyceln, gegebenenfalls wachsen, heilen und sich den jeweiligen Umständen anpassen. Das klingt nach viel Arbeit, und das ist es auch. Es ist so viel, dass sich im Lauf der Evolution sinnvolle Abläufe entwickeln mussten, damit alles zur optimalen Zeit passieren kann. Unser Körper arbeitet also Tag und Nacht, selbst wenn wir schlafen, und er muss funktionieren, ob es nun etwas zu essen gibt oder nicht und auch wenn wir körperlich stark gefordert sind. Und genau hierbei sind wiederum die Ketone hilfreich.

Denn immer, wenn der Körper besonders viel Energie benötigt oder wenn er über Stunden oder Tage nicht essen kann, schaltet er in einen anderen Stoffwechselmodus um: von der überwiegenden Zuckerverbrennung in die Verwertung von Fetten und Ketonen. Ähnlich wie ein Hybridmotor kann unser Körper also verschiedene Brennstoffe nutzen. Nachts, wenn wir schlafen (sollten), regeneriert und repariert, wächst und reift unser Organismus. Währenddessen lebt er von seinen Reserven, also überwiegend von Fett und wenigen Kohlenhydraten – genauso wie bei einer ketogenen Ernährung. Die Ketone unterstützen die Reinigungs- und Reparaturarbeiten (Autophagie), das Wachsen und Reifen. Ketone wirken antioxidativ, entzündungshemmend und das Immunsystem regulierend. Da auch beim Fasten vermehrt Ketone gebildet werden, sind sie für einen (erheblichen) Teil der überlieferten Vorteile des Fastens verantwortlich. Deswegen gilt die ketogene Ernährung auch als »fastenimitierende« Diät.

Doch selten ist es nötig oder sinnvoll, permanent in Ketose zu sein. Dem Körper tut es sogar besonders gut, wenn er regelmäßig zwischen den verschiedenen Stoffwechselzuständen hin- und herschalten kann. Zum Beispiel so: tagsüber essen, aktiv sein und Reserven einlagern. Nachts fasten, ruhen, regenerieren und dafür Reserven aufbrauchen. Das hält die Gefäße elastisch, das Hirn jung und den Stoffwechsel flexibel. Neue Studien sprechen dafür, dass ein flexibler Stoffwechsel erheblich zum Gesundbleiben beiträgt, zum Beispiel zum Schutz vor Übergewicht, Diabetes, Fettleber, hohen Blutfetten und dem Nachlassen kognitiver Fähigkeiten. Auch zum Wiedergesundwerden hat sich das (Kurzzeit-)Fasten bewährt: So vertragen Krebspatienten eine Chemo- oder Strahlentherapie oft besser, wenn sie zu dieser Zeit fasten. Bei MS-Patienten konnte ein einwöchiges Fasten die Symptome für drei Monate reduzieren. Und ganz allgemein profitiert unser Immunsystem davon, denn beim Fasten wird auch die sogenannte Xenophagie angeworfen (von *xenos* = fremd und *phagos* = Fresser), die dafür sorgt, dass Krankheitserreger wie Bakterien und Viren umhüllt und »gefressen« werden.

Die Vorteile dieser Stoffwechselumstellung können Sie schon durch ein mindestens 12-stündiges Fasten, am besten über Nacht, erfahren. Eine gute Methode nennt sich 16 : 8, dabei wird 16 Stunden lang gefastet und während des 8-stündigen Zeitfensters nimmt man die Mahlzeiten des Tages zu sich. Dreimal 16 : 8 pro Woche genügt als »Basistraining«, wer will oder neurologische Probleme hat, kann es gerne öfter tun.

Keto-Lifestyle: mental fokussiert, fit und leistungsfähig

Mit all diesen positiven Eigenschaften wecken die Ketone beziehungsweise die ketogene Ernährung natürlich auch das Interesse jener Mitmenschen, die gerne besonders gesund, fit und leistungsfähig sein möchten. In der Tat gibt es inzwischen viele »Keto-Lifestyler«, die nicht nur regelmäßig Sport treiben und Intervallfasten, sondern sich auch – zumindest phasenweise – ketogen ernähren. Sie berichten über eine hohe körperliche und geistige Ausdauer und Leistungsfähigkeit, dass sie sich sehr gut auf ihre Aufgaben fokussieren und ihr Körperfett leichter in gesunden Grenzen halten können. Körper und Geist werden stressresistenter, das Gehirn kann sich alle nötigen Botenstoffe (Neurotransmitter) herstellen, auch die stimmungsaufhellenden. Und ganz nebenbei wird die Regenerationsfähigkeit aller Körperzellen gefördert.

Wo die ketogene Ernährung hilft – und was dabei zu beachten ist

Inzwischen dürfte klar sein, dass es nicht eine ketogene Ernährung für alle Bedürfnisse, Wünsche und Krankheiten gibt. Wie jede andere Ernährungsform muss und kann auch diese immer individuell angepasst werden.

1. Körperfett: Ab- und Zunehmen mit ketogener Ernährung

Abnehmen: Das sagt die ketoerfahrene Patientin

Karin G., 61 Jahre, war immer gesund, wollte aber gerne abnehmen – lange Zeit jedoch ohne Erfolg. Erst mithilfe einer ärztlich begleiteten ketogenen Diät ist es ihr gelungen und sogar leichtgefallen. Sie sagt: »Der Start ging problemlos. Süßes macht mich überhaupt nicht mehr an, ich bin jetzt irgendwie ›resistent‹ dagegen. Ich habe circa 10 Kilo abgenommen und kann das neue Gewicht gut halten. Ich fühle mich wunderbar! Voller Energie. Und ich bin viel leistungsfähiger. Ich mache viel Sport und bin mittags nicht mehr müde. Könnte Bäume ausreißen. Schade, dass ich so alt werden musste, um diese Erfahrung zu machen.«

Schaut man in die Medien und ins Internet, drängt sich manchmal der Eindruck auf, die ketogene Ernährung sei nur eine von unzähligen gewöhnlichen Abspeckdiäten. Nicht nur, dass ihre medizinischen Effekte kaum zur Sprache kommen, nicht selten werden in Sachen Abnehmen auch unhaltbare Versprechungen gemacht und falsche Vorstellungen geweckt. Beispielsweise, dass die Kalorien überhaupt keine Rolle spielen würden oder dass man »automatisch« abnehmen würde, indem man viel Kokosöl isst oder ständig Bulletproof-Kaffee schlürft. Oder aber, dass man mit einer Ketodiät zwar gut abnehmen kann, dies aber auf Dauer ungesund sei. Höchste Zeit, hier mal ein wenig aufzuräumen.

Gesund abspecken

Wie die Patientin oben beschreibt, kann abnehmen mit einer ketogenen Diät nicht nur gut, leicht und relativ schnell gelingen, man fühlt sich dabei, sofern man es richtig macht, auch satt, energiegeladen und leistungsfähig. Welche Diät kann das schon von sich behaupten? Und wenn die ketogene Diät richtig umgesetzt wird, bestehen sehr gute Chancen, sein neues Gewicht auch langfristig zu halten. Hier bietet die Ketodiät wertvolle Vorteile. Denn im Gegensatz zu fettarmen oder FdH-Diäten sinkt beim ketogenen Abnehmen der Energiebedarf (Grundumsatz) des Körpers kaum ab, Muskulatur und Magermasse bleiben besser erhalten oder steigen sogar an, wenn zusätzlich Sport getrieben wird. Alles das schützt vor dem gefürchteten Jo-Jo-Effekt. In der wissenschaftlichen Literatur ist gut beschrieben, dass ketogene Diäten zu einem besseren Fettabbau führen, dabei sehr gut sättigen, die Muskel- bzw. Magermasse erhalten und sich günstiger als herkömmliche Diäten auf die Blutfett-, Blutcholesterin-, Blutdruck-, Blutzucker-, Insulin- und Harnsäurewerte auswirken. Somit dienen sie perfekt der Vorbeugung all jener Krankheiten, die mit (starkem) Übergewicht in Verbindung stehen.

Wie funktioniert das genau? Zum Abnehmen ist es auch bei einer ketogenen Diät nötig, weniger Kalorien zuzuführen. Allerdings muss die Kalorienreduktion nicht so ausgeprägt sein wie bei anderen Diäten und man muss keine Kalorien zählen, weil die fettreichere Ketodiät für eine gute Sättigung sorgt und man »automatisch« weniger isst. Bei einer Keto-Diät wird nicht am Fett gespart, sondern an den Kohlenhydraten. Dann bleibt der Insulinspiegel niedrig und das körpereigene »Hüftgold« kann leicht abschmelzen. Die freigesetzten Fettsäuren werden zum Teil direkt als Energielieferanten genutzt, zum Teil in Ketone umgewandelt. Sie dienen bevorzugt dem Gehirn als Energielieferant, sorgen im Oberstübchen zugleich aber auch für gute Laune und dämpfen den Appetit. Auch das erleichtert das Abnehmen. Zu Beginn sind 2 bis 3 Kilogramm pro Woche keine Seltenheit, und damit ist man hoch motiviert, die Ernährung langfristig auf weniger Kohlenhydrate (Low Carb) umzustellen, was wiederum der Gesundheit insgesamt zugutekommt.

Viel Gemüse, genug Eiweiß und gesunde Fette bis zur Sättigung

In der Praxis Karner in Freiburg wurde zum Abnehmen ein strukturiertes, vielseitiges Programm entwickelt, bei dem es nicht nur um eine langfristige Ernährungsumstellung, sondern auch um Bewegung und bei Bedarf um Entgiftung und verhaltenstherapeutische Unterstützung (z.B. Achtsamkeitstraining, Glaubenssätze, Rückfallprophylaxe) geht. Es heißt »Schlank … natürlich!«. Im Ernährungsteil lernen die Teilnehmer neue, gesündere Essmuster. Die erste Phase ist ketogen und dauert mindestens vier Wochen. Darin wird vermittelt, viel Gemüse auf die Teller zu bringen und die richtigen Eiweißlieferanten auszuwählen. Empfohlen werden 700 Gramm stärkearme Gemüse, Salate, Pilze und Kräuter täglich, dazu gesunde Fette bis zur Sättigung und ausreichend Eiweiß (ca. 1–1,5 g pro kg Ziel- bzw. Normalgewicht). Anschließend lernen die Teilnehmer mit einer begleiteten Nachsorge über zwei Jahre, wie sie sich langfristig moderat Low Carb ernähren und weiter abnehmen oder ihr neues Gewicht halten können.

Drei Beispiele aus der Praxis

1. Kontinuierliche, langsame Abnahme bei einer Frau:
   38 Kilogramm innerhalb von 16 Monaten bei sehr gutem Erhalt der Magermasse, BMI sinkt von 45 auf 34,7, das Gewicht von über 154 auf 116 Kilogramm.

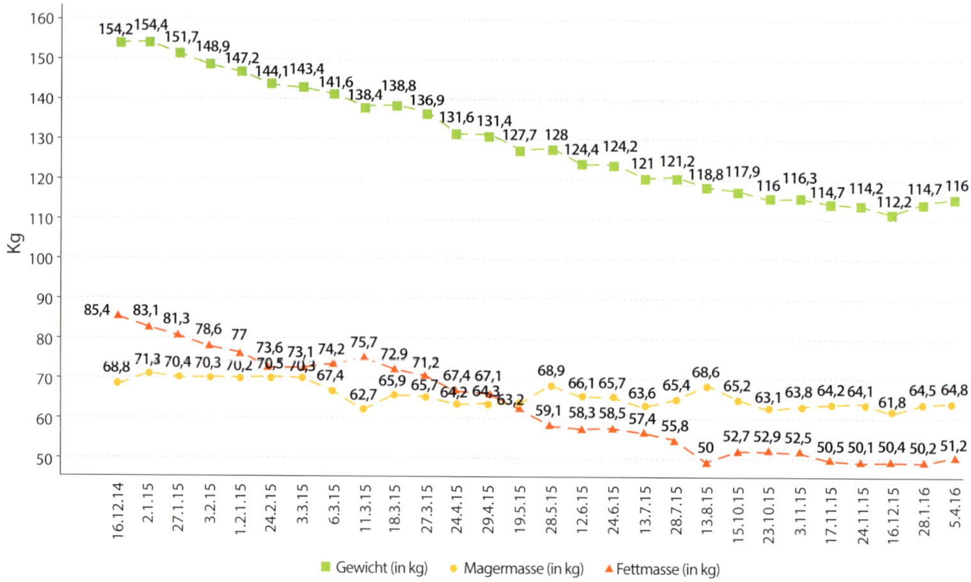

2. Schnelle Abnahme bei einem Mann:
   41 Kilogramm innerhalb von knapp sechs Monaten bei sehr gutem Erhalt der Magermasse, BMI sinkt von 43,2 auf 32, das Gewicht von 148 auf 107 Kilogramm.

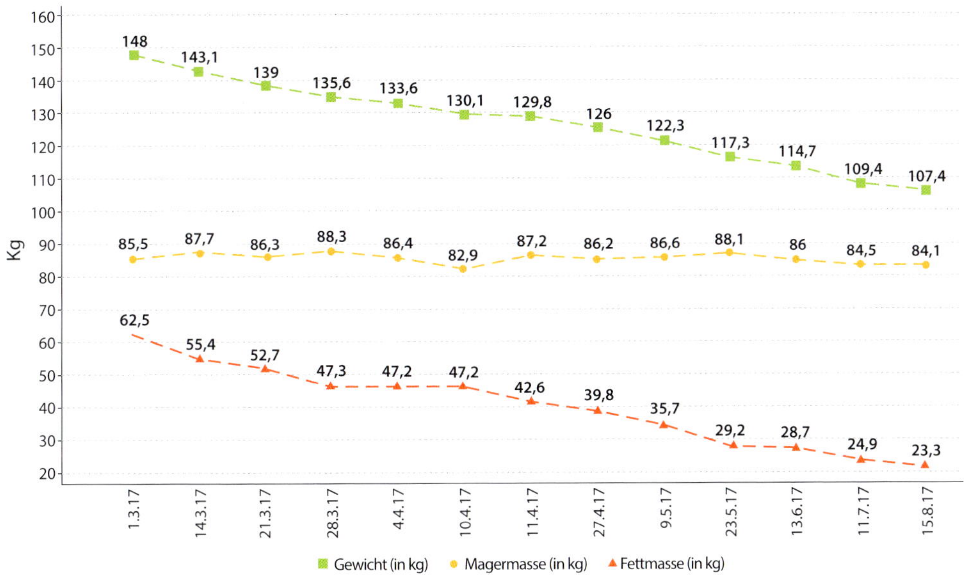

3. Schnelle Abnahme bei einer jungen Frau (23 Jahre):
60 Kilogramm innerhalb von sieben Monaten bei sehr gutem Erhalt der Magermasse, BMI sinkt von 58,6 auf 35,5, das Gewicht von 150 auf 91 Kilogramm.

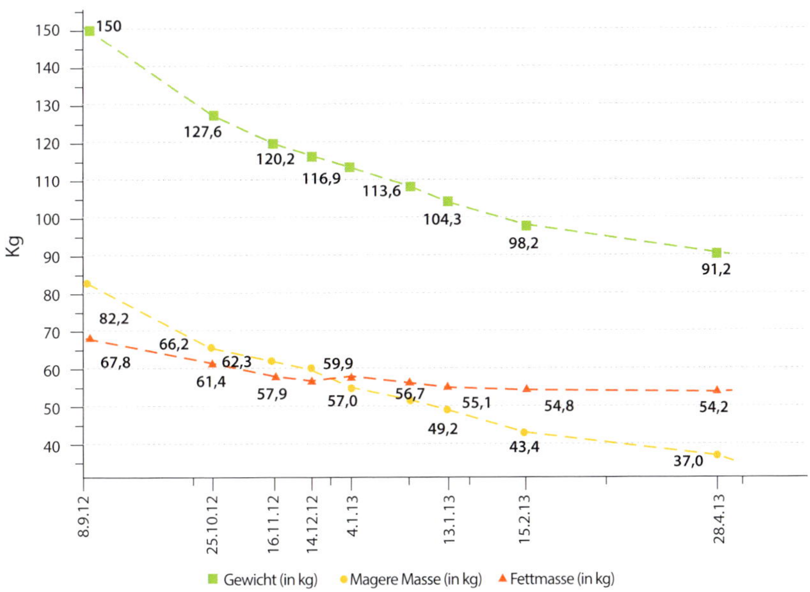

Fazit: Die ketogene Ernährung ist – richtig durchgeführt – ein exzellenter Einstieg in ein schlankeres, gesünderes Leben und motiviert ungemein. Nach einigen Wochen oder Monaten kann sie gelockert werden und in eine gesunde Low-Carb-Dauerernährung münden. Zum anfänglichen schnellen Abnehmen ist eine ketogene Ratio (siehe Seite 28) von 1 : 1 optimal. Die Rezepte in diesem Buch sind entsprechend gekennzeichnet, und ab der Seite 248 finden Sie passende Gerichte zum Abnehmen. Höhere Fettanteile sind nicht nötig und auch nicht sinnvoll, denn es soll ja überschüssiges Körperfett abgebaut werden. Das heißt, dass man bei einer ketogenen Abspeckdiät zwar nicht beim Fett sparen soll und mehr Fett isst als bei üblichen Diäten. Dennoch verzehrt man nicht so viel Fett wie Menschen, die ihr Gewicht halten oder gar zunehmen wollen.

Zum Zunehmen mehr Fett

Es gibt von Natur aus sehr schlanke Menschen, die sich krankheitsbedingt ketogen ernähren, jedoch nicht abnehmen möchten. Sie müssen auch unter der ketogenen Ernährung darauf achten, genug Kalorien zu sich zu nehmen. Über einen höheren Fettgehalt gelingt dies meist gut. Allerdings kann eine gewisse Eingewöhnungszeit notwendig sein, vor allem, wenn man zuvor eher fettarm gegessen hat.

Noch wichtiger ist ein Gewichtserhalt oder eine Zunahme bei vielen Krebspatienten oder Patienten mit multipler Sklerose oder Rheuma, die entweder ohnehin sehr schlank sind oder bedingt durch ihre Krankheit ungewollt an Gewicht verloren haben. Sie sollten auf keinen Fall weiter abnehmen, vielleicht sogar zunehmen – dann aber fettfreie Körpermasse. Eine hochkalorische ketogene Ernährung kann hier gute Dienste leisten, denn sie fördert den Erhalt und den Aufbau von Magermasse, wozu auch eine ausreichende Proteinzufuhr wichtig ist. Beim Zunehmen mit einer kohlenhydratreichen Diät würde dagegen viel neues Fett gebildet und eingelagert. Es ist jedoch die fettfreie Körpermasse, die uns gesund und leistungsfähig hält. Deswegen ist Gewichthalten oder Zunehmen mithilfe einer ketogenen Ernährung gesünder. Zu diesem Zweck muss der Fettanteil erhöht werden, eine ketogene Ratio (siehe Seite 28) von 3 : 1 oder 4 : 1 ist hier hilfreich. Kommt es dabei zu einer zu raschen Sättigung, kann die nötige Tagesmenge auch auf mehr als drei Mahlzeiten verteilt werden. Zum Zunehmen können zusätzlich Nüsse, fetter Käse oder eine unserer Fat-Bombs (siehe Seite 195) als Snacks zwischendurch verzehrt werden.

Zunehmen: Das sagt die ketoerfahrene Patientin

Johanna H., 17 Jahre, ernährt sich aufgrund eines Krampfleidens seit über zwei Jahren strikt ketogen (ketogene Ratio 3 : 1 bis 4 : 1). An das viele Fett musste sie sich erst gewöhnen: »Anfangs aß ich sehr wenig Fett, was zu einem starken Gewichtsverlust führte. Ich erhöhte daraufhin meinen Fettkonsum, mittlerweile habe ich wieder in etwa das Anfangsgewicht.«

2. Stoffwechselsanierung: ketogene Ernährung gegen Diabetes, Metabolisches Syndrom, Fettleber und Bluthochdruck

Typ-2-Diabetes: Das sagt der ketoerfahrene Patient

Dirk E., 64 Jahre, ist an Diabetes und Bluthochdruck erkrankt und trägt zu viele Pfunde mit sich. Da er sich schon moderat kohlenhydratreduziert ernährte (Low Carb), fiel ihm der Umstieg auf die ketogene Diät leicht. Für die gelegentlichen süßen Versuchungen hat er sich mit dem Zuckeraustauschstoff Xylit (siehe Seite 30) und mit ketogeeigneten Kuchenrezepten eingedeckt, er bäckt und kocht alles selbst. Die ketogene Ernährung hat es ihm so angetan, dass er eine Ausbildung zum Keto-Coach* begonnen hat, »um noch mehr zu lernen«. Seine Erfolge, die er innerhalb von nur sechs Monaten erzielt hat: »Seit dem 1.1.2020 habe ich 18 Kilogramm abnehmen und meine Blutdruckmedikation halbieren können. Mein Schlaf könnte noch besser sein, aber was das Beste ist: Meinen Diabetes habe ich jetzt ohne Medikamente im Griff.«

Der gemeinsame Nenner: Probleme mit Kohlenhydraten und Insulin

Auf den ersten Blick mögen Diabetes, Fettleber und Bluthochdruck nicht viel gemein haben, außer vielleicht, dass sie häufig im Doppel- oder Dreierpack zuschlagen. Und was ist überhaupt ein Metabolisches Syndrom? Bevor wir das aufklären, sei auf die entscheidende Gemeinsamkeit dieser Erkrankungen hingewiesen: In diesen Fällen haben die Betroffenen Probleme mit ihrem Insulinhaushalt, der durch zu wenig Bewegung, Stress und eine nährstoffarme, kalorienreiche »westliche« Ernährung mit vielen Kohlenhydraten und ungesunden Fetten in Unordnung gerät.

Die genannten Erkrankungen holt man sich im Supermarkt. Es sind Lebensstil-Leiden, die eng mit Übergewicht und Überernährung verbunden sind. Längst sind sie zu Volkskrankheiten geworden! Allein in Deutschland gibt es rund sieben Millionen Diabetiker, Tendenz steigend. Der Anteil von Personen mit Metabolischem Syndrom wird bei den über 50-Jährigen auf rund 50 Prozent geschätzt. Auch an Bluthochdruck leidet in Deutschland fast jeder Zweite, bei älteren Menschen liegt der Anteil deutlich höher. Und die nicht durch Alkohol verursachte Fettleber ist in den Industrienationen inzwischen die am weitesten verbreitete Lebererkrankung. Durchschnittlich sind 20 bis 30 Prozent der Bevölkerung davon betroffen, oft ohne es zu wissen. Ist das schlimm? Und ob! Denn allen Erkrankungen gemeinsam ist, dass sie das Risiko für Folgeschäden signifikant steigern: für Arteriosklerose, Herzinfarkte und Schlaganfälle, für Demenz, Nierenerkrankungen und schwere Leberleiden. Sie verkürzen die Lebenszeit.

* Wird von der LCHF Deutschland Akademie online angeboten, siehe Anhang Seite 298

Im Zentrum der vielen Stoffwechselstörungen steht der Insulinhaushalt: Ist aufgrund der falschen Ernährung und fehlender Bewegung das Insulin häufig erhöht, stumpft der Organismus gegen die Signale des Hormons ab. Es kommt zur Insulinresistenz (siehe Seite 38). Zu viel und unwirksames Insulin fördert aber Fettstoffwechselstörungen, Entzündungen und verklebt wichtige Proteine im Körper (AGEs), was den Alterungsprozess beschleunigt. Grund genug, abzuspecken und sich so zu ernähren, dass der Körper alles bekommt, was er braucht, und dass das Insulin wirksam und der Insulinspiegel flach bleibt. Entscheidend ist in allen Fällen eine deutliche Kohlenhydratreduktion und eine gute Eiweißversorgung. Daher genügt hier in der Regel eine ketogene Ratio (siehe Seite 28) von 1 : 1 bis 2 : 1. Im Rezeptteil und in den Übersichten auf Seite 252 sind geeignete Gerichte aufgeführt. Sie finden dort auch Tipps zu Heilgemüsen, Früchten und Kräutern, die nützliche Sekundärstoffe für die Bekämpfung dieser Krankheiten beisteuern.

Für alle Fälle: Zucker- und Insulinhaushalt wieder in Ordnung bringen

1. Der Begriff **Metabolisches Syndrom** beschreibt das gemeinsame Auftreten von mindestens drei der folgenden Stoffwechselstörungen: bauchbetontes Übergewicht, Bluthochdruck, erste Störungen im Zuckerstoffwechsel, erhöhte Blutfette (Triglyzeride) und niedriges HDL-Cholesterin (das sogenannte gute). Auch erhöhte Harnsäure- und Entzündungswerte kommen bei Patienten mit Metabolischem Syndrom häufig dazu. Das Syndrom geht einem »echten« Diabetes oft um viele Jahre voraus, es kann daher als Vorstufe des Typ-2-Diabetes angesehen werden. Allerdings erhöht es auch allein das Risiko für Herz- und Gefäßerkrankungen schon deutlich. Die verbindende Gemeinsamkeit aller Auffälligkeiten des Metabolischen Syndroms ist ebenfalls zu viel Insulin und eine Insulinresistenz. Sinnvoller als die einzelnen Störungen mit Medikamenten anzugehen ist es, die Ursachen zu beseitigen, den Stoffwechsel mithilfe einer ketogenen Ernährung mit ausreichend Protein und sekundären Pflanzenstoffen (siehe Seite 31) zu entlasten und so den vielen Folgeerkrankungen vorzubeugen. Langfristig genügt es dann meist, sich moderat kohlenhydratreduziert zu ernähren (Low Carb). Körperliche Bewegung und Sport helfen zudem sehr, den Insulinstoffwechsel wieder zu normalisieren.

2. Ist es bereits zu einem **Diabetes Typ 2** gekommen, hat der Organismus meist schon über Jahre gelitten. Bis vor Kurzem galt diese Krankheit als fortschreitend und nicht mehr umkehrbar. Heute wissen wir, dass das nicht stimmt. Es gibt drei wissenschaftlich belegte Möglichkeiten, mit denen Patienten ihren Typ-2-Diabetes wieder loswerden können: 1. Operation (Magenverkleinerung), 2. Abnehmen mithilfe einer sehr kalorienarmen Ernährung und 3. die ketogene Ernährung mit späterem Übergang zu Low Carb. Die Operation ist nicht ohne Risiken, es kann außerdem zu Essstörungen kommen und man ist danach lebenslang auf Nahrungsergänzungsmittel angewiesen. Das Abnehmen und langfristige Einhalten einer kalorienarmen Diät ist schon

Millionen Menschen NICHT gelungen, vielleicht gehören Sie auch dazu. Mithilfe einer pflanzenbetonten ketogenen Ernährung, können Sie nicht nur bei guter Sättigung leichter abnehmen, sondern auch Ihren Zucker- und Insulinstoffwechsel ohne Nebenwirkungen wieder (weitgehend) normalisieren. Die amerikanische VIRTA-Studie hat dies erst kürzlich eindrücklich bewiesen: Bei 30 Gramm Kohlenhydraten täglich, mindestens drei Portionen Gemüse und ohne Kalorienzählen gelang es den Typ-2-Diabetikern, innerhalb eines Jahres über 10 Prozent Körpergewicht abzubauen, ihre Medikamente drastisch zu reduzieren oder abzusetzen und ihre Erkrankung in 60 Prozent der Fälle »in Remission*« zu bringen. Unser Beispiel aus der Praxis (siehe Seite 50) zeigt, dass Sie dazu nicht nach Amerika reisen müssen.

3. Gegen eine **Nichtalkoholische Fettlebererkrankung** (NAFLD) gibt es noch kein Medikament. Da trifft es sich doch gut, dass sie der Ernährung und dem Fasten extrem gut zugänglich ist. Das hängt damit zusammen, dass sie oft das Ergebnis einer generellen Überernährung bei gleichzeitigem Bewegungsmangel ist und dass eine kohlenhydrat- und fettlastige »Normalkost« die Fettneubildung im Körper enorm ankurbelt. Sind die Fettdepots unter der Haut voll, wird zunehmend Fett in den Organen eingelagert, wo es sich besonders ungünstig auswirkt. Es kommt zu sogenannten stillen Entzündungen, die die Gefäße und die Leber schädigen. Auch die Bauchspeicheldrüse ist oft betroffen, und so verwundert es nicht, dass Diabetes und Fettleber sehr häufig Hand in Hand gehen. Man muss nicht einmal zu dick dafür sein, denn bei unserer heutigen Ess- und Lebensweise können auch schlanke Menschen innerlich verfetten (sogenannte TOFIs**) und an NAFLD erkranken. Die gute Nachricht lautet: Das Leberfett – und damit auch das Risiko für weitere Leberschäden, für Herz- und Gefäßerkrankungen und Diabetes – lässt sich mit einer kalorisch knappen, kohlenhydratreduzierten Ernährung sehr schnell wieder abschmelzen. Heilkräuter wie die Mariendistel reparieren beschädigte Leberzellen und regen sogar deren Neubildung an. Leberschützend wirken zudem Omega-3-Fettsäuren (siehe Seite 21), Vitamin E und D, pflanzliche Bitterstoffe und weitere Sekundärstoffe wie Inulin (Chicorée), Quercetin (Zwiebeln) und Kurkuma, Probiotika (siehe Seite 31), L-Carnitin (Fleisch) und Cholin (Eier). Aktuelle Studien belegen, dass eine ketogene Ernährung mit nur 30 Gramm Kohlenhydraten und reichlich Gemüse zu Rückbildungen von bis zu 40 Prozent des Leberfettes innerhalb weniger Wochen führt. Auch unser Beispiel aus der Praxis (siehe Seite 50) zeigt, wie gut die ketogene Ernährung funktioniert.

4. Ein **erhöhter Blutdruck** kann viele Gründe haben und nicht immer sind diese bekannt. Bekannt ist jedoch, dass der Druck in den Blutgefäßen mit dem Gewicht ansteigt, daher wirkt sich Abnehmen günstig auf den Blutdruck aus. Bekannt ist auch, dass die Nieren von Personen mit Insulinresistenz und mit zu viel Insulin im Blut mehr Natrium zurückhalten. Natrium ist Bestandteil des Speisesalzes (Natriumchlo-

* das heißt, er war gänzlich verschwunden

** TOFI = Thin Outside, Fat Inside, das bedeutet außen dünn, innen fett

rid) und im Körper unter anderem zuständig für die Regulation des Blutdrucks. Wird zu viel Natrium in der Niere zurückgehalten, steigt der Blutdruck an. Daran ist dann aber nicht das Salz schuld, sondern zu viele Kohlenhydrate, die zu hohen Insulinspiegeln und zur Insulinresistenz führen. Da eine ketogene Ernährung den Insulinspiegel flach hält und die Insulinresistenz zurückdrängt, lässt sich mit ihr auch der Blutdruck wirksam senken. Ein hoher Anteil an Gemüsen, Salaten, Kräutern sowie etwas Beerenobst und Nüsse bringen reichlich Kalium und Magnesium mit, die Gegenspieler des Natriums, die ebenfalls blutdrucksenkend wirken. Und auch natives Olivenöl liefert reichlich gefäßschützende und blutdrucksenkende Sekundärstoffe.

WICHTIG

Bitte auch hier die Ernährungsumstellung stets ernährungstherapeutisch und fachärztlich begleiten lassen, weil Verlaufskontrollen nötig sind und die Medikation angepasst werden muss.

Ein Beispiel aus der Praxis

Patient, 48 Jahre, Adipositas, Diabetes mellitus Typ 2, nichtalkoholische Fettleber, Bluthochdruck
Verlauf: Adipositas verringert, Blutzucker und Langzeitzucker bei reduzierter Medikation (Insulin und Metformin) deutlich verbessert, ebenso Blutdruck, Fettleber sonografisch bereits nach vier Monaten nicht mehr nachweisbar.

	Therapiebeginn	Verbesserungen nach 7 Monaten
Gewicht in kg	94,4	82,4
BMI	34,9	30,3
Nüchternblutzucker (Soll: < 100 mg /dl)	257	130
HbA1c Soll: < 6,5 %	10,3	6,2
Blutdruck Soll: < 140/80 mmHg	159/100	124/82
Ketonwerte im Blut: zwischen 0,5 und 1,3 mmol/l		

3. Hirn- und Nervengesundheit: ketogene Ernährung gegen Epilepsie, Multiple Sklerose, Migräne und Demenz

Epilepsie: Das sagt die ketoerfahrene Patientin

Johanna H., 17 Jahre, die an Epilepsie leidet und die ketogene Ernährung seit nunmehr zwei Jahren konsequent umsetzt, sagt zu ihren Erfahrungen: »Keto schmeckt mir sehr gut. Selbst an den hohen Fettkonsum gewöhnt man sich nach einer gewissen Zeit. Manchmal hätte ich allerdings gern einen weniger fetten Nachtisch. Ich empfehle, sich die ersten Monate auf Lebensmittel zu beschränken, die einen sehr geringen Kohlenhydratanteil haben (bis 3 g pro 100 g). Mittlerweile esse ich regelmäßig in kleinen Mengen auch Lebensmittel, die pro 100 Gramm bis zu 15 Gramm Kohlenhydrate enthalten. Durch die ketogene Ernährung konnte ich meine Medikamente bisher um 20 Prozent reduzieren. Die Wirkung zeigte sich dadurch, dass sich meine Anfallshäufigkeit deutlich verringerte. Wenn ich aus der Ketose falle, bekomme ich Anfälle. Ich bin eindeutig ausdauernder im Sport, auch ohne Übung, ich war am Anfang in übertrieben guter Laune, nachdem die ›Ketogrippe‹ überstanden war, und ich schlief viel weniger. Außerdem brauchte ich kein einziges Mal die Heizung anzumachen, wohingegen ich ein Jahr zuvor täglich die Heizung auf 5 stehen hatte. Ich kann länger ohne Essen aushalten, ich trinke intuitiv mehr und kann mich länger konzentrieren.«

Die Erfahrungen von Johanna H. zeigen es schon: Wer mit neurologischen Problemen zu tun hat, profitiert von einer strengeren ketogenen Ernährung. Streng bedeutet, die Kohlenhydrate gegebenenfalls noch weiter zu senken, auf 20 bis 30 Gramm täglich und den Fettkonsum noch einmal deutlich zu erhöhen. Es sollte in diesen Fällen möglichst drei- bis viermal so viel Fett gegessen werden wie Kohlenhydrate und Eiweiß zusammen. Das heißt, die ketogene Ratio (siehe Seite 28) sollte bei 3 : 1 oder 4 : 1 liegen. Im Rezeptteil und im Übersichtsplan auf Seite 255 sind geeignete Gerichte entsprechend gekennzeichnet. Sie finden dort auch genaue Angaben zum Erreichen der gewünschten Ratio.

WICHTIG

Im Falle einer neurologischen Erkrankung die Ernährungsumstellung bitte ernährungstherapeutisch und fachärztlich begleiten lassen! Zur Behandlung kindlicher Epilepsien oder beim Nichtansprechen auf antiepileptische Medikamente ist die streng ketogene Ernährung eine leitlinienkonforme Behandlungsoption, sie sollte jedoch ausschließlich von spezialisierten Fachärzten bzw. Kliniken begonnen und betreut werden!

Das Gehirn liebt Ketone!

Richtig angewendet, profitieren nicht nur Epilepsie-Patienten von einer ketogenen Ernährung, sondern auch Menschen, die unter Migräne, Depression, Multipler Sklerose, Morbus Parkinson oder einer beginnenden Demenz und Aufmerksamkeitsstörungen leiden. Wie kann das sein? Es hängt damit zusammen, dass unser Gehirn ein sehr empfindliches und energiezehrendes Organ ist. Mängel in der Energieversorgung und chronische Entzündungen setzen ihm besonders zu. Genau dies ist jedoch eine Gemeinsamkeit vieler neurologischer Erkrankungen: Es kommt häufig zu Schwankungen oder Einbrüchen in der Energieversorgung, und nicht selten liegen gleichzeitig chronische Entzündungen vor, die unterschiedliche Ursachen haben können. Eine zucker- und stärkereiche »westliche« Ernährung, die meist auch noch ungesunde Fette enthält, verstärkt diese Probleme. Denn damit schwanken die Blutzuckerwerte, es wird viel Insulin benötigt und Entzündungen werden weiter befeuert.

Bekommt das Gehirn anstelle von Zucker jedoch Ketone angeboten, kann es aus diesem Teufelskreis aussteigen. Mit einer ketogenen Ernährung entfallen nicht nur die Schwankungen im Blutzucker- und Insulinspiegel und die Energieversorgung verläuft gleichmäßiger, rückstandsärmer und effizienter. Das Gehirn profitiert außerdem von den vielen weiteren Effekten der Ketone wie Entzündungshemmung, Schutz vor freien Radikalen, Bildung neuer Mitochondrien und des Nervenwachstumsfaktors BDNF. Auch die antidepressiven bzw. stimmungsaufhellenden Effekte kommen den Patienten zugute. Bei Epilepsie liegt oft eine Übererregbarkeit der Nervenzellen vor, die sich durch Ketone beruhigen lässt (siehe Seite 40). Deswegen liebt das menschliche Gehirn Ketone: Es kann bis zu zwei Drittel seines Energiebedarfs damit decken, sich mit ihrer Hilfe prima vor Schädigungen schützen und diese reparieren – und es ist »gut drauf«.

Ketone: Schutz und Nahrung fürs Nervenkostüm

Je weiter neurologische Erkrankungen bereits fortgeschritten sind, desto strenger und länger sollte die ketogene Ernährung eingehalten werden (ketogene Ratio 3 : 1 bis 4 : 1; siehe Seite 28).

1. Wer an **Migräne** leidet, tut meist gut daran, sich langsam über ein bis zwei Wochen in die ketogene Ernährung einzuschleichen. Das kann die Umstellung des Gehirnstoffwechsels von Zucker auf Ketone erleichtern. Auch diesen Patienten ist zu empfehlen, die ketogene Ernährung konsequent einzuhalten (ketogene Ratio 2 : 1 bis 3 : 1). Sie kann sowohl die Anfallshäufigkeit als auch die Stärke der Attacken deutlich mindern; sehr viele Patienten werden unter ketogener Diät ihre Migräne sogar komplett los.

2. Bei Patienten mit **Epilepsie**, aber auch bei **Multipler Sklerose** zeigt sich, dass eine ketogene Ernährung die günstigen Effekte des Fastens imitiert. Beide Krankheiten bessern sich, wenn gefastet wird – und beim Fasten entstehen ebenfalls reichlich Ketone. Die ketogene Ernährung wurde ursprünglich zur Behandlung kindlicher Epilepsien entwickelt und sie wird heute zunehmend auch bei erwachsenen Patienten eingesetzt. Sie ist zur Anfallskontrolle mindestens so wirksam wie Medikamente, jedoch ohne deren Nebenwirkungen. Etwa ein Drittel der mit ketogener Diät behandelten Epileptiker wird komplett anfallsfrei, ein weiteres Drittel erfährt deutliche Reduktionen. Die Diät muss unter ärztlicher Aufsicht streng und für einige Jahre durchgeführt werden, dann kann sie in vielen Fällen allmählich gelockert werden. Regelmäßige Fastenphasen oder auch das intermittierende Fasten (siehe Seite 40) können sehr gut mit ketogener Ernährung kombiniert werden. Die ketogene Ratio für beide Erkrankungen ist 3 : 1 bis 4 : 1, in schubfreien Phasen reicht bei MS auch 2 : 1.

3. Eines der frühesten Anzeichen einer beginnenden **Demenz** sind Störungen in der Energiegewinnung aus Zucker, es kommt sozusagen zu Lücken in der »Stromversorgung« und im Insulinstoffwechsel des Gehirns. Auch Entzündungen sind häufig an der Entstehung beteiligt. Ketone können an allen diesen Punkten nützlich eingreifen: die fehlende Energie liefern, noch dazu sauberer, als Zucker es kann, Teile der Insulinwirkung ersetzen, Entzündungen lindern und für neue Zellkraftwerke und den Nervenwachstumsfaktor BDNF sorgen. Studien konnten inzwischen belegen, dass auch das Gehirn von bereits leicht erkrankten Alzheimer-Patienten und von Patienten mit MCI (Mild Cognitive Impairment, engl. für milde kognitive Einschränkungen) noch sehr gut Ketone aufnehmen und verwerten kann. Und: Wer Ketone im Blut hatte, schnitt in kognitiven Tests besser ab! Ist keine Ernährungsumstellung (mehr) möglich, sollte wenigstens über Nacht gefastet und tagsüber regelmäßig Kokosöl und/oder MCT-Öl zugeführt werden, um Ketone zu bilden (siehe Seite 26).

Die ketogene Ernährung ist bei neurologischen (und vielen anderen) Erkrankungen nur ein Mosaikstein der gesamten Therapie – oft jedoch ein zentraler. Dennoch ist es von Vorteil, den gesamten Lebensstil – Schlaf, Nahrungspausen, Bewegung, Sonne, Entspannung – einem gründlichen »Update« zu unterziehen. Auch sollten etwaige Nährstoffmängel gezielt ausgeglichen werden, bei labortechnisch ermitteltem Bedarf mit Nahrungsergänzungsmitteln. Ob und wann man sich aus der ketogenen Ernährung wieder ausschleichen kann, sollte mit dem therapeutischen Team besprochen werden.

Zwei Beispiele aus der Praxis

Patientin, 80 Jahre, Störung des Kurzzeitgedächtnisses seit Sommer 2018, im Frühjahr 2019 Diagnose Alzheimererkrankung, im Vorfeld außerdem Herzinfarkt, chronische Magen-Darm-Störungen und entzündliche Gelenkschwellung im Knie.

Verlauf nach acht Monaten mit ketogener Ernährung und Ketonwerten im Blut zwischen 0,2 und 2,6 mmol/l: Ernährungsumstellung schwierig, Befinden aber gut, Kurzzeitgedächtnis besser, belastende, schmerzhafte Knieschwellung weg, 11 Kilogramm Gewichtsabnahme, schmerzfreie Spaziergänge wieder möglich.

Patientin, 56 Jahre, im Januar 2019 frühe Alzheimer-Erkrankung diagnostiziert, findet nachts ihr Bad nicht mehr, Orientierungsvermögen reduziert.

Verlauf nach acht Monaten mit ketogener Ernährung und Ketonwerten im Blut zwischen 0,9 und 2,6 mmol/l: Gewicht konnte gehalten werden, Stimmung besser, stressresistenter, kann wieder ihre Steuererklärung machen, deutlicher Anstieg aller kognitiven Leistungen sowie generelle Wachheit und Teilnahme in Eigen- und Fremdwahrnehmung.

Kokos zur Vorbeugung: kein Kokolores!

Auch zur Vorbeugung einer Demenzerkrankung ist eine gesunde ketogene Ernährung bestens geeignet. Denn die ersten Lücken in der »Stromversorgung« des Gehirns tauchen oft schon Jahrzehnte vor den ersten Symptomen auf; bei Personen mit einem erhöhten Risiko manchmal bereits in ihren Dreißigern. Zur Vorbeugung ist keine strenge Ketovariante nötig, hier genügt es meist, die Kohlenhydrate so weit zu reduzieren, dass Gewicht, Zucker- und Fettstoffwechsel in Ordnung bleiben. Das kann auch mit einer moderat kohlenhydratreduzierten Ernährung gelingen (siehe Seite 17). Außerdem sollte auf eine insgesamt gute Nahrungsqualität mit frischen Lebensmitteln geachtet werden. Um regelmäßig in eine leichte Ketose zu kommen, ist ein mindestens zwölfstündiges Nachtfasten hilfreich sowie die regelmäßige Verwendung von Kokosöl (1 bis 3 Esslöffel täglich, siehe Seite 26).

4. Gut aufgestellt: immungesunde Ketoküche

Hashimoto: Das sagt die ketoerfahrene Patientin

Janina J., 30 Jahre, litt an einer Hashimoto-Thyreoiditis, also einer entzündlichen Schilddrüsenerkrankung, die zu den Autoimmunerkrankungen zählt. Sie sagt: »In den letzten Jahren konnte ich bemerken, wie mein Körper zunehmend abbaut. Da war die schlechte sportliche Ausdauer, die Gewichtszunahme, der Haarausfall. Dank der ketogenen Ernährung und gezielter Vitamingaben ist die Erkrankung jetzt so weit im Griff, die Symptome sind stark reduziert bis nicht mehr existent. Ich fühle mich allgemein besser und ausgeglichener. Mein Körpergewicht hat sich wieder normalisiert und bei meinen Trainingseinheiten bemerke ich eine unglaublich gute Kondition. Ich werde sogar angesprochen, woher ich die Power und die Ausdauer nehme.«

Wenn das Immunsystem fälschlicherweise körpereigene Strukturen angreift und nach und nach zerstört, spricht man von Autoimmunerkrankungen. Dazu zählen neben Hashimoto auch der Typ-1-Diabetes, Asthma, entzündliche Darmerkrankungen und die Multiple Sklerose. Reagiert das Immunsystem dagegen überempfindlich auf eigentlich harmlose Fremdstoffe wie Pollen oder Lebensmittelinhaltstoffe, handelt es sich um eine Allergie. In beiden Fällen sind die Aktivitäten des Immunsystems fehlgeleitet, es funktioniert nicht, wie es soll. Das macht – neben vielen anderen Problemen – müde und abgeschlagen und schränkt die Lebensqualität erheblich ein. Beiderlei Probleme mit dem Immunsystem nehmen seit den 1950er-Jahren beständig zu. Die eigentliche Aufgabe unseres Immunsystems besteht darin, alles was fremd ist und als gefährlich eingestuft wurde, anzugreifen und unschädlich zu machen. Richten sich die äußerst wirksamen Waffen des Immunsystems gegen die falschen Substanzen oder gegen körpereigene Gewebe, belastet dies nicht nur das Wohlbefinden und die Leistungsfähigkeit enorm. Die mit diesen Krankheiten einhergehenden chronischen Entzündungen und der oxidative Stress können die Organfunktionen mit der Zeit auch völlig zum Erliegen bringen.

Das Immunsystem optimieren

Ereignisse wie die Corona-Pandemie führen uns andererseits deutlich vor Augen, dass die Immunsysteme vieler Zeitgenossen deutlich schwächeln. Eine zuckerlastige Ernährung, entzündungsfördernde Fette (siehe Seite 21), Junk-Food, Stress, Vitalstoff- und Bewegungsmangel, Übergewicht und Diabetes spielen auch hier eine Rolle. Wir brauchen aber ein topfittes, mit allen wichtigen Nährstoffen ausgestattetes Immunsystem, um gegen die uns seit jeher immer und überall umschwirrenden Krankheitserreger gewappnet zu sein.

Für ein gut funktionierendes Immunsystem ist eine optimale Nährstoffversorgung wichtig (vor allem Eiweiß, Vitamin A, D, C, E, Selen, Zink) und eine entzündungshemmende, antioxidativ wirkende Low-Carb- oder ketogene Ernährung mit vielen pflanzlichen Sekundärstoffen und Omega-3-Fettsäuren. Sie wirken ausgleichend und regulierend auf das Immunsystem, indem sie manche Immunzellen aktivieren und andere hemmen. Damit tragen sie einerseits zum Schutz vor überschießenden Immunreaktionen bei, unterstützen die Immunzellen aber auch bei ihrer Arbeit und stärken so deren Schlagkraft. Kokosöl hilft der Abwehr aufgrund seiner antiviralen und antibakteriellen Eigenschaften und indem es die Ketose fördert (siehe Seite 26). Auch das Mikrobiom (unser Ökosystem im Darm) übt großen Einfluss auf unser Immunsystem aus. Eine ballaststoffreiche Ernährung sorgt für eine gute Zusammensetzung der Mitbewohner im Darm und regt die Bildung des immunstärkenden Butyrats an. Außerdem profitiert das Immunsystem von langen Nahrungspausen wie zum Beispiel beim 16:8-Intervallfasten (siehe Seite 40). Beides, das Fasten und die ketogene Ernährung, wirken oxidativem Stress entgegen, fördern die Autophagie und modulieren das Immunsystem so, dass es optimal funktionieren kann.

Bei Autoimmunerkrankungen und allergischen Erkrankungen sollten mittlere Ketonpegel angestrebt werden (1–3 mmmol/l BHB). Dafür sollte die ketogene Ratio (siehe Seite 28) bei mindestens 2 : 1, besser und vor allem bei schlanken Patienten bei 3 : 1 liegen. Im Rezeptteil und im Übersichtsplan auf Seite 259 finden Sie viele leckere Mahlzeitenvorschläge, ebenso Angaben dazu, wie Sie die ketogene Ratio individuell anpassen können.

Überschüssige Immunreaktionen dämpfen

1. **Hashimoto-Thyreoiditis**
   Hier greifen körpereigene Immunzellen fälschlicherweise Zellen der Schilddrüse an. Es kommt zu chronischen Entzündungen, die Schilddrüsenfunktion und die Produktion der Schilddrüsenhormone lässt immer mehr nach, sodass diese medikamentös gegeben werden müssen. Da die Schilddrüse vor allem unseren Energiestatus steuert, machen sich Störungen insbesondere durch Müdigkeit und eine verringerte körperliche und mentale Leistungsfähigkeit bemerkbar. Die ketogene Ernährung mindert die Entzündungen und sorgt für mehr Energie. Zur Herstellung von Schilddrüsenhormonen benötigt der Körper Baustoffe (Aminosäuren) und Werkzeuge (Cofaktoren), die in ausreichender Menge vorhanden sein sollten. Oft mangelt es jedoch an Jod, Selen oder Zink und auch an einigen Vitaminen. Der Versorgungszustand sollte gemessen werden, dann kann man bei Bedarf gezielt substituieren. Zu viel Kohlgemüse und Sojaprodukte können die Schilddrüsenfunktion dagegen stören, sie sollten nur maßvoll gegessen werden.

2. **Multiple Sklerose (MS)**
   Bei dieser Autoimmunerkrankung schädigt das körpereigene Immunsystem das zentrale Nervensystem. Davon betroffen sind vor allem die Schutzhüllen der Nervenzellen, die Myelinscheiden, aber auch die Nervenzellen selbst. Dass sich diese Schäden wieder reparieren lassen, zeigt sich daran, dass die Erkrankung in vielen Fällen schubweise verläuft und dass die Symptome zwischen den einzelnen Schüben teilweise ganz verschwinden. MS gilt als unheilbar, sie kann jedoch in ihrem Verlauf günstig beeinflusst werden. Mithilfe des intermittierenden Fastens und einer ketogenen Ernährung lässt sich sowohl auf das Entzündungsgeschehen als auch auf die Myelinbildung, die Darmflora und die Aktivität der Immunzellen günstig einwirken. Während einige MS-Patienten durch die Ernährungsumstellung einen deutlichen Rückgang ihrer Symptome erleben, sind andere weniger erschöpft (Fatigue) und erfreuen sich einer besseren Lebensqualität. In einer Studie der Berliner Charité mit 60 MS-Patienten, ernährten sich 20 davon ketogen, 20 Patienten fasteten sieben Tage lang und aßen danach pflanzenbetont mediterran, 20 Patienten blieben bei ihrer üblichen Ernährung. Nach Fasten bzw. ketogener Ernährung beruhigte sich das Autoimmungeschehen, die körperlichen Beeinträchtigungen gingen zurück und die Lebensqualität verbesserte sich. Fasten wirkte schneller als die ketogene Ernährung, und seine Effekte hielten drei Monate lang an. Nach drei Monaten mit ketogener Ernährung hatte sich in einer anderen Studie das Darm-Mikrobiom von MS-Patienten dem von gesunden Personen angeglichen. Entzündungsfördernde Gene wurden durch Ketone abgeschaltet, was die Nervenzellen stressresistenter macht.

3. **Allergien**
   Wenn das Immunsystem überreagiert, kommt es ebenfalls zu entzündlichen Reaktionen und oxidativem Stress. Durch ihre entzündungshemmenden und antioxidativen Wirkungen kann die ketogene Ernährung hier für Abhilfe sorgen. Die Ketose, die Zufuhr immunmodulierender Omega-3-Fettsäuren und der Wegfall des für viele problematischen Glutens helfen, das Immunsystem zu beruhigen. Selbstverständlich müssen bekannte Allergene auch hierbei gemieden werden.

Allergie: Das sagt die ketoerfahrene Patientin

Angelika S., 52 Jahre, konnte trotz mehrmaliger ernsthafter Versuche nicht abnehmen und war von einer Allergie geplagt, als sie von der ketogenen Ernährung erfuhr. Die Umstellung war für sie nicht einfach, da die Menschen in ihrem Umfeld viele Kohlenhydrate und reichlich Zucker essen. Sie konnte erst richtig durchstarten, nachdem sie »eigenes Ketobrot, Ketoknäckebrot und Ketokuchen vorrätig hatte«. Doch das Durchhalten hat sich gelohnt: »Von Februar bis Juni habe ich sukzessive 7 Kilogramm abnehmen können. Meine Allergie hat sich beruhigt und macht sich jetzt nur noch bei schweren ›Fehltritten‹ bemerkbar.«

5. Selbstschutz: ketogene Küche gegen Krebs

Krebs: Das sagt der ketoerfahrene Patient

Michael G., 62 Jahre, leidet an Bauchspeicheldrüsenkrebs, einer der gefährlichsten Krebsarten überhaupt. Durch die Krankheit verlor er viel Gewicht, was den Körper enorm geschwächt hat. Mit viel Disziplin und unter ärztlicher Begleitung stellte er seine Ernährung auf ketogen um, mit viel MCT-Öl, Oliven- und Kokosöl, Avocados, fetten Fisch- und Fleischspeisen. Zum Zunehmen ergänzt er seine Mahlzeiten mit einem ketogenen Fertigdrink, außerdem mit Nahrungsergänzungsmitteln. Was ihm die Umstellung erleichtert hat? »Zum Glück hatte meine Frau bereits Grundkenntnisse aufgrund der ketogenen Ernährung eines anderen Familienmitgliedes. So hatten wir außerdem eine wichtige Anlaufstelle für Fragen und tolle Tipps für die Umsetzung. Auch das Wissen um die gesundheitlichen Vorteile ist sehr hilfreich.« Was hat er erreicht? »Nach einer anstrengenden, sechsmonatigen Chemotherapie mit zwölf Sitzungen kann ich sagen, dass ich sie im Vergleich zu anderen mit weniger Nebenwirkungen und sehr gut überstanden habe: keine Erkältung, keine Hautprobleme, keine Muskelverspannungen. Es musste kein Termin abgebrochen oder abgesagt werden. Und ich konnte während der Behandlung mein Gewicht halten. Schon allein das ist ein Erfolg. Mein größter Erfolg ist jedoch, dass der Krebs aktuell nicht mehr vorhanden ist. Mit der ketogenen Ernährung möchte ich jetzt einen Rückfall vermeiden. Mir geht es auch 1 Jahr später noch sehr gut. Ich habe meine volle Kraft wieder, fühle mich wohl und ernähre mich weiter ketogen.«

Was ist Krebs? Großer Mist, werden Sie vielleicht sagen – und damit haben Sie natürlich völlig recht. Doch das war nicht gemeint. Es geht bei der Frage darum zu wissen, wie Krebs entsteht, was für eine Art Krankheit er ist. Denn das ist für die Vorbeugung und für die Therapie enorm wichtig. Noch ist die Vorstellung weit verbreitet, dass es letztlich Mutationen im Erbgut sind, die zur Entartung und zum ungehemmten Wachstum von Zellen führen, sodass am Ende ein bösartiger Tumor daraus entsteht. Diese Vorgänge werden als unumkehrbar angesehen. Seit Jahren mehren sich jedoch die wissenschaftlichen Belege dafür, dass auch der Krebs zu den Stoffwechselerkrankungen gezählt werden muss. Denn ist der Stoffwechsel in Ordnung, funktioniert die Selbstregulation wie zum Beispiel die Autophagie (siehe Seite 40), und ist der Körper mit ausreichend Vitamin D und anderen Nährstoffen versorgt, kann er Zellen, die sich nicht mehr ordnungsgemäß teilen, oder krebsauslösende Viren vernichten. Ist das Körper- und Zellmilieu in Ordnung, werden Krebsgene ab- und Krebsschutzgene eingeschaltet.

Ist der Stoffwechsel aber nicht in Ordnung, stimmt das Milieu nicht, bleiben Schutzgene ausgeschaltet und Tumorgene werden aktiv. Ist ein Tumor entstanden, ändert er das Milieu weiter aktiv zu seinen Gunsten: Er sorgt dafür, dass gesunde Zellen kaum noch Zucker verwerten können (Insulinresistenz), damit ihm mehr davon zur Verfügung steht. Je bösartiger er wächst, umso mehr Zucker vergärt er und bastelt sich daraus die Bausteine für neue Krebszellen. Mithilfe der dabei gebildeten Milchsäure hält er sich die Killerzellen des Immunsystems vom Leib. Er sendet Signale aus, die zu chronischen Entzündungen führen und zum Abbau von Muskeln und Fettgewebe. Die Patienten zehren aus.

Ketose: ein gesundes Milieu schaffen

Betrachtet man die Veränderungen im Stoffwechsel eines an Krebs erkrankten Patienten, wird klar, was in Sachen Ernährung zu tun ist: den zuckergierigen Krebszellen so wenig wie möglich davon zur Verfügung stellen und die gesunden Zellen mit ausreichend gesunden Fetten und Ketonen beliefern, die sie hervorragend mit Energie und Schutzstoffen versorgen. Krebszellen können meist mit Ketonen nichts anfangen.

Die ketogene Ernährung ist daher eine optimale Unterstützung der Krebstherapie. Damit genügend Ketone gebildet werden (mindestens 1,5 mmol/l, gemessen im Blut) sollte die ketogene Ratio (siehe Seite 28) bei 3 : 1 liegen. Im Rezeptteil und im Übersichtsplan auf Seite 263 finden Sie die entsprechenden Angaben. Schlanke Patienten müssen darauf achten, so viel Fett zu essen, dass sie nicht abnehmen. Für Patienten, die überschüssiges Fettgewebe abbauen wollen, genügt eine Ratio von 2 : 1. Bei Schwierigkeiten mit der Nahrungsaufnahme können Fatbombs (siehe Seite 195), Auffett-Tipps (siehe Seite 29) und ketogene Drinks oder Suppen helfen.

Eine ketogene Ernährung hält den Blutzucker- und den Insulinspiegel flach, sodass dem Tumor weniger Wachstumsfaktoren zur Verfügung stehen. Studien haben bereits mehrfach gezeigt, dass weniger Kohlenhydrate auf dem Teller und weniger Zucker im Blut die Rückfallquote senken. Die Ernährung sollte reich an Omega-3-Fettsäuren (siehe Seite 21) sein, denn die wirken ebenfalls entzündungshemmend und unterstützen zusätzlich das Immunsystem. Außerdem schützen sie vor der gefürchteten Auszehrung. Auch Vitaminen, Mineralstoffen und den pflanzlichen Sekundärstoffen (siehe Seite 31) kommt eine große Bedeutung in der Krebsbekämpfung und -prävention zu. Selen, das vor Krebs schützt, entgiftet und gegen Müdigkeit und Erbrechen hilft, steckt zum Beispiel in Fisch und Meeresfrüchten, in Para- und Kokosnüssen. Natives Hanföl enthält besonders krebshemmende Vitamin-E-Formen, natives Olivenöl liefert reichlich Antioxidantien. Wichtige entzündungs- und krebshemmende Sekundärstoffe finden sich in Tomaten, Brokkoli, Heidelbeeren, Himbeeren, in Kurkuma und in grünem Tee (Siehe Rezeptteil »Ketogene Küche gegen Krebs« S. 263).

Sirtuine

Lebensmittel, die Sirtuine aktivieren, reparieren Zellschäden, kurbeln Stoffwechsel- und Fettverbrennung an und regeln Entzündungsreaktionen herunter. Die Reparatur von Schäden am Erbgut und die Verlangsamung von Zellalterungsvorgängen ist wichtig für die Krebsprävention. Eine ketogene Ernährung und Intervallfasten aktivieren die Sirtuine. Zu den wichtigsten derzeit bekannten sirtuin-aktivierenden Lebensmitteln gehören Brokkoli, Walnüsse, Kohlgemüse, Chili, Zwiebeln, Knoblauch, Kaffee und Grüntee sowie die Gewürze Kurkuma und Meerrettich.

Zusammengefasst kann man sagen: Eine gut zusammengestellte ketogene Ernährung wirkt entzündungshemmend, das Immunsystem unterstützend, die Autophagie fördernd, zellschützend, nervenschonend und krebshemmend. Ihr stimmungsaufhellender und angstlösender Effekt kommt den Patienten ebenfalls zugute.

WICHTIG

Es geht hier nicht um das »Aushungern« von Krebs oder um eine heilende Wunderdiät. Die gibt es nicht. Eine ketogene Ernährung kann das Fortschreiten der Erkrankung verlangsamen und sowohl die klassischen als auch seriöse naturheilkundliche Therapien unterstützen. Bitte unbedingt ernährungstherapeutisch und fachärztlich betreuen lassen! Sonst drohen Anwendungsfehler, die zu unerwünschten Gewichtsverlusten führen können!

Zwei Beispiele aus der Praxis

Renate S., 69 Jahre, inoperabler, bereits metastasierter Brustkrebs, diagnostiziert im Mai 2019, Therapie: ketogene Diät, Hyperthermie (lokale Gewebe-Überhitzung), Vitamin D, onkologische Phytotherapie (u. a. Kurkuma), Gewichtsabnahme erwünscht. Verlauf nach neun Monaten mit Blutketonwerten zwischen 0,5 und 0,8 mmol/l: 7 Kilogramm abgenommen, hervorragender Allgemeinzustand, viel Energie, Größenabnahme des ursprünglichen Tumors (Primärtumor) im Ultraschall der Brust um 22 Prozent. Tumormarker sinken, bestes Allgemeinbefinden.

Patientin, 75 Jahre, invasiver Brustkrebs im Milchgang, Erstdiagnose im Januar 2015, Therapie zunächst: Chemotherapie, Operation, Bestrahlung, Umstellung auf ketogene Ernährung aufgrund sehr starker Müdigkeit (Fatigue), einer häufigen Nebenwirkung der Therapien. Verlauf nach vier Jahren mit Blutketonwerten zwischen 0,5 und 3,8 mmol/l: Gewicht konnte stabilisiert, Blutdruck normalisiert werden, sehr guter Allgemeinzustand, fühlt sich fit und nicht mehr müde. Die Tumormarker sind rückläufig.

6. Feuerwehr: die Flammen im Darm ketogen löschen

Morbus Crohn: Das sagt die ketoerfahrene Patientin

Valerie B., 47 Jahre, litt seit vielen Jahren an der chronisch-entzündlichen Darmerkrankung Morbus Crohn. Sie vertrug zuletzt immer weniger Lebensmittel, hatte Schmerzen und fühlte sich oft müde und erschöpft. Als ihr gesagt wurde, sie müsse nun Medikamente nehmen, die ihr Immunsystem dämpfen, entschied sie sich für einen anderen Weg: ketogene Ernährung plus Darmsanierung, natürlich ärztlich begleitet! Hier ihre Erfahrungen mit der ketogenen Ernährung: »Am Anfang habe ich viele Lebensmittel nicht vertragen, dann immer besser. Ich bin in die erwünschte Remission gekommen, das heißt, entzündungsfrei ohne Kortison in circa vier Monaten! Nach einer OP war ich dünn und fühlte mich schwach. Durch den entzündungsfreien Zustand sehe ich wieder aus wie vor der OP, bin kräftiger und gesünder. Durch den »Lockdown« hatte ich viel Zeit, zu backen und neu kochen zu lernen. Wenn ich an die Alternativen Kortison oder Immunsuppressiva denke, geht mein gelegentlicher Appetit auf Nudeln und Brot gleich wieder vorbei. Heute bin ich entzündungsfrei, brauche keine Medikamente mehr und fühle mich körperlich und seelisch wohl und habe keine Durchfälle mehr.«

Krankheiten, die von massiven Entzündungen geprägt sind, zum Beispiel die entzündlichen Darmerkrankungen Colitis ulcerosa und Morbus Crohn, mögen nur einzelne Organe oder Gewebe betreffen, sie ziehen dennoch den ganzen Körper in Mitleidenschaft. Auch die Psyche leidet oft, denn Schmerzen, Durchfälle und der Schwelbrand der Entzündungen zehrt auch an den Nerven, macht müde und schlapp.

Brandherde sanieren, Autophagie stärken

Eine ketogene Ernährung kann auch hier über mehrere Wege entgegenwirken, weil sie:

1. kaum Zucker und Stärke enthält, sodass weniger freie Radikale und weniger Insulin und insulinähnliche Wachstumsfaktoren (IGF-1) gebildet werden,
2. mehr Omega-3-Fettsäuren liefert, aus denen mehr entzündungshemmende Botenstoffe hergestellt werden können,
3. viele pflanzliche Sekundärstoffe und lösliche Ballaststoffe liefert, also mehr Antioxidantien und Futter für die guten Darmbewohner, außerdem Probiotika als Bestandteil einer gesunden Darmflora (siehe Seite 31),

4. die Ketonbildung fördert, denn Ketone wirken selbst antioxidativ und entzündungshemmend.

Außerdem unterstützt die ketogene Ernährung – wie das Fasten – durch Zuckerverzicht die Autophagie und die Xenophagie (siehe Seite 41) und stärkt damit die Darmbarriere und die Abwehr schädlicher Bakterien. Bei den entzündlichen Darmerkrankungen sind alle diese Effekte wichtig: Nicht nur, dass ein entzündeter Dünn- und/oder Dickdarm schmerzt, er ist auch nicht mehr besonders gut darin, alle Nährstoffe aus der Nahrung zu nutzen und eine gesunde Darmflora zu beherbergen. Dem lässt sich mit einer sorgfältig zusammengesetzten ketogenen Diät, bei Bedarf ergänzt durch eine ärztlich geleitete Darmsanierung und Pysiotherapeutische Heilmittel, entgegenwirken. Im Rezeptteil und im Übersichtsplan auf Seite 259 finden Sie entsprechende Gerichte. Auch bei chronischer Magenschleimhautentzündung (Gastritis), Reizdarm, Sodbrennen und entzündeten Ausstülpungen des Darms (Divertikulitis) ist die ketogene Ernährung eine wertvolle Basistherapie.

Colitis ulcerosa: Das sagt die ketoerfahrene Patientin

Lara K., litt mit 17 Jahren stark an der chronisch-entzündlichen Darmerkrankung Colitis ulcerosa, die zu häufigen Durchfällen und Bauchschmerzen führt. Sie ernährte sich für sechs Wochen ketogen und im Anschluss daran moderat Low Carb. Sie sagt: »Mir hat es sehr geholfen, dass jeder in meinem Umkreis Bescheid wusste und die Familie mich unterstützt hat. Ich habe mir ein extra Regal im Kühlschrank und in der Küche angelegt, dann muss man nicht durch die Leckereien der anderen gehen, kommt nicht in Versuchung. Der Gemüsegarten unserer Familie und unsere Eier der eigenen Hühner sind für mich die wichtigsten Nahrungsquellen. Meine Autoimmunerkrankung hat sich sehr zum Positiven verändert, auch die Konzentrationsfähigkeit. Mein Entzündungswert Calprotektin ist innerhalb von drei Monaten von 1780 auf 16 µg/g gesunken, also Normalwert. Mein größter Erfolg: Stuhlgang und Bauchbeschwerden haben sich praktisch normalisiert und ich muss keine Medikamente mehr einnehmen. Mittlerweile lebe ich Low Carb seit 1 Jahr und mir geht es immer noch prima.«

7. Lichtblicke: Wo eine ketogene Ernährung noch helfen könnte

Seit einigen Jahren wird die ketogene Ernährung intensiv erforscht und immer mehr Ärzte und Patienten machen gute Erfahrungen mit ihr – auch wenn andererseits viele nie davon gehört haben. Noch hat die Wissenschaft viele Fragen zu klären, alle Wirkweisen aufzudecken und alle Besonderheiten zu ermitteln. Auf der Basis dessen, was wir bereits wissen, und aufgrund eigener und praktischer Erfahrungen lässt sich jedoch heute schon sagen, dass unter einer sorgfältig zusammengestellten ketogenen Ernährung auch bei folgenden Problemen und Erkrankungen positive Wirkungen erreicht werden konnten:

- Psychische Erkrankungen wie Autismus, Bipolare Störungen, Depression
- Schlaganfall
- Akne
- Hauterkrankungen wie Schuppenflechte (Psoriasis), Nesselsucht (Urticaria) und Neurodermitis
- Asthma
- nächtliche Atemaussetzer (Schlafapnoe)
- Wundheilungsstörungen und Wundliegen (Dekubitus)
- Fibromyalgie und Rheuma

Auch bei **Lipödem** und/oder **Lymphödem**, zwei Krankheiten, die die Lymphgefäße betreffen, kann die ketogene Ernährung helfen. Das Lipödem ist eine krankhafte Verteilungsstörung des Fettgewebes an den Extremitäten. Es wird dann auch mehr Lymphflüssigkeit produziert, die schlechter abfließt, sodass es zu schmerzhaften Ablagerungen und Schwellungen kommt. Können die Lymphgefäße die überschüssige Flüssigkeit nicht mehr abtransportieren, spricht man von einem Lymphödem.

Lymphgefäßprobleme: Das sagt die ketoerfahrene Patientin

Walburga Z., 65 Jahre, trug aufgrund der Probleme mit ihren Lymphgefäßen (Lip-/Lymphödem) immer Kompressionshosen und -strümpfe. Ihr Gewicht hielt sich hartnäckig oberhalb von 90 Kilogramm, Knie- und Rückenschmerzen kamen hinzu. Irgendwann hatte sie »keine Lust mehr auf Experimente« und entschied sich für eine ärztlich begleitete Ernährungsumstellung auf Keto. Sie sagt: »Der Start gelang sehr gut, ich hatte nie Hunger oder Heißhungerattacken. Dass ich viel Wasser trinke, hilft mir dabei. Wenn ich mal Lust auf etwas Süßes habe, esse ich Kokosjoghurt, dunkle Schokolade oder etwas Beerenobst. Wenn es heiß ist, auch mal ein Zitronen- oder Cassissorbet. Anfangs war ich mit Keto sehr konsequent, jetzt esse ich Low Carb und halte mein Gewicht mit einer Schwankung von 1 bis 2 Kilogramm. Mein größter Erfolg ist, dass ich endlich abnehmen konnte, innerhalb eines Jahres wurden es 18 Kilogramm. Den Betablocker konnte ich absetzen, das Schilddrüsenhormon reduzieren. Ich trage zwei Kleidergrößen weniger, außerdem sind die Knie- und Rückenschmerzen weg. Kompressionskniestrümpfe benutze ich nur noch, wenn es mal sehr heiß ist oder bei Flugreisen. Ich bin gelassener, fühle mich agiler, leichter, bin wesentlich aktiver, habe wieder mehr Ideen und an Lebensfreude gewonnen. Ich bin wieder ich selbst.«

Wir sehen uns in der Küche

Nun sind Sie bestens vorbereitet für das kulinarische Abenteuer Ketoküche! Damit auch Ihre Küche gut vorbereitet ist, haben wir zusammengestellt, was Sie an ketotauglichen Lebensmitteln vorrätig haben sollten. Denn der Einstieg gelingt umso besser, je besser Sie planen. Daher finden Sie auch viele Tipps zur Mahlzeiten-Vorbereitung und für Gerichte, die vegan sind oder einen besonderen medizinischen Nutzen erfüllen. Sie erkennen Sie an folgenden Zeichen:

Das Meal-Prep-Symbol: Diese Gerichte eignen sich super zum Mitnehmen und Vorbereiten.

Das Vegan-Symbol: Diese Gerichte sind rein pflanzlich.

Das Medizin-aus-der-Küche-Symbol: Diese Gerichte oder Zutaten haben einen maßgeblichen Einfluss auf verschiedene Krankheitsbilder.

Bei vielen Rezepten sind zudem Tipps zum Auf- und Abfetten angeführt, sodass Sie die Gerichte leicht an Ihre persönliche Situation anpassen können. Wer abnehmen möchte, wählt dann zum Beispiel stets die abgefetteten Varianten.

Nun wünschen wir Ihnen viel Freude und Genuss beim Ausprobieren der Rezepte. Welches Gericht zu welcher Lebenssituation, zum Familienfest oder zu welchen Erkrankungen passt, finden Sie übersichtlich zusammengestellt ab Seite 247.

Das gehört in den Ketovorrat

Speisekammer

- Apfelessig
- Artischockenböden
- Avocados
- Butter
- Chiasamen
- Currypaste, zuckerfrei
- Dörrfleisch
- Eier
- Fisch (z. B. Sardinen), Räucherfisch
- Flohsamen
- Gemüsebrühe
- Hanfsamen
- Ketoknäckebrot
- Kokosmilch
- Mandeldrink oder andere Pflanzendrinks als Milchersatz
- Mandelmus
- natives Kokosöl
- natives Olivenöl extra
- Nüsse
- Oliven
- Pickles
- Sauerkraut
- Sesamsamen
- Sesampaste (Tahin)
- Tomatenmark
- Weinessig

Kühlschrank

- Beeren der Saison
- Crème fraîche
- Feta
- Fisch
- Fleisch
- Gemüse und Salate der Saison
- Joghurt, 10 % Fett
- Mascarpone
- Mozzarella
- Parmesan
- Quark (20–40 % Fett)
- Sahne
- Schinken
- Salami
- Saucen, Dips, Aufstriche

Kühltruhe

- Beeren
- Fisch
- Fleisch
- Gemüse, blanchiert
- Ketobrot
- Kräuter

Waldbeere

FRÜHSTÜCK

Beginnen Sie den Tag mit einem fruchtigen oder pikanten und köstlichen Keto-frühstück. Unsere Rezepte zeigen, dass es in der Ketoküche schon am Morgen weit mehr gibt als nur Speck und Eier!

Blueberry-Nut-Breakfast-Bowl

Nährwerte
Pro Portion: ca. 870 kcal, 14 g KH, 21 g EW, 78 g Fett; ketogene Ratio: 2 : 1
Aufgefettet mit Pekan- oder Macadamianüssen oder mit Sahnequark statt Kokosjoghurt pro Portion: ca. 978 kcal, 15 g KH, 22 g EW, 89 g Fett; ketogene Ratio: 2 : 1

Portionen: 2

200 g Kokosjoghurt
50 ml Pflanzendrink (Kokos oder Mandel)
1 Prise gem. Zimt
3 EL Leinöl
4 EL gem. Mandeln
6 EL Mandelmus
150 g Heidelbeeren oder andere Beeren
2 EL Mandeln
6 Paranuss-, Pekannuss- oder Walnusskerne
1 EL Kakaonibs
1 EL geröstete Kokoschips

1. Den Kokosjoghurt in einer Schüssel mit dem Pflanzendrink, Zimt, Leinöl, gemahlenen Mandeln und 4 EL Mandelmus vermengen.
2. Heidelbeeren waschen, verlesen und 100 g im Mixer pürieren.
3. Die Mandeln und die Paranusskerne grob hacken.
4. Den Joghurt auf 2 Schälchen aufteilen, das Beerenpüree dazugeben, mit je 1 EL Mandelmus und den gehackten Nüssen, den restlichen Heidelbeeren, Kakaonibs und Kokoschips toppen.
5. Wer es süßer mag, kann unter den Joghurt noch 1–2 EL Erythrit mischen.

Variante: Statt Mandelmus mit Körnern und Saaten zubereiten.

Tipp: Wer abnehmen möchte, lässt die Nüsse weg.

Paranusskerne enthalten Selen. Die Menge reicht für den Tagesbedarf. Selen ist wichtig fürs Immunsystem, die Entgiftung und die Schilddrüse. Infos zu Leinöl siehe Seite 24.

Beeren-Smoothie

Nährwerte
Pro Portion: ca. 346 kcal, 9 g KH, 11 g EW, 29 g Fett; ketogene Ratio: 1 : 1
Aufgefettet mit 1 EL MCT- oder Kokosöl, ½ Avocado und Quark mit 40 % Fett pro Portion: ca. 762 kcal, 10 g KH, 14 g EW, 72 g Fett; ketogene Ratio: 3 : 1

Portion: 1

100 g Beeren der Saison oder aufgetaute TK-Beeren
3 EL Quark (20 % Fett)
1 EL Mandelmus
1 EL Erythrit
100 ml Mandeldrink
50 ml Sahne
1 EL Flohsamen

1. Die frischen Beeren waschen, verlesen, evtl. entstielen und trocken tupfen. Ein paar Beeren zum Garnieren beiseitelegen.
2. Alle Zutaten in den Mixer geben und pürieren. In ein Glas umfüllen und mit ein paar Beeren garnieren.

Bitte beachten: Nach dem Genießen sofort 1 bis 2 Gläser Flüssigkeit trinken, die die Flohsamen zum Quellen brauchen.

Johannisbeeren, besonders die Schwarzen, Erdbeeren, Heidelbeeren, Brombeeren und Himbeeren sowie Wildbeeren wie Berberitzen, Sanddorn, Schlehen, Zibarte und Holunder sind echtes Superfood. Sie sind nicht nur reich an Ballaststoffen, Mineralstoffen und Vitaminen (vor allem Vitamin C), sondern auch an sekundären Pflanzenstoffen. Die beerigen Inhaltstoffe wirken entzündungshemmend, antiviral, antioxidativ und krebshemmend. Außerdem schützen sie vor Herz-Kreislauf-Erkrankungen und Alzheimer.

Kokos-Chia-Pudding mit Beeren

Nährwerte
Pro Portion: ca. 548 kcal, 12 g KH, 13 g EW, 48 g Fett; ketogene Ratio: 2 : 1
Aufgefettet mit 4 EL Kokosöl pro Portion: ca. 827 kcal, 12 g KH, 13 g EW, 78 g Fett; ketogene Ratio: 3 : 1

Portionen: 2

200 ml Kokosmilch
100 ml Wasser
40 g Chiasamen
½ TL gem. Zimt
200 g Erdbeeren oder Sauerkirschen, Beeren der Saison
2 EL Kakaonibs
2 TL geschälte Hanfsamen
40 g gehackte Mandeln
½ Handvoll Minzeblätter

1. In einer Schüssel Kokosmilch, Wasser und Chiasamen verrühren und 10–15 Minuten ruhen lassen.
2. Dann den Zimt dazugeben und gut verrühren.
3. Erdbeeren waschen, entstielen und vierteln.
4. Die Chiasamen auf 2 Schüsseln verteilen, mit Erdbeeren, Kakaonibs, Hanfsamen und grob gehackten Mandeln garnieren. Mit Minze garniert servieren.

Kann am Abend vorbereitet werden, wenn es morgens schnell gehen soll.

Knuspriges Saatenmüsli

Nährwerte
Pro Portion: ca. 699 kcal, 15 g KH, 35 g EW, 53 g Fett; ketogene Ratio: 1 : 1
Aufgefettet mit Sahne statt Mandeldrink pro Portion: ca. 851 kcal, 16 g KH, 36 g EW, 69 g Fett; ketogene Ratio: 3 : 1

Portionen: 2

2 Becher Quark (20 % Fett)
100 ml Mandeldrink oder Kokosmilch
2 TL Erythrit
30 g gehackte Mandeln
30 g Kürbiskerne, Leinsamen, Sesamsamen
20 g Kokoschips
150–200 g Beeren
2 EL Kakaonibs
2 Prisen gem. Zimt

1. In 2 Müslischüsseln jeweils 1 Becher Quark, 50 ml Mandeldrink und 1 TL Erythrit verrühren.
2. Mandeln, Kürbiskerne, Leinsamen, Sesam und Kokoschips in eine Pfanne ohne Öl geben und unter Rühren ca. 5 Minuten lang rösten. Mischung abkühlen lassen, dann in die Schüsseln verteilen.
3. Beeren waschen und verlesen. Mit Kakaonibs und Zimt über das Müsli geben.

Variante: Wenn es schnell gehen soll, Wochenvorrat für Nuss-Saaten-Mischung zusammenstellen, im Vorratsglas aufbewahren und ungeröstet über den Beerenquark geben. Tiefgekühlte Beeren schon am Vorabend zum Auftauen in die Müslischalen füllen.

Walnussbrot

Nährwerte
Pro Scheibe: ca. 135 kcal, 1,3 g KH, 6 g EW, 11 g Fett; ketogene Ratio: 2 : 1

Portion: 1 Laib, ca. 12 Scheiben

150 g gem. Mandeln
50 g Leinmehl
20 g Flohsamenschalen
50 g Walnusskerne
½ TL Brotgewürz (optional)
1–2 TL Salz
1–2 TL Natron
2 Eier
200 ml Soja- oder Mandeldrink
15 ml Essig

1. Backofen auf 175 °C Ober-/Unterhitze vorheizen und ein Backblech mit Backpapier auslegen.
2. Mandeln, Leinmehl, Flohsamenschalen, Walnusskerne, Brotgewürz, wenn verwendet, Salz und Natron in einer Schüssel sorgfältig mischen.
3. Eier trennen, das Eigelb zu den trockenen Zutaten geben. Das Eiweiß in einer zweiten Schüssel mit dem Handrührgerät steif schlagen. Sojamilch und Essig nach und nach zu den trockenen Zutaten geben und alles gut vermischen.
4. Den Eischnee in 3 Schritten unterheben.
5. Aus der Masse mit den Händen einen Laib formen, auf das Backblech setzen und im Ofen 50 Minuten backen. Das Brot ist fertig, wenn es hohl klingt, wenn man auf die Unterseite klopft. Vollständig auskühlen lassen.

Tipp: Wer möchte, kann die Walnüsse durch Körner- und Samenmischungen ersetzen oder ergänzen oder das Brot damit bestreuen. Auch lecker: Das noch feuchte Brot vor dem Backen in 1 EL Haferkleie oder Kartoffelfasern wenden, so bekommt es eine leichte Kruste.

Variante: Schmeckt mit Ketomarmelade (siehe Seite 80), Lemoncurd (siehe Seite 186), Spargel-Käse-Creme (siehe Seite 83), Basilikum-Oliven-Zucchini-Aufstrich (siehe Seite 82) und selbst gemachten Buttervarianten (siehe Seite 75).

Gleich die doppelte Menge backen und einfrieren.

Buttervarianten

Paranuss-Knoblauch-Sellerie-Butter

Nährwerte
Pro Portion: ca. 202 kcal, 0,6 g KH, 1 g EW, 21 g Fett; ketogene Ratio: 4 : 1

Portionen: 6

6 Paranusskerne
1 große Knoblauchzehe
½ Stange Staudensellerie
125 g zimmerwarme Butter
½ TL Chiliflocken
½ TL Salz

1. Paranusskerne hacken.
2. Knoblauchzehe schälen und pressen.
3. Sellerie waschen und klein schneiden .
4. Alle Zutaten in einen Mixer geben und pürieren.

Kräuter- und Blütenbutter lässt sich prima auf Vorrat zubereiten. Am besten portionsweise einfrieren und verwenden, wenn Sie einen Aromakick beim Grillen oder in Gemüsegerichten wünschen.

Zitrone-Ingwer-Butter

Nährwerte
Pro Portion: ca. 162 kcal, 0,6 g KH, 0,2 g EW, 17 g Fett; ketogene Ratio: 4 : 1

Portionen: 6

125 g zimmerwarme Butter
1 Stück frischer Ingwer (2 cm)
1 Bio-Zitrone
1 EL Erythrit

1. Die weiche Butter in eine Schüssel geben.
2. Ingwer schälen und reiben.
3. Zitrone heiß abspülen, abtrocknen und die Schale mit einem Zestenreißer abziehen oder mit einem Sparschäler dünn abschälen. Zitronenschale fein hacken.
4. Zitronenschale, Ingwer und Erythrit mit der Butter vermischen.

Blütenbutter

Nährwerte
Pro Portion: ca. 95 kcal, 0,2 g KH, 1 g EW, 10 g Fett; ketogene Ratio: 4 : 1

Portionen: 12

1 Frühlingszwiebel
125 g zimmerwarme Butter
40 g Parmesan
Salz, Pfeffer
1 Handvoll Blütenblätter (z. B. Kornblumen, Kapuzinerkresse, Spornblumen, Margeriten, Ringelblumen, Rose, Löwenzahn oder andere Essblüten)

1. Frühlingszwiebel putzen, waschen und klein schneiden. Mit der weichen Butter und dem in Stücke geschnittenen Parmesan in einer Schüssel mit einem Stabmixer pürieren.
2. Butter mit Salz und Pfeffer abschmecken, dann die Blütenblätter untermischen.

Tipp: Passt gut zu Gemüsegerichten und zum Walnussbrot (siehe Seite 74).

Blitz-Toasties

Nährwerte
Pro Portion: ca. 128 kcal, 2 g KH, 15 g EW, 12 g Fett; ketogene Ratio: 1 : 1
Mit einem Aufstrich der gewünschten ketogenen Ratio (siehe Seite 28) auffetten.

Portionen: 4

40 g Goldleinsamen
20 g gem. Mandeln oder Mandelmehl
10 g Flohsamenschalen
1 TL Zitrusfaser oder Kartoffelfaser
½ TL Weinsteinbackpulver
1 Prise Salz
3 Eier
150 g Hüttenkäse
Gewürze nach Belieben (z. B. Koriander, Kümmel, Kardamom, Lavendel, Rosmarin, Dill oder Brotgewürz)
Fett für die Form

1. Goldleinsamen in einem Mixer schroten. Die gemahlenen Mandeln, Flohsamen, Zitrusfaser, Backpulver, Salz, Eier und Hüttenkäse zugeben und mixen. Gewürze nach Belieben untermischen.
2. Teig in 2 runde, gefettete Bowls verteilen und 4 Minuten bei 800 Watt in der Mikrowelle garen. Anschließend quer halbieren und nach Belieben goldbraun toasten. Die Toasties können auch im Ofen gebacken werden, sie sind dann nicht ganz so fluffig, aber trotzdem lecker. Dazu Backofen auf 180 °C vorheizen und Toasties ca. 30 Minuten backen.

Varianten:
- Eignet sich auch als Burgerbrötchen-Ersatz, zum Beispiel anstelle der Portobello-Pilze beim veganen Portobello-Kräuter-Burger (siehe Seite 97).
- Je nach Belieben weitere Saaten zugeben wie Kürbiskerne, Sesam, Hanf, klein geschnittene Olivenstücke, gehackte Nüsse oder für ein Heringsbrötchen mit Dill kombinieren.

Ketobrötchen

Nährwerte
Pro Portion: ca. 241 kcal, 2 g KH, 10 g EW, 21 g Fett; ketogene Ratio: 2 : 1

Portionen: 4

150 g gem. Mandeln
25 g Flohsamenschalen
5 g Natron
1 TL Salz
½ TL getr. Thymian oder Brotgewürz (optional)
3 Eiweiß
150 ml heißes Wasser
1 TL Apfelessig

1. Backofen auf 175 °C Umluft vorheizen.
2. Mandeln, Flohsamenschalen, Natron, Salz und Thymian, falls verwendet, in eine Schüssel geben und gut vermengen.
3. Eiweiß dazugeben und untermischen.
4. Das heiße Wasser und den Apfelessig hinzugeben und alles gut verrühren.
5. Den Teig in 4 Portionen teilen, mit angefeuchteten Händen zu 4 Brötchen formen und diese auf ein mit Backpapier belegtes Backblech setzen und flach drücken. Im Ofen 45–55 Minuten backen.

Tipp: Die Brötchen können schon am Vortag gebacken und vor dem Verzehr im Toaster wieder aufgewärmt werden.

Doppelte Menge backen und einfrieren. Für das Frühstück am Abend vorher auftauen.

Ketomarmelade

Nährwerte
Pro Portion: ca. 9 kcal, 1,6 g KH, 0,3 g EW, 0,2 g Fett; ketogene Ratio: 1 : 1

Portionen: 100 à ca. 35 g

3 kg Beeren (z. B. Himbeeren, Brombeeren, Blaubeeren, Erdbeeren, Stachelbeeren, Holunderbeeren oder andere Wildfrüchte)
Kräuter und Gewürze nach Wahl (z. B. Basilikum, Minze, Zitronenmelisse, gem. Vanille, gem. Zimt, gem. Kardamom)
Zitronensäure je nach Süße der Früchte und Geschmack
750 g zuckerarmer Gelierzucker (z. B. Xucker)

1. Beeren waschen, verlesen und evtl. entstielen.
2. Kräuter waschen und hacken.
3. Beeren, Kräuter, Gewürze, evtl. Zitronensäure und Gelierzucker in einem großen Topf zum Kochen bringen. Hitze reduzieren und Marmelade 3–6 Minuten köcheln lassen, bis das Obst weich ist (je nach Größe). Dabei regelmäßig umrühren.
4. Marmelade so heiß wie möglich in abgekochte, saubere Einmachgläser füllen und diese mit abgekochten Deckeln verschließen. Gläser auf den Kopf stellen und Marmelade abkühlen lassen.
5. Die Marmelade ist ca. 1 Jahr haltbar.

Falls Sie größere Mengen zubereiten wollen, ist die 4-kg-Dose Xucker preisgünstiger als die 1-kg-Dose.

Ketokonfitüre roh gerührt

Nährwerte
Pro Portion: ca. 19 kcal, 1,6 g KH, 0,8 g EW, 1,0 g Fett; ketogene Ratio: 1 : 1

Portionen: 35

1 kg Beeren (z. B. Erdbeeren, Himbeeren, Heidelbeeren)
100–200 g Erythrit (je nach Süße der Früchte und Geschmack)
Johannisbrotkernmehl (Dosierungsanleitung auf der Packung beachten, da sie je nach Firma unterschiedlich ist)
oder 8–10 EL Chiasamen
Zitronensaft
gem. Vanille oder Kräuter nach Belieben

1. Beeren waschen, verlesen und evtl. entstielen. Mit dem Erythrit im Mixer rühren, bis sich beides gut verbunden hat. Dann das Johannisbrotkernmehl oder die Chiasamen einrühren und mit Zitronensaft und Vanille oder Kräutern nach Belieben würzen.
2. Konfitüre in saubere, abgekochte Einmachgläser füllen und diese mit abgekochten Deckeln gut verschließen.
3. Im Kühlschrank aufbewahrt hält die Konfitüre bis zu 2 Wochen.

Aufstriche

Basilikum-Oliven-Zucchini-Aufstrich

Nährwerte
Pro Glas: ca. 210 kcal, 8 g KH, 6 g EW, 17 g Fett; ketogene Ratio: 1 : 1

Portionen: 4 Gläser à 200 ml

- 1 kg Zucchini
- 3 Knoblauchzehen
- 100 g schwarze, entsteinte Oliven
- 2 EL Kapern
- 4 EL Balsamico-Essig (zuckerfrei)
- 4 EL Olivenöl
- 1 TL Salz
- 1 EL Erythrit
- 1 Bund Basilikum
- Pfeffer nach Belieben

1. Backofen auf 200 °C Ober-/Unterhitze vorheizen.
2. Zucchini waschen, putzen und in Würfel schneiden. Knoblauch schälen und hacken. Alle Zutaten außer dem Basilikum in einer Schüssel vermischen und in eine Auflaufform füllen. Im Ofen ca. 60 Minuten backen.
3. Basilikum waschen und trocken schütteln.
4. Die Mischung aus dem Ofen mit dem Basilikum im Mixer pürieren und mit Salz und Pfeffer abschmecken. Den Aufstrich bis ca. 1 cm unterhalb des Randes in sehr saubere Einmachgläser füllen, diese gut mit einem Deckel verschließen und im Einkochtopf bei 90 °C bzw. bei 180 °C im Ofen 20 Minuten sterilisieren.
5. Wenn der Aufstrich innerhalb von 2 Wochen verzehrt wird, muss er nicht sterilisiert werden, dann reicht es, etwas Olivenöl auf die Paste im Glas zu geben und das Ganze im Kühlschrank zu lagern.

Tipp: Passt sehr gut zu Walnussbrot und Ketobrötchen.

Spargel-Käse-Creme

Nährwerte
Pro Portion: ca. 264 kcal, 4 g KH, 9 g EW, 23 g Fett; ketogene Ratio: 2 : 1

Portionen: 4

250 g grüner Spargel
1 Frühlingszwiebel
20 g Butter
Salz, Pfeffer
30 g Bergkäse
200 g Frischkäse (Doppelrahmstufe)
1 Bio-Zitrone

1. Spargel im unteren Drittel schälen, Enden abschneiden. Stangen waschen und klein schneiden. Spargelköpfe abtrennen, würfeln, zur Seite stellen. Frühlingszwiebel putzen, waschen und in feine Ringe schneiden. Pfanne erhitzen, Butter darin schmelzen und Spargelstangen und Zwiebelringe glasig dünsten. Mit Salz und Pfeffer würzen und abkühlen lassen.
2. Bergkäse reiben und mit Frischkäse und Gemüse vermengen.. Zitrone heiß abspülen, abtrocknen und die Hälfte der Schale abreiben. Zitrone dann auspressen. Käsecreme mit Zitronenschale und -saft abschmecken und die rohen Spargelwürfel auf die Creme streuen.

Zucchini-Mandel-Aufstrich

Nährwerte
Pro Portion: ca. 45 kcal, 0,7 g KH, 2 g EW, 4 g Fett; ketogene Ratio: 2 : 1

Portionen: 8

150 g Zucchini
2 EL Mandelmus
1 TL Hefeflocken (optional)
gehackte frische Petersilie
2 EL Mascarpone
Salz, Pfeffer
Zitronensaft

1. Zucchini waschen, putzen und klein schneiden. Alle Zutaten in einem Mixer pürieren und mit Salz, Pfeffer und Zitronensaft abschmecken.
2. Der Aufstrich hält sich gekühlt ca. 1 Woche

Ricotta mit Leinöl und Walnüssen

Nährwerte
Pro Portion: ca. 618 kcal, 10 g KH, 14 g EW, 56 g Fett; ketogene Ratio: 2 : 1
Aufgefettet mit 3 EL Leinöl und 5 Walnusskernen zusätzlich pro Portion:
ca. 855 kcal, 12 g KH, 16 g EW, 80 g Fett; ketogene Ratio: 3 : 1

Portionen: 2

10 Walnusskerne plus mehr zum Garnieren
250 g Ricotta
6 EL Leinöl plus mehr für die Schüssel
1 EL Erythrit

1. 10 Walnusskerne grob hacken.
2. Alle Zutaten in einer Schüssel gut verrühren.
3. Eine weitere Schüssel mit etwas Leinöl auspinseln, die Ricottamasse hineinfüllen und über Nacht kalt stellen. Am nächsten Morgen Ricottamasse auf einen Teller stürzen und mit Walnüssen garnieren.

Tipps:
- Dazu passen Frühstücksbrötchen oder Toasties.
- Ricotta können Sie übrigens auch einfach selbst machen. Dazu 1 l Milch in einem Topf aufkochen. Dann ein paar Spritzer Zitronensaft zugeben. Die Masse in ein feines Sieb geben, abtropfen und abkühlen lassen. Die aufgefangene Flüssigkeit (Molke) ergibt mit Beeren, Erythrit und Wasser verdünnt ein hervorragendes, eiweißreiches Erfrischungsgetränk.

Variante: Der Ricotta kann auch mit 1 EL Salz, Chiliflocken und Basilikum gewürzt auf einem Kirschtomaten-Rucola-Bett serviert werden.

Zum Mitnehmen die ausgewählten Zutaten vermischen und vor dem Essen auf den Ricotta geben.

Garam-Masala-Eier-Muffins

Nährwerte
Pro Portion: ca. 335 kcal, 7 g KH, 26 g EW, 22 g Fett; ketogene Ratio: 1 : 1
Aufgefettet mit 5 EL Öl pro Portion: ca. 590 kcal, 7 g KH, 26 g EW, 49 g Fett; ketogene Ratio: 2 : 1

Portionen: 2 à je 3 Muffins

½ Brokkoli (ca. 300 g)
½ grüne Paprikaschote (ca. 100 g)
½ Zucchini (ca. 100 g)
6 Eier
½ TL Garam Masala
1 Prise gem. Kurkuma
Salz, Pfeffer aus der Mühle

1. Backofen auf 170 °C Ober-/Unterhitze vorheizen und Papierformen in 6 Mulden eines Muffinblechs setzen.
2. In einem kleinen Topf Salzwasser zum Kochen bringen. Brokkoli waschen, putzen und in einzelne Röschen trennen. Strunk schälen, in kleine Würfel schneiden. Röschen und Strunkwürfel im Salzwasser in ca. 2 Minuten bissfest kochen. In ein Sieb abgießen, auskühlen lassen, dann beiseitestellen.
3. Paprika und Zucchini putzen, waschen, kleinwürfeln.
4. Die Eier in eine Schüssel aufschlagen, Garam Masala und Kurkuma dazugeben, gut mit dem Schneebesen verquirlen und alles kräftig mit Salz und Pfeffer würzen.
5. Die Brokkoliröschen auf die Muffinformen verteilen. Das übrige Gemüse ebenfalls auf die Formen aufteilen und die Eiermischung darübergießen. Muffins im Ofen 10–15 Minuten backen, bis die Muffins nicht mehr nachgeben, wenn man darauf drückt.

Tipp: In Mini-Muffinformen gebacken, eignen sich diese Muffins besonders gut als gemüsereicher Partysnack!

Variation: Für das Sonntagsfrühstück stellen Sie ein mit Butter eingefettetes Muffinblech und diverse Zutaten, zum Beispiel Cherrytomaten, Schnittlauch, Paprika, Babyspinat, in die Mitte des Frühstückstisches. Jeder kann nun seinen Muffin ganz nach Belieben selbst zusammenstellen. Während der Backofen auf 170 °C vorheizt, 6 Eier mit 1 EL Milch, Salz und Pfeffer verquirlen und in die Förmchen gießen. Dann Muffins in ca. 15 Minuten im Ofen goldgelb backen.

Entweder sofort servieren und heiß genießen oder abkühlen lassen und zum Beispiel unterwegs essen.

Türkische Eier mit Cloud-Bread

Pro Portion: ca. 635 kcal, 10 g KH, 28 g EW, 52 g Fett; ketogene Ratio: 1 : 1
Aufgefettet mit 3 EL Olivenöl zusätzlich oder mit Crème fraîche statt Joghurt im Dip
pro Portion: ca. 774 kcal, 10 g KH, 28 g EW, 67 g Fett; ketogene Ratio: 2 : 1

Portionen: 2

Für das Cloud-Bread
2 Eier
1 Prise Salz
½ TL Weinsteinbackpulver
25 g Frischkäse
1 EL Öl
Schwarzkümmel

Für die pochierten Eier
1000 ml Wasser
1 TL Zitronensaft
1 TL Salz
4 Eier

Für die gebratenen Tomaten
4 Kirschtomaten
1 EL Öl
2 EL Erythrit
2 Prisen Salz
1 Knoblauchzehe

Für den Joghurt-Dip
200 g griechischer Joghurt (10 % Fett)
1 EL Olivenöl
1 Knoblauchzehe
Salz, Pfeffer
einige Minzeblätter

1. Ofen auf 150 °C Ober-/Unterhitze (Umluft 130 °C) vorheizen.
2. Für das Cloud-Bread die Eier trennen. Das Eiweiß mit Salz und Backpulver in eine Schüssel geben und mit dem Handrührgerät steif schlagen. Das Eigelb in eine Schüssel geben und mit dem Frischkäse vermengen. Den Eischnee unterheben. Backpapier auf ein Backblech legen und mit Öl einfetten. Mit einem Löffel 4 runde, gleich große Fladen auf das Backpapier geben. Etwas Schwarzkümmel auf jeden Fladen streuen. Cloud-Bread 15 Minuten im Ofen backen.
3. Für die pochierten Eier Wasser mit Zitrone und Salz in einem Topf aufkochen.
4. Für die gebratenen Tomaten die Kirschtomaten waschen, vierteln und mit Öl, Erythrit und Salz in einer Pfanne erhitzen. Knoblauch schälen und dazupressen. 5 Minuten bei mittlerer Hitze köcheln lassen. Dann beiseitestellen.
5. Währenddessen die Eier einzeln vorsichtig aufschlagen und jeweils im Ganzen in einen Schöpflöffel geben. Schöpflöffel vorsichtig in das heiße Wasser tauchen (das Wasser darf nicht sprudeln). Jedes Ei 4 Minuten im Wasser lassen und anschließend mit einem Schaumlöffel auf einen Teller heben.
6. Für den Dip den griechischen Joghurt in einer Schüssel mit dem Olivenöl verrühren. Knoblauch schälen und dazupressen. Mit Salz und Pfeffer abschmecken.
7. Joghurt-Dip und gebratene Tomaten auf den Tellern abwechselnd arrangieren, je 2 pochierte Eier mittig darauf setzen und mit Minze garnieren. Mit Cloud-Bread genießen.

VEGANE KÜCHE

Sehr häufig kommt die Frage, ob eine ketogene Ernährung auch vegan möglich ist (siehe Seite 27). Wir können sie mit Ja beantworten und haben zum Beweis eine Reihe leckerer veganer Rezepte zusammengestellt. Die dürfen natürlich auch Nichtveganer genießen.

Grünes Feel-good-Curry

Nährwerte
Pro Portion: ca. 652 kcal, 14 g KH, 33 g EW, 50 g Fett; ketogene Ratio: 1 : 1
Aufgefettet mit 3 EL Kokosöl zusätzlich pro Portion: ca. 861 kcal, 14 g KH, 33 g EW, 72 g Fett; ketogene Ratio: 2 : 1

Portionen: 2

150 g Sojabohnen
½ Zwiebel
½ Knoblauchzehe
½ grüne Paprikaschote
2 EL Kokosöl
1 EL grüne Currypaste
200 ml Kokosmilch
Saft von ¼ Limette
150 g Prinzessbohnen
¼ Chinakohl (ca. 150 g)
½ TL Salz
½ TL gem. Kurkuma
schwarzer Pfeffer aus der Mühle

1. Die Sojabohnen nach Packungsanleitung in einem Topf mit Wasser garkochen und dann beiseitestellen.
2. Die Zwiebel und den Knoblauch schälen und klein würfeln. Die Paprika putzen, waschen und in kleine Würfel schneiden.
3. Das Kokosöl in einer Pfanne erhitzen und Zwiebel, Knoblauch, Paprika sowie Currypaste darin 2 Minuten unter Rühren braten. Dann mit der Kokosmilch ablöschen. Den Limettensaft einrühren.
4. Die Bohnen putzen, waschen und ggf. halbieren. Dann in die Pfanne geben und alles 10 Minuten köcheln lassen.
5. In der Zwischenzeit den Chinakohl putzen, waschen, in Streifen schneiden und mit den gekochten Sojabohnen in die Pfanne geben. Weitere 2 Minuten köcheln lassen. Mit Salz, Kurkuma und Pfeffer würzen.

Die Gelbwurz, aus der Kurkuma gewonnen wird, ist eine der ältesten bekannten Heilpflanzen. Traditionell wird sie als Mittel zur Behandlung von Hautverletzungen, Atemwegserkrankungen, Koliken und Blutungen eingesetzt. Sie wirkt schmerzlindernd bei Arthrose, magensaftproduzierend und ist hilfreich bei entzündlichen Erkrankungen von Magen, Darm, Gallenblase und Leber sowie Rheuma. Neuerdings wurden auch krebshemmende, antioxidative und entzündungshemmende Inhaltsstoffe nachgewiesen. Immer mehr Studien belegen zudem eine Stärkung des Immunsystems und die Prävention von Infektionen und Krebserkrankungen.

Zucchini-Erdnuss-Curry

Nährwerte
Pro Portion: ca. 666 kcal, 16 g KH, 25 g EW, 54 g Fett; ketogene Ratio: 1 : 1
Aufgefettet mit 1 ganzen Avocado und 1 EL Kokosöl zusätzlich pro Portion:
ca. 774 kcal, 16 g KH, 26 g EW, 65 g Fett; ketogene Ratio: 2 : 1

Portionen: 4

1 Zwiebel
1 Stück frischer Ingwer (2–3 cm)
1 Knoblauchzehe
4 EL Kokosöl
2 TL Currypulver
1 TL Tomatenmark
50 g Erdnüsse
3 Tomaten
400 g Zucchini
1 grüne Paprikaschote
400 g Pak Choi
½ Avocado
100 ml Gemüsebrühe
100 ml Hafer-Cuisine
3 EL Erdnussmus
20 g Sonnenblumenkerne
150 g Hanfsamen
1 Prise Salz
1 Prise Pfeffer

1. Zwiebel, Ingwer und Knoblauch schälen und fein hacken. Mit Kokosöl, Currypulver und Tomatenmark in einen Topf geben und anbraten.
2. Die Erdnüsse grob hacken, hinzugeben und 5 Minuten bei mittlerer Hitze mitbraten.
3. In der Zwischenzeit Tomaten, Zucchini, Paprika und Pak Choi putzen, waschen und klein schneiden. Alles in den Topf geben und 10 Minuten garen.
4. Die Avocado schälen, entkernen, in kleine Würfel schneiden und hinzugeben. Mit Gemüsebrühe und Hafer-Cuisine ablöschen. Das Erdnussmus unterrühren und alles weitere 5 Minuten köcheln lassen.
5. Zum Schluss die Sonnenblumenkerne und Hanfsamen unterrühren und mit Salz und Pfeffer würzen.

Ruckzuck-»Couscous«-Salat

Nährwerte
Pro Portion: ca. 711 kcal, 15 g KH, 28 g EW, 57 g Fett; ketogene Ratio: 1 : 1
Aufgefettet mit ½ Avocado zusätzlich oder mit Goldener Joghurtsauce (siehe Seite 105)
pro Portion: ca. 858 kcal, 16 g KH, 29 g EW, 72 g Fett; ketogene Ratio: 2 : 1

Portionen: 2

100 g Lupinenschrot
150 ml Gemüsebrühe
1 Salatgurke
½ grüne Paprikaschote
2 Frühlingszwiebeln
3 EL Essig
4 EL Olivenöl
½ TL gem. Kreuzkümmel
½ TL Senf
1 Prise Salz
1 Prise Pfeffer
1 Avocado
2 EL frisch geh. Petersilie

1. Lupinenschrot nach Packungsanleitung in einem Topf mit der Gemüsebrühe kochen und abkühlen lassen.
2. Salatgurke, Paprika und Frühlingszwiebeln putzen, waschen und in kleine Würfel schneiden. Dann in eine Salatschüssel geben.
3. Für das Dressing Essig, Öl, Kreuzkümmel und Senf in einer Schüssel vermischen und mit Salz und Pfeffer würzen.
4. Den Lupinenschrot und das Dressing in die Schüssel geben und mit dem Gemüse vermischen.
5. Die Avocado schälen, entkernen und in kleine Würfel schneiden. Mit der Petersilie unter den Salat heben.

Lässt sich prima vorbereiten und schmeckt, im Kühlschrank aufbewahrt, auch noch nach 2 Tagen.

Saftige Portobello-Kräuter-Burger

Nährwerte
Pro Portion: ca. 780 kcal, 13 g KH, 31 g EW, 64 g Fett;ketogene Ratio: 1 : 1
Aufgefettet mit veganer Mayonnaise (siehe Seite 183) pro Portion:
ca. 1085 kcal, 13 g KH, 32 g EW, 97 g Fett; ketogene Ratio: 2 : 1

Portionen: 2 à je 2 Burger

75 g Lupinenschrot
125 ml Gemüsebrühe
½ Zwiebel
1 Knoblauchzehe
6 EL Olivenöl
1 ½ EL Tomatenmark
2 EL Sojasauce
1 EL frisch gehackte Petersilie
1 TL Senf
2 EL Lupinenmehl
½ TL Johannisbrotkernmehl
¾ TL Salz
1 Prise Pfeffer
8 Portobello-Pilze
1 Prise Kräutersalz
1 Avocado
½ TL Gemüsebrühepulver
einige Blätter Salat
1 Tomate
1 EL frisch gehackter Schnittlauch,

Variante: Schmeckt auch lecker vegetarisch mit Zucchini-Käse-Pattys (siehe Seite 114) anstelle von Lupinen-Patties.

1. Den Lupinenschrot mit der Gemüsebrühe in einem Topf aufkochen und 5 Minuten mit geschlossenem Deckel köcheln lassen. Dann Topf vom Herd nehmen und Schrot 10 Minuten quellen lassen.
2. Zwiebel und Knoblauch schälen und in feine Würfel schneiden. 2 EL Olivenöl in einer Pfanne erhitzen und Zwiebel, Knoblauch und Tomatenmark darin einige Minuten braten, bis die Zwiebel glasig ist. Mit Sojasauce ablöschen und Pfanne vom Herd nehmen.
3. Die Petersilie unterrühren. Senf, Lupinenmehl, Johannisbrotkernmehl, Lupinenschrot, Salz und Pfeffer dazugeben und gut vermengen. 4 Pattys aus der Masse formen.
4. Die Portobello-Pilze mit einer weichen Bürste putzen (ohne Wasser) und mit 1 EL Olivenöl in einer Pfanne erhitzen. Mit Kräutersalz würzen und von beiden Seiten ca. 3 Minuten braten.
5. Das restliche Olivenöl in der Pfanne erhitzen und die Pattys darin von beiden Seiten knusprig braten.
6. Avocado schälen, entkernen, in einer Schüssel mit einer Gabel zerdrücken, mit Gemüsebrühepulver würzen. Salatblätter und Tomate waschen. Die Tomate in Scheiben schneiden.
7. 4 Pilze mit der Lamellenseite nach oben auf eine Platte legen. Die Salatblätter auf den Pilzen verteilen, mit Avocadocreme bestreichen und mit Schnittlauch bestreuen. Je 1 Patty darauflegen und schließlich Tomatenscheiben obenauf geben. Dann die restlichen 4 Pilze als Deckel auf die Burger legen.

Asiatische Nudelpfanne mit gebratenem Mandeltofu

Nährwerte
Pro Portion: ca. 670 kcal, 13 g KH, 23 g EW, 56 g Fett; ketogene Ratio: 2 : 1
Abgefettet mit nur 30 g Pekannüssen und 200 g Mandeltofu pro Portion: ca. 606 kcal, 13 g KH, 26 g EW, 48 g Fett; ketogene Ratio: 1 : 1

Portionen: 2

150 g Mandeltofu
4 EL Kokosöl
4 EL Sojasauce
60 g Pekannusskerne
2 EL Sesamsamen
½ Limette
1 Knoblauchzehe
1 Stück frischer Ingwer (Größe einer Knoblauchzehe)
1 Zwiebel
1 TL Erythrit
½ TL Chilipulver
1 Prise Pfeffer
200 g Chinakohl
100 g Austernpilze
200 g Konjaknudeln
100 g grüne Bohnen (aus dem Glas)
¾ TL Salz
2 Frühlingszwiebeln

1. Den Mandeltofu längs in dünne Streifen schneiden und mit 2 EL Kokosöl und 1 EL Sojasauce in eine Pfanne geben. Die Streifen von beiden Seiten goldbraun anbraten, aus der Pfanne nehmen und zur Seite legen.
2. Das restliche Kokosöl in die Pfanne geben. Die Pekannusskerne grob hacken und mit dem Sesam 2 Minuten darin anrösten. Dann mit der restlichen Sojasauce ablöschen.
3. Den Saft der Limette zugeben. Die Knoblauchzehe schälen und hineinpressen.
4. Den Ingwer schälen und klein würfeln. Die Zwiebel schälen und in Streifen schneiden. Mit Ingwer, Erythrit, Chilipulver und Pfeffer in die Pfanne geben. Alles ca. 5 Minuten braten.
5. Den Chinakohl putzen, waschen und in Streifen schneiden. Die Austernpilze putzen, klein würfeln und mit dem Chinakohl in die Pfanne geben. Alles gut vermengen und mit geschlossenem Deckel ca. 10 Minuten garen.
6. Die Konjaknudeln unter fließendem Wasser gut abspülen, bis der Eigengeschmack verschwunden ist. Die Bohnen abtropfen lassen und zusammen mit den Konjaknudeln in die Pfanne zugeben. Alles gut vermengen und noch einmal bei höherer Hitze und ohne Deckel 5 Minuten scharf anbraten, dabei immer wieder rühren, damit nichts anbrennt.
7. Währenddessen die Frühlingszwiebeln putzen, waschen und in dünne Ringe schneiden.
8. Nudelpfanne auf 2 Teller verteilen und mit den Tofu-Streifen und den Frühlingszwiebelringen garnieren.

Tipp:
Schmeckt auch mit grüner Currypaste zubereitet sehr gut.

Fruchtige Tempeh-Bowl

Nährwerte
Pro Portion: ca. 820 kcal, 14 g KH, 20 g EW, 74 g Fett; ketogene Ratio: 2 : 1
Aufgefettet mit 1 ganzen Avocado und 2 EL Olivenöl oder 1 ½ EL Olivenöl und ½ EL Granatapfelsamenöl (siehe Seite 23) pro Portion: ca. 1102 kcal, 12 g KH, 23 g EW, 103 g Fett; ketogene Ratio: 3 : 1

Portionen: 4

Für die Bowl
2 Stücke Tempeh à 150 g
3 EL natives Olivenöl extra
1 Handvoll Walnusskerne
3 Handvoll Babyspinat
1 großer Chicorée
½ Avocado
4 EL gekochte schwarze Bohnen
1 Birne
4 EL Granatapfelkerne

Für das Dressing
8 EL Fruchtessig (z. B. Apfelessig oder Himbeeressig)
Saft von 1 Zitrone
15 EL Olivenöl
1 TL Senf
½ TL Erythrit
Salz, Pfeffer

1. Tempeh in 0,5–1 cm dicke Scheiben schneiden und in einer Pfanne mit 2 EL Olivenöl beidseitig anbraten.
2. Walnüsse in einer anderen Pfanne mit 1 EL Olivenöl rösten.
3. Spinat waschen und trocken schleudern. Chicorée putzen, waschen und in ca. 1 cm breite Streifen schneiden. Avocado schälen, entkernen und in Würfel schneiden.
4. Die vorbereiteten Zutaten in 4 Bowls verteilen und mischen. Die schwarzen Bohnen zugeben.
5. Für das Dressing alle Zutaten in einer Schüssel vermischen. Dressing mit den Zutaten in den Bowls mischen.
6. Birne waschen, in schmale Spalten schneiden und dabei entkernen. Birnenspalten, geröstete Walnüsse, Tempeh und Granatapfelkerne auf dem Salat anrichten.

Tipps:
- Besonders hübsch sehen die Bowls aus, wenn der Salat noch mit Essblüten garniert wird.
- Zum Abnehmen die Portion halbieren. Wer die Kohlenhydratmenge reduzieren will, lässt die Birne weg.

Gebratener Romana mit knusprigem Tempeh und Kirschtomaten

Nährwerte
Pro Portion: ca. 679 kcal, 10 g KH, 27 g EW, 57 g Fett; ketogene Ratio: 2 : 1
Aufgefettet mit reichlich veganer Mayonnaise (siehe Seite 183) pro Portion: ca. 1147 kcal, 11 g KH, 27 g EW, 110 g Fett; ketogene Ratio: 3 : 1

Portionen: 2

200 g Tempeh, natur
3 EL Tamari oder eine andere Sojasauce ohne Zucker
4 EL Sesamöl
½ TL Paprikapulver, edelsüß
Salz
1 Prise Pfeffer
1 Prise gema. Kreuzkümmel
1 Knoblauchzehe
2 Romanasalatherzen
10 Kirschtomaten
4 EL Kokosfett

1. Den Tempeh längs in ca. 5 mm dünne Scheiben schneiden.
2. In einer kleinen Schüssel für die Marinade Tamari, Sesamöl, Paprikapulver, ½ TL Salz, Pfeffer und Kreuzkümmel vermischen. Die Knoblauchzehe schälen und hineinpressen. Dann die Tempehstreifen mit der Marinade in einen Gefrierbeutel geben, durchkneten und mindestens 30 Minuten ziehen lassen.
3. Anschließend Tempeh und Marinade in einer Pfanne erhitzen und in 15 Minuten von beiden Seiten knusprig braten.
4. Währenddessen die Salatherzen putzen, waschen und längs halbieren. Die Tomaten waschen. In einer weiteren Pfanne auf mittlerer Stufe das Kokosfett erhitzen und die Salatherzen mit der Schnittfläche nach unten hineinlegen. Die Kirschtomaten hinzugeben und alles 5–10 Minuten braten.
5. Die Romanasalatherzen und Kirschtomaten salzen und auf einem Teller mit den Tempehstreifen anrichten.

Lupinengeschnetzeltes an Mangold-Lauch-Gemüse

Nährwerte
Pro Portion: ca. 842 kcal, 12 g KH, 34 g EW, 71 g Fett; ketogene Ratio: 2 : 1

Portionen: 2

2 Stangen Lauch (ca. 350 g)
300 g Mangold
5 EL Kokosöl
150 g Mandel-Frischecreme (Frischkäsealternative)
1 TL Gemüsebrühpulver
1 Prise Pfeffer
Salz (optional)
200 g Lupinengeschnetzeltes

1. Den Lauch putzen, gründlich waschen, in feine Ringe schneiden und beiseitestellen.
2. Den Mangold putzen, waschen und die Blätter vom Stiel trennen. Die Stiele in kleine Würfel schneiden und in einer Pfanne mit 2 EL Kokosöl erhitzen. Auf mittlerer Stufe ca. 5 Minuten mit geschlossenem Deckel garen.
3. In der Zwischenzeit die Blätter vom Mangold klein schneiden.
4. Den Lauch in die Pfanne geben und weitere 5 Minuten mit geschlossenem Deckel dünsten. Anschließend die Mangoldblätter und die Frischecreme hinzugeben. Mit Gemüsebrühepulver, Pfeffer und ggf. Salz abschmecken. Alles gut vermengen und weitere 5 Minuten mit geschlossenem Deckel garen.
5. In einer separaten Pfanne das restliche Kokosöl erhitzen und das Lupinengeschnetzelte darin knusprig anbraten. Auf 2 Teller verteilen und mit dem Mangold-Lauch-Gemüse servieren.

Orientalischer Brokkoli

Nährwerte
Pro Portion: ca. 524 kcal, 14 g KH, 17 g EW, 43 g Fett; ketogene Ratio: 1 : 1
Aufgefettet mit Goldener Joghurtsauce (siehe Seite 105) pro Portion:
ca. 806 kcal, 11 g KH, 18 g EW, 74 g Fett; ketogene Ratio: 2 : 1

Portionen: 3

750 g Brokkoli
4 EL Olivenöl
2 gehäufte EL Ras el-Hanout
Salz, Pfeffer
200 g Tofu
1 große Bio-Zitrone
200 g Kokosjoghurt
2 EL flüssiges Kokosöl
2 EL Kokosraspel
30 g Mandeln

1. Ofen auf 180 °C Ober-/Unterhitze (175 °C Umluft) vorheizen.
2. Brokkoli putzen, waschen und in Röschen teilen. Den Strunk schälen, vierteln und in Stücke schneiden. Brokkoliröschen und -strunk in einer Schüssel mit Öl und Gewürzen vermengen, bis der Brokkoli gleichmäßig damit überzogen ist.
3. Tofu in Würfel schneiden, zum Brokkoli geben und ebenfalls durchmischen.
4. Die Zitrone heiß abwaschen und in dünne Scheiben schneiden.
5. Brokkoli und Tofu gleichmäßig auf einem Backblech verteilen und die Zitronenscheiben darauflegen. 30 Minuten im Ofen rösten. Nach 15 Minuten das Gemüse wenden.
6. In der Zwischenzeit in einer Schüssel Joghurt, flüssiges Kokosöl und Kokosraspel vermengen.
7. Mandeln in einer Pfanne ohne Öl rösten und dann grob hacken.
8. Wenn das Gemüse fertig ist, Blech aus dem Ofen nehmen, Gemüse auf 3 Teller verteilen und mit Joghurt und Mandeln angerichtet servieren.

Lässt sich prima vorbereiten und schmeckt unterwegs auch kalt.

Goldene Joghurtsauce

Nährwerte
Pro Portion: ca. 241 kcal, 8 g KH, 8 g EW, 19 g Fett; ketogene Ratio: 1 : 1

Portionen: 2

½ Bio-Blutorange
200 g Pflanzenjoghurt
4 EL Pflanzendrink
2 TL gem. Kurkuma
1 TL gem. Zimt
¼ TL gem.Nelken
½ TL gem. Pfeffer
1 EL frisch geriebener Ingwer
1 TL Erythrit
2 EL weißes Mandelmus
1 EL ungesüßte Sojasauce
Zitronensaft (optional)
Salz

1. Blutorange waschen, abtrocknen, Schale abreiben und Frucht auspressen.
2. Alle Zutaten in einer Schüssel gut miteinander verrühren und noch mal mit Salz und Pfeffer abschmecken.
3. Diese Sauce passt gut zu Gemüsegerichten und hält sich ca. 5 Tage im Kühlschrank.

Tipp: Für eine nicht vegane Variante statt Pflanzenjoghurt griechischen Joghurt (10 % Fett) und statt Pflanzendrink Milch verwenden.

Pizzetti Vegetaria

Nährwerte
Pro Portion: ca. 699 kcal, 6 g KH, 27 g EW, 61 g Fett; ketogene Ratio: 2 : 1

Portionen: 2 à je 2 Pizzetti

Für den Teig
80 g gem. Mandeln
100 g geschrotete Leinsamen
2 EL Flohsamenschalen
1 EL Olivenöl
1 Prise Salz
100 ml Wasser

Für die Sauce
3 EL Tomatenmark
1 EL Olivenöl
2 EL Wasser
1 TL getr. Oregano
je 1 Prise Salz, Pfeffer und Chilipulver
1 Knoblauchzehe

Für den Belag
¼ Zucchini
¼ grüne Paprikaschote
3 Champignons
½ Zwiebel
2 EL Olivenöl
1 Prise Salz

1. Den Ofen auf 175 °C Ober-/Unterhitze vorheizen.
2. Für den Pizzateig Mandeln, Leinsamen und Flohsamenschalen, Olivenöl, Salz und Wasser in einer Schüssel vermischen und 5 Minuten abgedeckt quellen lassen.
3. Dann die Sauce vorbereiten: Tomatenmark, Olivenöl, Wasser, Oregano, Salz, Pfeffer und Chili in einer Schüssel vermischen. Knoblauch schälen und hineinpressen.
4. Für den Belag Zucchini und Paprika putzen und waschen. Champignons mit einem feuchten Küchentuch säubern. Zwiebel schälen. Champignons und Zucchini in dünne Scheiben, Paprika und Zwiebel in dünne Streifen schneiden. Das geschnittene Gemüse in eine Schüssel geben und mit Olivenöl und Salz marinieren.
5. Den Teig einmal mit den Händen durchkneten und ggf. noch etwas Wasser zugeben, falls er zu trocken ist. Ein Backpapier auf einem Backblech auslegen. Den Teig in 4 Stücke teilen und jeweils runde kleine Pizzen daraus formen. 7 Minuten im Ofen auf der mittleren Schiene vorbacken.
6. Danach herausholen und mit der Sauce bestreichen. Das Gemüse gleichmäßig auf den Pizzetti verteilen und diese weitere 15 Minuten im Ofen backen.

Tipp: Für Nicht-Veganer einen Belag mit Lauch und Lachs oder Brokkoli, Schinken und Käse zusammenstellen.

Zitronen-Pfeffer-Tofu mit Ofenpommes

Nährwerte
Pro Portion: ca. 610 kcal, 11 g KH, 21 g EW, 51 g Fett; ketogene Ratio: 2 : 1
Aufgefettet mit der doppelten Ölmenge oder mit veganer Mayonnaise pro Portion: ca. 1029 kcal, 11 g KH, 21 g EW, 97 g Fett; ketogene Ratio: 3 : 1

Portionen: 2

Für den Zitronen-Pfeffer-Tofu

400 g Tofu, fest und natur
2 Knoblauchzehen
1 kleine Bio-Zitrone
2 EL Olivenöl
1 TL Salz
je ½ TL gem. Kurkuma, Paprikapulver und Erythrit
1 TL Pfefferkörner
2 EL Kokosöl

Für die Ofenpommes

1 Knollensellerie (ca. 500 g)
4 EL Olivenöl
1 TL Currypulver
1 Prise Pfeffer
½ TL Salz

Tipp: Zum Zitronen-Pfeffer-Tofu mit Ofenpommes passt hervorragend ein knackiger Salat oder vegane Mayonnaise.

1. Den Tofu abtropfen, in ein Geschirrtuch geben, sanft ausdrücken und längs in 4 große Scheiben schneiden. Die Scheiben jeweils über Kreuz von beiden Seiten einschneiden und beiseitelegen.
2. Zitrone waschen, abtrocknen, Schale abreiben und Frucht auspressen. Zitronensaft, -schale, Olivenöl, Salz, Kurkuma, Paprikapulver und Erythrit in einer Schüssel zu einer Marinade vermengen. Die Pfefferkörner je nach Geschmack zerkleinern (in der Mühle oder im Mörser) und hinzugeben. Die Marinade mit den Tofuscheiben in einen Gefrierbeutel geben, durchkneten und mindestens 1 Stunde ziehen lassen.
3. Danach das Kokosöl in einer Pfanne erhitzen und den Tofu in 10 Minuten von beiden Seiten goldbraun braten.
4. Den Ofen auf 180 °C Ober-/Unterhitze vorheizen.
5. Den Sellerie grob schälen und in 5 mm dicke Scheiben schneiden. Diese Scheiben in dünne Streifen schneiden und in einer Schüssel gut mit Olivenöl, Currypulver und Pfeffer vermischen. Die »Pommes« auf einem mit Backpapier belegten Backblech verteilen, dabei darauf achten, dass sie nicht zu dicht beieinander liegen. Auf der mittleren Schiene 35 Minuten im Ofen backen.

VEGETARISCHE KÜCHE

Der ketogenen Ernährung wird gerne vorgeworfen, dass sie zu fleischlastig sei. Dass dies keineswegs der Fall sein muss, zeigen unsere vegetarischen Kreationen.

Omas Walnussauflauf

Nährwerte Auflauf
Pro Portion: ca. 608 kcal, 6 g KH, 28 g EW, 51 g Fett; ketogene Ratio: 2 : 1
Abgefettet mit Pflanzendrink statt Sahne pro Portion:
ca. 456 kcal, 4 g KH, 27 g EW, 35 g Fett; ketogene Ratio: 1 : 1

Nährwerte Joghurt-Kräuter-Sauce
Pro Portion: ca. 86 kcal, 3 g KH, 2 g EW, 7 g Fett; ketogene Ratio: 2 : 1
Aufgefettet mit Sahne und Mascarpone statt Joghurt pro Portion:
ca. 246 kcal, 2 g KH, 3 g EW, 24 g Fett; ketogene Ratio: 3 : 1

Portionen: 4

Für den Auflauf
100 g Walnusskerne
100 g Mandelmehl
100 g Reibekäse
2 Eier
200 ml Sahne
1 EL Senf
1 TL Salz
1 TL Pfeffer aus der Mühle
Butter für die Form
10 geröstete Walnusskerne

Für die Joghurt-Kräuter-Sauce
1 Schuss Sahne
200 g griechischer Joghurt
1 Bund Petersilie
Salz, Pfeffer

1. Backofen auf 180 °C Ober-/Unterhitze (Umluft 160 °C) vorheizen.
2. Alle Zutaten für den Teig bis auf die Butter und die gerösteten Walnusskerne in eine Rührschüssel geben und gut vermengen.
3. Die Auflaufform einfetten und den Teig hineingeben. Auflauf im Ofen in 30–40 Minuten goldbraun backen. 10 Minuten bevor der Auflauf aus dem Ofen genommen wird, die gerösteten Walnüsse darüberstreuen.
4. Dazu passt wunderbar eine Joghurt-Kräuter-Sauce. Sahne und Joghurt in einer Schüssel vermischen.
5. Petersilie waschen, trocken schütteln, hacken und unterrühren. Mit Salz und Pfeffer abschmecken.

Tipp: Als Beilage für Nicht-Vegetarier eignet sich Feldsalat mit Apfelspalten , gerösteten Walnüssen und luftgetrocknetem Schinken (siehe Seite 113).

Die doppelte Menge zubereiten, denn der Auflauf schmeckt auch kalt und ist zum Mitnehmen geeignet. Er hält sich 3 Tage im Kühlschrank.

Feldsalat mit Walnüssen

Nährwerte
Pro Portion: ca. 358 kcal, 8 g KH, 13 g EW, 29 g Fett; ketogene Ratio: 1 : 1
Aufgefettet mit Speckstreifen oder Bacon auf dem Salat pro Portion: ca. 651 kcal, 8 g KH, 10 g EW, 62 g Fett; ketogene Ratio: 3 : 1

Portion: 1

4 EL Walnussöl
Saft von ½ Zitrone
½ TL Salz
schwarzer Pfeffer aus der Mühle
1 TL Senf
½ saurer Apfel (z. B. Boskoop)
Butter zum Braten
200 g Feldsalat
5–10 Walnusshälften

1. In einer Schüssel aus Walnussöl, Zitronensaft, Salz, Pfeffer und Senf eine Vinaigrette rühren.
2. Den Apfel waschen, entkernen und in Scheiben schneiden. In einer Pfanne mit wenig Butter bei milder Hitze leicht anbraten.
3. Den Feldsalat waschen, trocken schütteln und mit der Vinaigrette durchmischen.
4. Die Walnusshälften in einer Pfanne ohne Fett rösten.
5. Feldsalat mit Apfelscheiben und Walnüssen garnieren.

Infos zu Walnussöl siehe Seite 25.

Zucchini-Käse-Pattys

Nährwerte
Pro Portion: ca. 1065 kcal, 11 g KH, 49 g EW, 88 g Fett; ketogene Ratio: 2 : 1
Abgefettet mit Magerquark pro Portion: ca. 987 kcal, 11 g KH, 50 g EW, 79 g Fett; ketogene Ratio: 1 : 1
Aufgefettet mit Mascarpone und Sahne statt Quark pro Portion: ca. 1606 kcal, 12 g KH, 39 g EW, 150 g Fett; ketogene Ratio: 3 : 1

Portionen: 2 à je 3–4 Pattys

Für die Patties
350 g Zucchini
3 Eier
100 g geriebener Käse
100 g Quark (40 % Fett)
25 g gem. Mandeln
1 TL Johannisbrotkernmehl oder Zitrusfasern
1 Knoblauchzehe
40 g Mandeln
Salz
Pfeffer
natives Olivenöl extra

Für den Kräuterquark
1 Bund Petersilie
200 g Quark (40 % Fett)
1 Knoblauchzehe
2 Msp. Gemüsebrühepulver

Tipp: Statt Zucchini können alle möglichen Gemüsereste geraspelt und verwendet werden. Saftiges Gemüse gut ausdrücken und abtropfen lassen.

1. Zucchini putzen und waschen. Schüssel mit Küchenhandtuch auslegen und Zucchini grob in das Tuch raspeln. Tuch herausheben, verdrehen und Gemüseraspel kräftig über dem Waschbecken ausdrücken. Die Zucchini beiseitelegen.
2. In einer Schüssel Eier, Käse, Quark, gemahlene Mandeln und Johannesbrotkernmehl vermengen. Knoblauch schälen und dazupressen.
3. Die ganzen Mandeln in eine kleine Plastiktüte geben und mit einem Hammer oder Ähnlichem zerkleinern, dann zu der Masse geben.
4. Die Zucchini untermischen. Teig mit Salz und Pfeffer abschmecken und 10 Minuten ruhen lassen, damit das Johannisbrotkernmehl die Masse bindet.
5. Währenddessen für den Kräuterquark Petersilie waschen, trocken schütteln und hacken. In einer Schüssel mit dem Quark verrühren. Den Knoblauch schälen und dazupressen, das Gemüsebrühepulver gut untermischen.
6. Öl in einer Pfanne erhitzen und ca. 1 EL Masse pro Küchlein in die Pfanne geben. Erst wenden wenn die Ränder goldbraun werden. Wenn zu früh gewendet wird, zerlaufen die Küchlein. Vorgang wiederholen. Küchlein mit Kräuterquark servieren.

Gedämpfter Lauch mit Burrata

Nährwerte
Pro Portion: ca. 615 kcal, 12 g KH, 14 g EW, 55 g Fett; ketogene Ratio: 2 : 1
Aufgefettet mit 1 Becher Sahne und zusätzlichen Macadamianüssen pro Portion: ca. 1042 kcal, 16 g KH, 18 g EW, 97 g Fett; ketogene Ratio: 3 : 1
Für Nichtvegetarier pro Portion mit 150 g Räucherlachs und 1 Zitronenscheibe pro Portion: ca. 609 kcal, 11 g KH, 38 g EW, 44 g Fett; ketogene Ratio: 1 : 1

Portionen: 2

400 g Lauch
15 g Kokosfett
100 ml Gemüsebrühe
100 g Kirschtomaten
2 Knoblauchzehen
30 g Macadamianusskerne
je 2 Zweige Thymian und Rosmarin
4 EL Olivenöl
1–2 EL Apfelessig
Salz, Pfeffer
2 Burrata à 100 g

1. Den Lauch putzen, gut waschen und in ca. 5 cm lange Stücke schneiden, dabei Stangen intakt lassen. Das Grün, das nicht mehr im Stück bleibt, in feine Streifen schneiden. Die großen Lauchstücke in einer Pfanne mit dem Kokosfett scharf anbraten, mit der Brühe ablöschen und den restlichen Lauch dazugeben, dann einen Deckel auflegen und bei geringer Hitze dünsten, bis der Lauch fast ganz weich ist.
2. Kirschtomaten waschen und halbieren. Knoblauch schälen und andrücken. Macadamianusskerne grob hacken. Tomaten, Knoblauch, Nüsse und die gewaschenen Kräuterzweige hinzugeben und alles weitere 5 Minuten mit geschlossenem Deckel dünsten.
3. Knoblauch und Kräuter aus der Pfanne entfernen und Lauchmischung auf den Tellern oder einer Platte anrichten. Den Sud aus der Pfanne mit Olivenöl, Apfelessig, Salz und Pfeffer nach Belieben abschmecken.
4. Burrata abtropfen lassen und auf dem Gemüse anrichten, Sud darübergießen und lauwarm servieren.

Peperonata mit panierten Mozzarellabällchen

Nährwerte
Pro Portion: ca. 551 kcal, 14 g KH, 33 g EW, 38 g Fett; ketogene Ratio: 1 : 1

Portionen: 3

Für die Peperonata
je 1 grüne, gelbe und rote Paprikaschote
4 EL natives Olivenöl extra
4 Knoblauchzehen
500 g sonnengereifte Tomaten
Salz, Pfeffer

Für die Mozzarellabällchen
9-12 Minimozzarellakugeln
2 Eigelb
Salz, Pfeffer
50 g Mandelmehl
50 g geriebener Parmesan
natives Olivenöl extra

Zum Servieren
300 g Romanasalat
1 Bund Basilikum
1 Handvoll Kapern

1. Backofen auf 180 °C Ober-/Unterhitze vorheizen.
2. Paprikaschoten putzen, vierteln und waschen. Paprikaschoten auf einem mit 3 EL Olivenöl bestrichenen Backblech verteilen und 30 Minuten im Ofen rösten.
3. Knoblauch schälen und in Scheiben schneiden. Tomaten waschen, den Stielansatz entfernen und in Stücke schneiden. In einem Topf das restliche Öl erhitzen und Knoblauch darin anbraten. Tomaten zugeben und 15–20 Minuten köcheln lassen. Mit Salz und Pfeffer abschmecken.
4. Die Eigelbe in einer kleinen Schüssel verquirlen und mit Salz und Pfeffer abschmecken. Mandelmehl und Parmesan auf einem Teller vermischen.
5. Mozzarellakugeln abtropfen lassen und erst im Ei und dann in der Nuss-Parmesan-Mischung wälzen. Auf einem Teller für 20 Minuten ins Gefrierfach stellen.
6. Paprika aus dem Ofen holen, in den Topf mit der Tomatensauce geben und weitere 5–10 Minuten köcheln lassen.
7. Mozzarellakugeln bei mittlerer Hitze in einer Pfanne mit Olivenöl von allen Seiten goldbraun braten.
8. Romanasalat putzen, waschen und klein zupfen. Basilikum waschen, trocken schütteln. Den Salat auf den vorbereiteten Tellern verteilen, die Peperonata daraufgeben und das Basilikum (einige Blätter beiseitelegen) sowie die Kapern unterheben.
9. Die Mozzarellabällchen obenauf anrichten und mit etwas Basilikum bestreuen.

Gemüsequiche

Nährwerte
Pro Portion: ca. 589 kcal, 6 g KH, 20 g EW, 52 g Fett; ketogene Ratio: 2 : 1

Portionen: 8

Für den Boden
200 g gem. Mandeln
½ TL Salz
4 EL Olivenöl
2 EL Zitronenfasern

Für die Füllung
15 Eier
500 ml Sahne
Salz, Pfeffer
1 Zucchini
½ grüne Paprikaschote
4 Stangen Staudensellerie
200 g Champignons
1 Handvoll Salat (z. B. Rucola oder in Streifen geschnittener Radicchio oder Romana-Salat)

1. Backofen auf 170 °C vorheizen und eine Quicheform mit Backpapier auskleiden.
2. Für den Boden die Mandeln und das Salz in einer Schüssel vermischen. Das Öl dazugeben und verrühren, bis die Masse sich verbindet. Wenn sie noch zu trocken ist und bröselt, etwas mehr Öl dazugeben, jedoch nicht so viel, dass die Mandeln das Öl wieder absondern (in dem Fall noch etwas Mandeln dazugeben). Die Masse auf dem Boden der Backform verteilen und etwas andrücken. Im vorgeheizten Backofen 10–15 Minuten vorbacken, sodass der Boden leicht gebräunt ist. Herausnehmen, beiseitestellen, den Ofen anlassen.
3. Für die Füllung Eier und Sahne in einer Schüssel verquirlen. Mit Salz und Pfeffer sehr kräftig abschmecken.
4. Das Gemüse putzen, waschen und in kleine Würfel oder Stücke schneiden, sodass sie auf einen Teelöffel passen würden. Das Gemüse nach Belieben gemischt oder in Schichten auf dem Quicheboden verteilen. Die Eiermasse nochmal gut durchrühren und dann gleichmäßig auf dem Gemüse verteilen. Die Quiche 40–60 Minuten im Ofen backen. Die Garzeit variiert je nach Backformgröße und Höhe der Quiche.
5. Den Salat zur Quiche reichen (Salatsauce siehe Seite 127).

Die Menge ist so berechnet, dass der Rest eingefroren werden oder am nächsten Tag aufgegessen werden kann. Die Quiche schmeckt auch kalt.

Ofengemüse

Nährwerte
Pro Portion: ca. 471 kcal, 13 g KH, 8 g EW, 42 g Fett; ketogene Ratio: 2 : 1
Aufgefettet mit 7 EL Olivenöl, Kohlrabi-Dip (siehe Seite 177) oder Mayonnaise (siehe Seite 183) pro Portion: ca. 645 kcal, 13 g KH, 8 g EW, 60 g Fett; ketogene Ratio: 3 : 1

Portionen: 4

200 g Knollensellerie
300 g Zucchini
300 g Auberginen
1 grüne Paprikaschote
150 g Champignons
1 große Stange Lauch
500 g Tomaten
1 Zwiebel
1 Knoblauchzehe
4 EL frischer oder getr. Oregano
2 EL Rosmarinnadeln
1 kleiner Bund frische Minze
1 kleiner Bund frische Petersilie
100 ml Kokosöl
Salz, Pfeffer
5–6 EL Olivenöl

1. Ofen auf 180 °C Ober-/Unterhitze vorheizen.
2. Das Gemüse ggf. schälen, waschen und putzen. Sellerie, Zucchini, Aubergine, Paprika und Champignons in Stücke und Lauch in Ringe schneiden. Die Tomaten grob hacken und Zwiebel und Knoblauch klein würfeln. Alles in eine Schüssel geben.
3. Die Kräuter waschen und trocken schütteln. Die Hälfte fein hacken und untermischen.
4. Mischung auf ein Ofenblech geben und 30 Minuten im Ofen garen, sodass das Gemüse noch leicht knackig und leicht gebräunt ist.
5. Aus dem Ofen nehmen, mit den restlichen Kräutern bestreuen, mit Salz und Pfeffer abschmecken und mit Olivenöl beträufelt servieren.

Tipp: Schmeckt super, wenn das Gemüse zum Schluss mit geröstetem Sesam bestreut wird. Wer mag, kann 50–100 g Fetawürfel über das Gemüse streuen und die letzten Minuten mitbacken. Oder die letzten 10 Minuten ein mit Öl und Senf bestrichenes Kabeljaufilet mitgaren (Nichtvegetarier).

Gleich eine doppelte Portion zubereiten, denn dieses Gericht lässt sich prima aufbewahren und mitnehmen.

Gemüsefrittata mit Ricotta und frischen Kräutern

Nährwerte (berechnet mit 400 g Zucchini)
Pro Portion: ca. 924 kcal, 16 g KH, 35 g EW, 77 g Fett; ketogene Ratio: 2 : 1
Abgefettet ohne Sahne pro Portion: ca. 733 kcal, 14 g KH, 34 g EW, 58 g Fett; ketogene Ratio: 1 : 1

Portionen: 2

300–500 g gemischtes Gemüse
natives Olivenöl extra
5 Eier
300 g Ricotta
100 ml Sahne
Salz, Pfeffer
1 Handvoll frische Küchen- oder Wildkräuter (z. B. Brennnessel, Giersch, Vogelmiere)
Parmesanspäne

1. Das Gemüse putzen, waschen und klein schneiden. In einer großen Pfanne mit wenig Wasser leicht blanchieren. Wenn das Wasser verdampft ist, noch etwas Olivenöl dazugeben.
2. Eier, Ricotta und Sahne in einer Schüssel mit dem Schneebesen verquirlen und mit Salz und Pfeffer abschmecken.
3. Die Mischung über das Gemüse gießen und die Frittata von beiden Seiten goldgelb backen.
4. Kräuter waschen, trocken schütteln und klein zupfen.
5. Frittata mit frischen Kräutern und Parmesanspänen bestreut servieren.

Tipp: Dieses Gericht kann zum Frühstück, Mittag- oder Abendessen zubereitet werden. Es eignen sich dafür alle möglichen Gemüsereste, besonders gut schmeckt es mit grünem Blattgemüse, Zucchini, gehacktem Brokkoli, Kresse, Pilzen oder mit Paprika und Cocktailtomaten.

Durch das Kleinhacken und ein ca. 30-minütiges Liegenlassen des Brokkoli erhöht sich die Menge der wertvollen (z. B. vor Krebs schützenden) Sulphoraphane. Der Brokkoli wehrt damit Fressfeinde ab. Selbst beim Kochen bleiben die Sulphoraphane dann erhalten.

Lässt sich prima vorbereiten und mitnehmen.

Grüne Bowl mit Pink Pickles, Erdnusssauce und Macadamia

Nährwerte
Pro Portion: ca. 739 kcal, 14 g KH, 18 g EW, 65 g Fett; ketogene Ratio: 2 : 1

Portionen: 3

1 mittelgroße rote Zwiebel
4 EL Apfelessig
1 Prise Rohrohrzucker
1 Stange Lauch (100–150 g)
1 kleiner Fenchel (200 g)
1 kleiner Brokkoli (250 g)
1 mittelgroßer Pak Choi (250 g)
1 Knoblauchzehe
1 Stück frischer Ingwer (walnussgroß)
2 EL + 65 g Kokosöl
2 Eier
45 g Erdnussmus
1 EL Zitronensaft
2 EL heißes Wasser
1 Prise Salz
Chilipulver (optional)
1 Avocado
½ Bund Minze
½ Bund Koriander
20 g Macadamianusskerne

1. Die Zwiebel schälen und in Ringe schneiden, in einer Schüssel mit Apfelessig und Rohrohrzucker vermengen und beiseitestellen. Wer die Pickles noch pinker mag, gibt noch 2 EL Rote-Bete-Saft dazu.
2. Lauch, Fenchel, Brokkoli und Pak Choi putzen und waschen. Lauch in dünne Ringe, Fenchel und Pak Choi vierteln und in Streifen schneiden. Brokkoli in Röschen teilen, den Strunk schälen, vierteln und klein schneiden.
3. Knoblauch und Ingwer schälen, Ingwer reiben und Knoblauch pressen. Beides in einer Pfanne mit 2 EL Kokosöl anbraten. Den Lauch dazugeben und ca. 3 Minuten braten. Dann Fenchel, Brokkoli und weißen Teil des Pak Chois hinzugeben. Gemüse in ca. 5 Minuten bissfest garen. Anschließend das Pak-Choi-Grün hinzugeben und weitere 3 Minuten garen.
4. Eier in kochendem Wasser wachsweich kochen. Mit kaltem Wasser abschrecken und pellen.
5. Für die Sauce das restliche Kokosöl, Erdnussmus, Zitronensaft und Wasser in ein Schraubglas füllen. Mit Salz und Chili würzen. Dann das geschlossene Glas schütteln, bis eine cremige Sauce entstanden ist.
6. Gepellte Eier in Streifen schneiden. Avocado schälen, entkernen und in 2 x 2 cm große Würfel schneiden. Minze und Koriander waschen, trocken schütteln und klein schneiden. Macadamianusskerne hacken. Das Gemüse in Schüsseln anrichten. Ei, Avocado und Pink Pickles dazugeben. Mit Sauce, Kräutern und gehackten Macadamia garnieren.

Blumenkohl-»Couscous« mit Schafskäse

Nährwerte
Pro Portion: ca. 858 kcal, 13 g KH, 25 g EW, 76 g Fett; ketogene Ratio: 2 : 1
Abgefettet mit der halben Fettmenge pro Portion:
ca. 649 kcal, 13 g KH, 25 g EW, 53 g Fett; ketogene Ratio: 1 : 1
Aufgefettet mit mehreren EL MCT-Öl, Kokosöl oder einen orientalischen Dip (siehe Seite 149) zum Schluss pro Portion: ca. 1183 kcal, 13 g KH, 25 g EW, 111 g Fett; ketogene Ratio: 3 : 1

Portionen: 2

1 mittelgroße Zucchini
1 Stange Lauch
2 Frühlingszwiebeln
2 EL natives Olivenöl extra
2–3 Prisen Chilipulver
Salz, Pfeffer
200 g Blumenkohl
200 ml Gemüsebrühe
6 EL Olivenöl
3 EL Limettensaft
1 TL gem. Kreuzkümmel
1 Knoblauchzehe
1 EL Essig (z. B. Balsamico)
3 EL Orangensaft (frisch gepresst)
1 TL Erythrit
200 g Schafskäse
1 Handvoll Kresse

1. Zucchini, Lauch und Frühlingszwiebeln putzen, waschen und in dünne Scheiben schneiden. Olivenöl in der Pfanne erhitzen. Zucchini, Lauch, Frühlingszwiebel und Chilipulver dazugeben. Bei mittlerer Hitze5 Minuten braten, dann salzen, pfeffern und beiseitestellen.
2. Blumenkohl putzen, waschen und klein hacken. Mit der Gemüsebrühe in einen Topf geben und ca. 3 Minuten köcheln lassen.
3. Blumenkohl-»Couscous« durch ein Sieb abgießen und in einer Schüssel mit 2 EL Olivenöl, Limettensaft und Kreuzkümmel mischen. Mit Salz und Pfeffer abschmecken.
4. Knoblauch schälen, hacken und in einer Schüssel mit dem restlichen Olivenöl, dem Essig, dem Orangensaft und dem Erythrit zu einem Dressing vermischen.
5. Den Schafskäse abtropfen lassen und zerbröseln.
6. Blumenkohl-»Couscous«, das Gemüse und den Schafskäse schichtweise in 2 Einmachgläser füllen, mit dem Dressing beträufeln und mit der Kresse bestreut servieren.

Dieses Gericht eignet sich perfekt zum Mitnehmen.

SALATE

Ob Vorspeise oder Hauptgericht, ob Sommer oder Winter, ein schöner Salat passt zu vielen Gelegenheiten und allen Jahreszeiten, er sättigt und bereichert die Mahlzeiten mit vielen sekundären Pflanzenstoffen – auch unser Wurstsalat.

Salatdressings und Toppings

Als Topping auf Salaten und Gemüsegerichten verwenden wir gerne Essblüten und Wildkräuter. An Bachläufen findet man zum Beispiel Minze, Bachbunge, Brunnenkresse und Vergissmeinnicht. Aber auch gerösteter Sesam (Gomasio), Sonnenblumenkerne oder Nüsse schmecken lecker. Im Sommer verfeinern Beeren (insbesondere Wildbeeren) die meisten Salate, im Winter Granatapfelkerne.

Die vielen sekundären Pflanzenstoffe insbesondere aus den bunten Zutaten erfreuen nicht nur das Auge, sondern sind auch eine Vitalstoffbombe für den Körper. Die Salate sehen in einer Tacoshell (S. 150), die auch als Salat-Bowl benutzt werden kann, besonders appetitlich aus. Die Sauce immer erst kurz vor dem Essen darüberträufeln.

Dressings eignen sich hervorragend, um Öle mit besonderen Eigenschaften in einem Rezept »unterzubringen«, zum Beispiel Nachtkerzenöl bei Hautproblemen, Hanföl bei Stress oder Korianderöl zur Abwehr bakterieller Infektionen. Infos zu besonderen Ölen siehe ab Seite 23.

Bunter Wurstsalat

Nährwerte
Pro Portion: ca. 454 kcal, 8 g KH, 34 g EW, 30 g Fett; ketogene Ratio: 1 : 1
Aufgefettet mit 7 EL MCT-Mayonnaise im Dressing pro Portion:
ca. 780 kcal, 8 g KH, 34 g EW, 65 g Fett; ketogene Ratio: 2 : 1

Portionen: 2

200 g Gurke
4 Stangen Staudensellerie
½ grüne Paprikaschote
1 kleine Frühlingszwiebel
200 g Kirschtomaten
50 g Essiggurken
150 g Romana-Salat
2 TL Senf
Salz, Pfeffer aus der Mühle
Erythrit (optional)
2 EL Apfelessig
4 EL Olivenöl oder MCT-Öl
8 Stängel Petersilie
300 g Lyoner oder Fleischkäse

1. Gemüse putzen und waschen. Gurke längs vierteln und wie den Sellerie in 5 mm dicke Scheiben schneiden. Paprikaschote in Streifen und Frühlingszwiebel in feine Ringe schneiden. Kirschtomaten halbieren..
2. Essiggurken ebenfalls in feine Scheiben schneiden.
3. Romanasalat waschen, vierteln, den Strunk entfernen und Blätter in3 cm dicke Streifen schneiden.
4. In einer Schüssel Senf, Salz, Pfeffer, Erythrit, falls verwendet, mit dem Essig und dem Öl zu einem Dressing mischen.
5. Petersilie waschen, trocken schütteln, hacken und unter das Dressing mischen.
6. Lyoner in Streifen schneiden.
7. Das Gemüse, die Essiggurken, den Salat und die Wurst in einer Salatschüssel gut mit dem Dressing vermischen. Der Salat schmeckt am besten, wenn er vor dem Servieren etwas durchziehen kann.

Variante: Wer mag, ersetzt die Hälfte der Wurst durch fetten Bergkäse.

Petersilie enthält dreimal so viel Vitamin C wie Zitrone. Sie ist reich an Mineralstoffen wie Magnesium, Kalzium, Eisen, Kalium und Schwefel, an Provitamin A und Vitamin B. Petersilie hat eine mild entwässernde und entgiftende Wirkung.

Bunter Sauerkrautsalat

Nährwerte
Pro Portion: ca. 721 kcal, 9 g KH, 14 g EW, 134 g Fett; ketogene Ratio: 2 : 1
Aufgefettet mit 4 EL Olivenöl pro Portion: ca. 907 kcal, 9 g KH, 14 g EW, 87 g Fett; ketogene Ratio: 3 : 1

Portionen: 2

200 g Fenchel oder Staudensellerie
1 EL natives Olivenöl extra
300 g frisches Sauerkraut
1 Avocado
150 g Cocktailtomaten
4 EL Olivenöl
1 EL Apfelessig
1 EL Tahin
Salz, Pfeffer
2 EL geschälte Hanfsamen
1 EL frische Thymianblättchen

1. Fenchel putzen, waschen und fein raspeln. In einer Pfanne mit Olivenöl 2 Minuten anbraten. Das Sauerkraut hinzugeben und weitere 2 Minuten braten.
2. Die Avocado schälen, entkernen und das Fruchtfleisch in 1 x 1 cm große Stücke schneiden.
3. Tomaten waschen und vierteln.
4. Für das Dressing Olivenöl, Apfelessig und Tahin in einer Schüssel vermengen. Mit Salz und Pfeffer abschmecken.
5. Auf einem Teller Sauerkraut-Fenchel-Gemüse, Avocado und Tomaten anrichten, mit Dressing beträufeln und mit Hanfsamen und frischem Thymian garnieren.

Tipp: Wer möchte, färbt das Sauerkraut schön rot mit 5 EL Rote-Bete-Saft.

Fermentiertes Sauerkraut, das nicht erhitzt wurde, zählt zu den wichtigsten Probiotika. Bereits 2 EL täglich sind für eine gesunde Darmflora ausreichend.

Radicchio-Grapefruit-Salat mit Hähnchenbruststreifen

Nährwerte
Pro Portion: ca. 741 kcal, 8,7 g KH, 32,6 g EW, 61,5 g Fett; ketogene Ratio: 2 : 1
Abgefettet mit nur 4 EL Kürbiskernöl pro Portion:
ca. 510 kcal, 9 g KH, 33 g EW, 37 g Fett; ketogene Ratio: 1 : 1

Portionen: 2

1 Radicchio
½ Grapefruit
1 EL Erythrit
1 Msp. Cayennepfeffer
Salz
2 EL Kürbiskerne oder gehackte Walnusskerne
200–300 g Hähnchenbrustfilet
Bratöl
2 EL Zitronensaft
Pfeffer
7 EL Kürbiskernöl

1. Radicchio von den äußeren Blättern befreien, waschen und in feine Streifen schneiden.
2. Grapefruit schälen, die Fruchtfilets auslösen und in Stücke schneiden.
3. Beides in eine Salatschüssel geben und mit Erythrit, Cayennepfeffer und Salz abschmecken.
4. In einer Pfanne ohne Fett die Kürbiskerne rösten, bis sie leicht bräunlich werden und duften.
5. Hähnchenbrust waschen, mit Küchenpapier trocken tupfen und in dünne Streifen schneiden.
6. Etwas Öl in einer Pfanne erhitzen und das Fleisch darin bei mittlerer Hitze von allen Seiten gar braten. Mit Zitronensaft, Salz und Pfeffer würzen und unter den Salat mischen.
7. Salat auf 2 Schüsseln verteilen.
8. Kürbiskerne darüberstreuen und mit Kürbiskernöl beträufeln. Sofort genießen.

Tipp: Zum Auffetten Alfredosauce statt Vinaigrette verwenden.

Alfredosauce

Nährwerte
Pro Portion: ca. 869 kcal, 9 g KH, 18 g EW, 82 g Fett; ketogene Ratio: 3 : 1

Portionen: 2

75 g Butter
2 Knoblauchzehen
120 g Frischkäse
120 ml Sahne
120 ml Milch
50 g geriebener Parmesan
1 TL getr. Oregano
½ TL Salz
½ TL Pfeffer

1. Butter in einem Topf bei geringer Temperatur schmelzen. Knoblauch schälen, in kleine Würfel schneiden, hinzufügen und 2–3 Minuten anschwitzen.
2. Frischkäse hinzufügen und schmelzen. Dann Sahne und Milch hineingeben und alles so lange rühren bis eine homogene Masse entstanden ist.
3. Dann nach und nach den Parmesan einstreuen, mit Oregano, Salz und Pfeffer würzen.
4. Die Sauce hält sich im Kühlschrank 4–5 Tage.

Tipp: Die Alfredosauce schmeckt hervorragend zu Hühnchen, Brokkoli und Schnitzel (siehe Schnitzel mit Macadamia-Kräuter-Kruste Seite 146).

Karamellisierter Ziegenkäse auf Feldsalat mit Walnüssen

Nährwerte
Pro Portion: ca. 992 kcal, 7 g KH, 35 g EW, 88 g Fett; ketogene Ratio: 2 : 1
Aufgefettet mit weiteren 8 EL Walnussöl pro Portion:
ca. 1334 kcal, 7 g KH, 35 g EW, 125 g Fett; ketogene Ratio: 3 : 1

Portionen: 2

30 g Walnusskerne
100 g Feldsalat
½ Avocado
¼ Gurke
3 Kirschtomaten
2 Ziegenkäserollen à 150 g
4 TL Erythrit
1 EL natives Olivenöl extra
4 EL Walnussöl
1 EL Zitronensaft
Salz, Pfeffer
etwas Kresse

1. Walnüsse in einer Pfanne ohne Fett rösten und beiseitestellen.
2. Feldsalat verlesen, waschen und trocken schleudern.
3. Avocado schälen, entkernen und würfeln.
4. Gurke und Tomaten waschen, Gurke in Würfel schneiden und Tomaten vierteln.
5. Ziegenrollen beidseitig mit Erythrit bestreuen. In einer Pfanne mit Olivenöl anbraten, bis beide Seiten leicht gebräunt sind.
6. Für die Salatsauce Walnussöl und Zitronensaft in einer Schüssel vermengen und mit Salz und Pfeffer abschmecken.
7. Feldsalat auf die Teller verteilen. Avocado, Gurke, Tomaten und Walnüsse darauf anrichten. Salatsauce über den Salat träufeln.
8. Ziegenkäse jeweils in die Mitte des Salates setzen und mit Kresse garnieren.

Tipp: Wem das Karamellisieren des Käses so nicht gut gelingt, der kann fertiges Karamell-Erythrit verwenden (siehe Bezugsquellen Seite 280).

Avocado-Bowl

Nährwerte
Pro Portion: ca. 715 kcal, 12 g KH, 27 g EW, 60 g Fett; ketogene Ratio: 2 : 1
Abgefettet mit 2 EL Olivenöl statt 3 und nur ½ Avocadopro Portion:
ca. 522 kcal, 12 g KH, 26 g EW, 40 g Fett; ketogene Ratio: 1 : 1
Aufgefettet mit gebratenem Bacon statt Schinken und zusätzlich 2 EL Olivenöl oder Kokosöl pro Portion: ca. 985 kcal, 12 g KH, 18 g EW, 93 g Fett; ketogene Ratio: 3 : 1

Portionen: 2

1 Avocado
½ Papaya (ca. 200 g)
4 EL Edamame
½ Bio-Limette
1 EL ungezuckerte Sojasauce
3 EL Olivenöl
Salz, Pfeffer
½ Bund Koriander
100 g luftgetrockneter Schinken
4 EL Erdnüsse

1. Avocado schälen, entkernen und das Fruchtfleisch in Scheiben schneiden.
2. Papaya schälen, entkernen (3 EL der Kerne zur Seite stellen) und in Scheiben schneiden.
3. Papaya, Avocado und Edamame in 2 Bowls geben.
4. Limette waschen, abtrocknen, Schale abreiben und Frucht auspressen
5. In einer Schüssel aus Limettensaft und -schale, Sojasauce, Olivenöl, Salz und Pfeffer ein Dressing rühren. In die Bowls gießen und mit dem Salat vermengen.
6. Koriander waschen, trocken schütteln und die Blätter abzupfen.
7. Luftgetrockneten Schinken in Streifen schneiden.
8. Salat mit Papayakernen, Korianderblättern, Erdnüssen und Schinken bestreuen.

– Papayakerne werden in der traditionellen Medizin zur Immunstärkung und für die Magen-Darm-Gesundheit verwendet.
– Edamame sind unreife grüne Sojabohnen die nicht genetisch verändert wurden. Sie enthalten weniger Lektine als andere Bohnen und sind dadurch leichter verdaulich. Durch ihren hohen Glutamatgehalt reizen sie unsere Geschmacksknospen für süß und für umami. Sie sind reich an Isoflavon, haben besonders viele Ballaststoffe und Eiweiß. Edamame gibt es preiswert im Kühlregal.

Caesar-Salat

Nährwerte
Pro Portion: ca. 919 kcal, 15 g KH, 25 g EW, 81 g Fett; ketogene Ratio: 2 : 1
Abgefettet mit nur 50 ml Olivenöl pro Portion:
ca. 686 kcal, 15 g KH, 25 g EW, 56 g Fett; ketogene Ratio: 1 : 1
Aufgefettet mit 100 g Bacon statt Schinkenwürfeln und 50 g Mayonnaise (siehe Seite 183) pro Portion: ca. 976 kcal, 15 g KH, 22 g EW, 89 g Fett; ketogene Ratio: 2 : 1

Portionen: 2

Für das Dressing
100 ml Olivenöl
1 frisches Eigelb
1 TL Senf
3 EL Zitronensaft
4 Sardellenfilets
2 Knoblauchzehen
½ Handvoll geriebener Parmesan

Für den Salat
1 Romanasalat
10 Kirschtomaten
1 Chicorée
100 g gekochte grüne Bohnen (aus der Dose)
4 Artischockenherzen

Zum Bestreuen
50 g Schinkenwürfel
Bratöl
½ Handvoll geriebener Parmesan
10 Walnusskerne

1. Für das Dressing Öl, Eigelb, Senf und Zitronensaft in einen Behälter geben und mit dem Stabmixer verrühren.
2. Sardellenfilets klein schneiden, Knoblauch schälen und hacken und beides mit dem Parmesan unter das Dressing mischen.
3. Romanasalat, Tomaten, Chicorée und Bohnen putzen und klein zupfen bzw. schneiden. Artischockenherzen ebenfalls klein schneiden. Gemüse auf 2 Tellern anrichten und mit dem Dressing beträufeln.
4. Schinkenwürfel in einer Pfanne mit etwas Bratöl anbraten und über den Salat geben..
5. Salat mit Parmesan und Walnüssen bestreut servieren.

Schnelle Vinaigrette

Nährwerte
Pro Portion: ca. 1404 kcal, 0,9 g KH, 0,4 g EW, 150 g Fett; ketogene Ratio: 3 : 1

Portion: 1 à 200 ml

50 ml Apfelessig
1 TL Senf
½ TL Salz
1 Prise Erythrit
150 ml Olivenöl, MCT-Öl oder eine Mischung aus beidem

1. Alle Zutaten in ein Schraubglas füllen. Das Glas zuschrauben und kräftig schütteln, bis alles gut gemischt und aufgelöst ist.
2. Ruhig die doppelte Menge zubereiten und das Dressing im Kühlschrank aufbewahren. Vor dem Servieren dann nochmals gut durchschütteln. Hält sich im Kühlschrank für 1 Woche.

Variationen:

- 1 EL getrocknete Kräuter(-Mischungen) nach Wahl hinzugeben,
- ½ geriebene Knoblauchzehe untermischen,
- Essig teils durch Zitronensaft ersetzen und 1 EL gehackte Petersilie dazugeben,
- Sahne oder Creme fraiche unterrühren,
- gehackte Chilischoten oder Chiliöl einrühren,
- Sojasauce zufügen,
- Sesamgewürz (Gomasio) über den Salat streuen,
- mit Pflanzenpower-Gewürzsalz (siehe Seite 139) abschmecken,
- 1 EL Mandelmus oder geröstete Nüsse oder Saaten einrühren,
- 20 g Himbeeren oder andere Beeren zufügen.

Gomasio

Nährwerte
Pro Portion: ca. 441 kcal, 9 g KH, 32 g EW, 26 g Fett; ketogene Ratio: 1 : 1

Portionen: 10

120 g Sesamsamen
6 EL Hefeflocken
1 TL geräuchertes Paprikapulver
2 TL Salz
schwarzer Pfeffer aus der Mühle

1. Sesam in einer Pfanne ohne Fett unter ständigem Rühren 3 Minuten anrösten.
2. Im Mixer mit den restlichen Zutaten vermischen.
3. Nach dem Auskühlen in saubere Schraubgläser füllen. Das Gewürz ist ca. 3 Monate lang haltbar.

Tipp: Gomasio schmeckt als Topping auf Salaten und Gemüsegerichten und ist ein nettes Mitbringsel.

Pflanzenpower-Gewürzsalz

Nährwerte
Pro Portion: ca. 0 kcal, 0 g KH, 0 g EW, 0 g Fett; ketogene Ratio: 1 : 1

Portionen: 30

1 Stange Zitronengras
1 Quitte
3 cm frischer Ingwer
100 g Grüntee
100 g Salz
2 Prisen Chilipulver
je 2 Prisen gem. Kardamom, getr. Koriander

1. Backofen auf 100 °C vorheizen.
2. Das Zitronengras putzen, waschen und klein schneiden. Die Quitte mit einem Tuch abreiben, um die Härchen zu entfernen, dann die Schale abreiben oder abhobeln. Ingwer schälen und klein schneiden.
3. Alle Zutaten im Mixer pürieren. Dann auf einem mit Backpapier belegten Backblech ausbreiten und im Backofen mit geöffneter Tür (Rührlöffel dazwischen klemmen). ca. 30 Minuten trocknen lassen.
4. Hält sich ca. 6 Monate.

FLEISCH

Für unsere Fleischgerichte empfehlen wir, stets die beste verfügbare Bioqualität einzukaufen. Und natürlich geben wir in unseren Rezepten immer reichlich Gemüse, Kräuter und Gewürze dazu – für den Geschmack und die Gesundheit.

Keto-Wraps

Nährwerte (ohne Dip oder Variationen)
Pro Portion: ca. 543 kcal, 8 g KH, 38 g EW, 38 g Fett; ketogene Ratio: 1 : 1
Aufgefettet mit Mandel-Knoblauch-Sauce (siehe Seite 147) pro Portion:
ca. 1408 kcal, 12 g KH, 61 g EW, 119 g Fett; ketogene Ratio: 2 : 1

Portionen: 2 à je 4–5 Wraps

2 Hähnchenfilets à 150 g
1 Knoblauchzehe
2 EL Olivenöl
Salz, Pfeffer
½ TL Paprikapulver, rosenscharf
1 Tomate
½ Gurke
½ grüne Paprikaschote
½ Avocado
1 kleiner Kopfsalat
Dip oder Saucen nach Wahl (siehe Seite 177)

1. Hähnchenfilets waschen, mit Küchenpapier trocken tupfen und in dünne Streifen schneiden.
2. Die Knoblauchzehe schälen und grob zerkleinern.
3. In einer Pfanne das Olivenöl erhitzen und Fleisch und Knoblauch darin anbraten.
4. Mit Salz, Pfeffer und Paprikapulver würzen und beiseitestellen.
5. Tomate, Gurke und Paprika putzen, waschen und in kleine Stücke bzw. Streifen schneiden.
6. Die Avocado schälen, entkernen und klein würfeln.
7. Einzelne Salatblätter abtrennen, waschen und trocken schütteln.
8. Die Salatblätter mit Hähnchen, Gemüse und einer Sauce nach Belieben füllen.

Tipp: Sie können eine Keto-Wrap-Party machen, indem Sie verschiedene Zutaten, Saucen und Toppings vorbereiten und zusammen mit den Salatblättern in die Mitte vom Tisch stellen. Dann kann sich jeder nach Lust und Laune seine eigenen Wraps zusammenstellen.

Gleich größere Mengen vorbereiten und am nächsten Tag zur Arbeit mitnehmen. Die Sauce in einem separaten Behälter transportieren.

Variationen für die Füllung der Wraps

- → klein gehackte gekochte Eier
- → kleine Fleischbällchen
- → Räuchertofu, Tempeh
- → Ziegenkäse, Mozzarella
- → geröstete und gewürzte Nüsse, grob gehackt
- → Krautsalat oder Sauerkraut
- → fermentiertes Gemüse, Bambussprossen oder Wasserkastanien
- → Algen
- → scharfe Mayonnaise (z. B. mit Sriracha, Tabasco oder Chili)
- → Joghurt mit Pesto rosso oder verde oder Frischkäse
- → Avocadocreme
- → Salsa
- → Sour Cream mit Knoblauch und Kräutern

Zitronen-Hühnertopf

Nährwerte
Pro Portion: ca. 547 kcal, 9 g KH, 47 g EW, 34 g Fett; ketogene Ratio: 1 : 1

Portionen: 2

2 Hühnerschenkel à 200 g
¼ Zwiebel
1 Gewürznelke
1 Lorbeerblatt
10 Pfefferkörner
3 Pimentkörner
¼ Knollensellerie (ca. 50 g)
½ Stange Lauch (ca. 100 g)
½ Brokkoli (ca. 150 g)
Salz, Pfeffer
50 g Kirschtomaten
½ Bio-Zitrone
50 g Petersilie
100 g Frischkäse
20 g Butter
Konjakreis oder -nudeln (optional)

1. Huhn waschen, mit Küchenpapier abtrocknen und in einen Kochtopf legen.
2. Zwiebel mit Gewürznelke spicken und mit Lorbeer, Pfefferkörnern und Piment zum Huhn geben.
3. Sellerie schälen, Lauch und Brokkoli putzen und waschen und alles grob zerkleinern . Das Weiße vom Lauch und den Knollensellerie zu dem Hühnchen geben und so viel kaltes Wasser angießen, dass alles damit bedeckt ist.
4. ½ TL Salz hinzugeben und Suppe bei mittlerer Hitze aufkochen. Hitze reduzieren und Huhn 20 Minuten ohne Deckel köcheln lassen, dabei entstehenden Schaum regelmäßig abschöpfen.
5. Dann das Fleisch aus der Brühe heben und auskühlen lassen. Die Brühe durch ein Sieb abgießen, wieder in einen Topf geben und mit Salz und Pfeffer abschmecken.
6. Das Fleisch vom Knochen lösen und in mundgerechte Stücke teilen.
7. Die Kirschtomaten waschen.
8. Die Suppe aufkochen, das restliche Gemüse hinzugeben.
9. Die Zitrone waschen, abtrocknen und die Schale abreiben. Die Petersilie waschen, trocken schütteln und hacken. Beides mit dem Fleisch in die Suppe geben. Den Frischkäse einrühren, Suppe einmal aufkochen und noch mal abschmecken.
10. Am Schluss die Butter in Flocken daraufgeben.
11. Wer möchte, kann Konjakreis oder -nudeln nach Packungsangabe vorbereiten und in den Eintopf geben.

Wirsing-Hackfleisch-Auflauf im Schmortopf

Nährwerte
Pro Portion: ca. 596 kcal, 7 g KH, 42 g EW, 43 g Fett; ketogene Ratio: 1 : 1

Portionen: 4

800–1000 g Wirsing (2 kleine oder 1 großer)
500 g gemischtes Hackfleisch
100 g gem. Mandeln
2 EL Senf
1 EL Tomatenmark
Salz, Pfeffer
100 g Speckwürfel (optional)
40 g Butter
1 TL Kräuter der Provence

Tipp: Wer mag, kann den Auflauf mit der Focaccia (siehe Seite 173) oder anderem Keto-Brot und Senf servieren.

1. Backofen auf 160 °C Ober-/Unterhitze vorheizen.
2. Wirsing putzen, waschen und in grobe Stücke schneiden. In einem Topf mit kochendem Salzwasser 3–4 Minuten blanchieren, dann in ein Sieb abgießen.
3. Das Hackfleisch in einer Schüssel mit den Mandeln, dem Senf, dem Tomatenmark, 2 TL Salz und 1 TL Pfeffer mischen und gut verkneten.
4. Wenn verwendet, die Speckwürfel in einer Pfanne ohne Fett braten und dann beiseitestellen.
5. Einen Schmortopf mit etwas Butter fetten und ⅓ vom Kohl darin verteilen, kräftig salzen und pfeffern. Die Hälfte der Hackmischung darauf verteilen, Kräuter der Provence und die Speckwürfel darüberstreuen. Diese 2 Schichten nochmals wiederholen und zum Schluss das letzte Drittel Kohl obenauf schichten. Die restliche Butter in Stücken daraufsetzen, ein Backpapier auflegen und den Deckel aufsetzen. Schmortopf in den Ofen schieben und Auflauf 2 Stunden backen. Den Deckel entfernen und nachsehen, wie viel Flüssigkeit übrig ist. Fertigbacken, bis die Oberfläche schön gebräunt und die Flüssigkeit verdampft ist, ca. 20 weitere Minuten.

Zu Kohlgerichten passen ein paar Tropfen Korianderöl, das sie nicht nur besser verdaulich macht, sondern über eine Fülle nachgewiesener Wirkungen verfügt (siehe Seite 24).

Die Zutaten sind für 4 Portionen berechnet, weil sich der Restauflauf gut einfrieren lässt und bei Bedarf schnell aufgetaut ist.

Schnitzel mit Ofenpommes und Salat (Schni-Po-Sa)

Nährwerte
Pro Portion: ca. 635 kcal, 2 g KH, 41 g EW, 49 g Fett; ketogene Ratio: 1 : 1
Aufgefettet mit 6 EL Butterschmalz pro Portion: ca. 775 kcal, 2 g KH, 41 g EW, 64 g Fett; ketogene Ratio: 2 : 1
Zum Abfetten Mandeln statt Macadamianüssen verwenden.

Portionen: 2

50 g Macadamianusskerne
2 Kalb- oder Schweineschnitzel (à ca. 130 g)
2 Eier
30 g geriebener Parmesan
Salz, Pfeffer
3 EL Butterschmalz oder natives Olivenöl extra
2 Scheiben Zitrone

1. Macadamias klein hacken und auf einen Teller geben.
2. Fleisch waschen, mit Küchenpapier trocken tupfen und mit dem Fleischklopfer flach klopfen.
3. Die Eier in einer Schüssel mit dem Schneebesen verquirlen mischen. Parmesan zugeben und verrühren. Mit Salz und Pfeffer abschmecken. Das Fleisch zuerst in der Eiermischung, dann in den gehackten Macadamianüssen wenden. Auf einen Teller legen und 20 Minuten ins Gefrierfach stellen.
4. Butterschmalz in einer Pfanne erhitzen, das Fleisch darin bei mittlerer Hitze etwa 6 Minuten von jeder Seite braten. Mit Zitronenscheiben garniert servieren
5. Passt hervorragend zu Ofenpommes mit Mandel-Knoblauch-Sauce oder Mayonnaise (siehe Seite 182) und Blattsalat mit Dressing nach Belieben.

Mandel-Knoblauch-Sauce

Nährwerte
Pro Portion: ca. 865 kcal, 17 g KH, 23 g EW, 81 g Fett; ketogene Ratio: 3 : 1

Portionen: 2

1–2 Knoblauchzehen
100 g Mandeln
½ Bund Petersilie
5 EL Olivenöl
80 g geriebener Parmesan
½ EL Zitronensaft
5 EL Sahne
Salz, Pfeffer

1. Knoblauchzehen schälen und in der Küchenmaschine mit den Mandeln fein hacken.
2. Petersilie waschen und trocken schütteln, Mit dem Öl, dem Parmesan, dem Zitronensaft und der Sahne zugeben und durchmischen. Mit Salz und Pfeffer abschmecken.

Tipp: Die Sauce passt hervorragend zu Geflügel und Fisch.

Rindfleisch asiatisch im Wok mit Pak Choi

Nährwerte
Pro Portion: ca. 471 kcal, 5 g KH, 49 g EW, 27 g Fett; ketogene Ratio: 1 : 1

Portionen: 2

300–400 g Rumpsteak
1 Knoblauchzehe
1 kleines Stück frischer Ingwer
2 EL Kokosöl
300 g Pak Choi, Chinakohl oder Mangold
3 EL ungesüßte Sojasauce
5 TL trockener Sherry
Salz, Pfeffer
100–200 g Konjakreis
ein paar Basilikumblättchen

1. Rumpsteak waschen, mit Küchenpapier abtupfen und in feine Streifen schneiden.
2. Knoblauch und Ingwer schälen und klein hacken. Im Wok (ersatzweise große Pfanne) 1 EL Kokosöl auf mittlerer Stufe erhitzen und Knoblauch und Ingwer darin kurz anbraten.
3. Pak Choi putzen, waschen, in Streifen schneiden und dazugeben und unter Rühren kurz mitbraten, bis die Blätter leicht zusammenfallen. Dann aus der Pfanne nehmen.
4. Das restliche Kokosöl zugeben und das Fleisch darin scharf anbraten. Pak Choi wieder dazugeben und das Ganze 2 weitere Minuten braten.
5. Mit Sojasauce und Sherry ablöschen und mit Salz und Pfeffer abschmecken.
6. Den Konjakreis abspülen, in den Wok geben und erhitzen.
7. Gericht auf 2 Tellern anrichten und mit Basilikum garniert servieren.

Tipp: Zum Abfetten die Ölmenge halbieren. Zum Auffetten die Ölmenge verdoppeln.

Köfte mit Tahinsauce und Mangold

Nährwerte
Pro Portion: ca. 904 kcal, 10 g KH, 40 g EW, 75 g Fett; ketogene Ratio: 2 : 1
Abgefettet mit der halben Menge Öl pro Portion:
ca. 765 kcal, 10 g KH, 40 g EW, 60 g Fett; ketogene Ratio: 1 : 1

Portionen: 2 à je 5–6 Köfte

Für die Sauce
1 Knoblauchzehe
100 g Joghurt (10 % Fett)
50 g Sesampaste (Tahin)
1 EL Zitronensaft
6 EL Olivenöl
1 TL Paprikapulver., edelsüß

Für die Köfte
1 kleine Zwiebel
1 Knoblauchzehe
300 g Hackfleisch
1 Prise Chilipulver
1 TL gemahlener Kreuzkümmel
½ TL gemahlener Zimt
½ TL gemahlener Piment
1 Msp. geriebene Muskatnuss
½ TL Salz
½ TL Pfeffer
1 TL Paprikapulver, edelsüß
natives Olivenöl extra

Für das Mangoldgemüse
700 g Mangold
1 EL natives Olivenöl extra
Salz, Pfeffer

Zum Bestreuen
20 g Sesamsamen
30 g frischer Koriander

1. Backofen auf 220 °C Ober-/Unterhitze vorheizen.
2. Für die Tahinsauce den Knoblauch schälen und pressen. Mit den anderen Zutaten in einer Schüssel verrühren.
3. Für die Köfte Zwiebel und Knoblauch schälen und hacken. Mit den restlichen Zutaten in einer Schüssel vermengen. Aus dem Fleischteig 2–3 cm große Bällchen formen.
4. Öl in einer großen Pfanne erhitzen und die Köfte etwa 10 Minuten bei mittlerer Hitze rundherum anbraten. Aus der Pfanne nehmen und in einer ofenfesten Form 10 Minuten im Backofen fertig grillen. 2–3 Minuten vor Ende der Garzeit die Tahinsauce zu den Köfte in die ofenfeste Form geben, damit sie sich erwärmen kann.
5. Für das Gemüse den Mangold putzen, waschen und in 2–3 cm große Stücke schneiden. Salzwasser in einem Topf zum Kochen bringen und den Mangold darin 3 Minuten blanchieren. Dann in ein Sieb abgießen und abtropfen lassen.
6. Sesamsamen in einer Pfanne ohne Fett rösten. Koriander waschen, trocken schütteln und hacken. Die Köfte damit bestreuen und zusammen mit dem Mangoldgemüse und der Sauce anrichten.

Salat-Tacos mit Steakstreifen

Nährwerte
Pro Portion: ca. 755 kcal, 12 g KH, 22 g EW, 66 g Fett; ketogene Ratio: 2 : 1
Aufgefettet mit 1 in Scheiben geschnittenen Avocado in der Füllung und 4 EL Öl zusätzlich pro Portion: ca. 1236 kcal, 14 g KH, 25 g EW, 116 g Fett; ketogene Ratio: 3 : 1

Portionen: 2 (je 3–4 Tacos)

1 kleine rote Zwiebel
1 kleine rote Spitzpaprika
½ Salatgurke
1 Tomate
4 EL Öl
150 g Rumpsteak vom Weiderind
Salz, Pfeffer
250 g Crème fraîche
1 TL Limettensaft
½ TL gem. Kreuzkümmel
etwas Chilipulver
2 Mini-Romanasalatherzen (à ca. 50 g)

1. Die Zwiebel schälen und fein würfeln. Die Paprika und die Gurke putzen, waschen und klein würfeln. Die Tomate waschen und in kleine Würfel schneiden.
2. Das Öl in einer beschichteten Pfanne erhitzen. Das Steak mit Salz und Pfeffer würzen und im heißen Öl pro Seite je nach Dicke 2–3 Minuten medium braten. Herausnehmen, in Backpapier wickeln und ca. 5 Minuten ruhen lassen.
3. Zwiebel und Paprika ins Bratfett geben und 5 Minuten braten. Gurke und Tomaten untermischen. Mit Salz und Pfeffer abschmecken.
4. Crème fraîche in einer Schüssel mit Limettensaft, Kreuzkümmel und etwas Chilipulver verrühren und mit Salz abschmecken.
5. Die Salatherzen waschen, die Blätter ablösen und trocken tupfen.
6. Das Steak quer zur Fleischfaser in schmale Streifen schneiden. Salatblätter mit Gemüse und Steakstreifen füllen und je 1 Kleks Crème fraîche daraufgeben. Übrige Crème fraîche dazu servieren.

Tipps:
- Wer Tacos mag, kann sein Tacogewürz selbst machen. Dazu 3 EL gemahlenen Kreuzkümmel, 3 TL Zwiebelpulver, 3 TL geräuchertes Paprikapulver, 3 TL getrockneten Oregano, 2 TL Knoblauchpulver, 2 TL Salz, 6 EL Chilipulver vermengen und in einem Schraubglas aufbewahren.
- Statt der Salatblätter können Sie auch die Käse-Bowls von Seite 229 als Tacoschalen verwenden.

Saltimbocca mit Briam

Nährwerte
Pro Portion: ca. 816 kcal, 31 g KH, 55 g EW, 50 g Fett; ketogene Ratio: 1 : 1

Portionen: 2

Für das Briam
4 Knoblauchzehen
2 mittelgroße Zucchini
1 große Aubergine
1 grüne und 1 rote Paprikaschote
1 Stange Lauch
300 g Tomaten
2 EL frischer oder getrockneter Oregano
2 EL Rosmarinnadeln
1 kleiner Bund Basilikum
50–80 ml natives Olivenöl extra
1 TL Zitronensaft

Für das Saltimbocca
2 Kalbsrückensteaks à 150–200 g
Salz, Pfeffer
8 Salbeiblätter
4 Scheiben luftgetrockneter Schinken
natives Olivenöl extra

1. Ofen auf 180 °C Ober-/Unterhitze vorheizen.
2. Für das Briam Knoblauch schälen und fein hacken. Gemüse putzen, waschen und in kleine Stücke schneiden.
3. Frische Kräuter waschen und trocken schütteln. Nadeln und Blätter abzupfen,
4. Gemüse und Kräuter (die Hälfte der Basilikumblätter für später beiseitelegen) in einer Schüssel gut mit dem Olivenöl vermengen und alles in eine Auflaufform geben.
5. Die Form in den Ofen schieben und mit Backpapier abgedeckt ca. 40 Minuten garen. 10 Minuten vor Ende der Garzeit mit der Fleischzubereitung beginnen.
6. Das Fleisch flach klopfen, mit Salz und Pfeffer würzen und jeweils mit 4 gewaschenen Salbeiblättern belegen. Mit je 2 Scheiben Schinken umwickeln und das Ganze mit einem Holzspieß fixieren.
7. In einer großen Pfanne etwas Olivenöl erwärmen und das Saltimbocca darin von beiden Seiten 1–2 Minuten braten.
8. Fleisch mit einem Deckel auf der Pfanne warm halten, bis das Briam serviert ist. Gemüse aus dem Ofen holen und mit Zitronensaft beträufeln das Fleisch daraufsetzen und mit dem restlichen Basilikum bestreut servieren.

Von dem Briam können Sie auch die doppelte Menge zubereiten und die Hälfte für den nächsten Tag aufheben. Dazu das Gemüse nochmals in den Ofen schieben und mit einer Mischung aus geriebenem kräftigem Bergkäse und Parmesan überbacken. Oder aber Sie nehmen es am nächsten Tag aufgepeppt mit Büffelmozzarella mit ins Büro.

FISCH

Fisch ist eines der nährstoffreichsten Lebensmittel, und vor allem fette Fische eignen sich hervorragend für die Ketoküche. Es muss allerdings nicht immer Lachs sein, auch der Hering und die Makrele sind ketotauglich. Kaufen Sie stets möglichst nachhaltig erzeugte Produkte, entweder aus Wildfang oder aus zertifizierter Aquakultur.

Blumenkohl-Wasabi-Püree mit Sesam, Kirschtomaten und Makrele

Nährwerte
Pro Portion: ca. 608 kcal, 10 g KH, 43 g EW, 42 g Fett; ketogene Ratio: 1 : 1
Zum Abfetten 3 EL statt 6 EL Crème fraîche verwenden.
Zum Auffetten 8 EL statt 3 EL Crème fraîche verwenden.

Portionen: 2

500 g Blumenkohl
Salz
150 g Kirschtomaten
Kokosfett
2 EL Sojasauce
2 EL Sesamsamen
6 EL Crème fraîche
2 TL Wasabipaste
1 EL Zitronensaft
2 Makrelen à 150 g
40 g Butter (optional)

1. Blumenkohl waschen, in Röschen zerteilen und in einem Topf mit kochendem Salzwasser weich garen. Blumenkohl in ein Sieb abgießen, die Kochflüssigkeit dabei auffangen.
2. Kirschtomaten waschen und halbieren.
3. In einer Pfanne etwas Kokosfett erhitzen, Kirschtomaten zugeben und kurz braten. Mit Sojasauce ablöschen und Sesam darüberstreuen. Alles gut vermischen und warm stellen.
4. Blumenkohl mit Crème fraîche, Wasabipaste und 1 TL Salz im Mixer pürieren. Mit Zitronensaft abschmecken. Warm stellen. Gegebenenfalls das Püree mit etwas Kochsud verdünnen, bis die gewünschte Konsistenz erreicht ist.
5. Erneut etwas Kokosfett in der Pfanne erhitzen. Makrelen hineingeben und von jeder Seite in 5–10 Minuten schön braun braten. Wer möchte kann jetzt noch Butter mit Salz und Zitrone dazugeben.
6. Blumenkohlpüree auf einem Teller verstreichen, Kirschtomaten darauf arrangieren und die Makrelen obenauf legen.

Goldbrasse mit Zitronen-Thymian-Sauce

Nährwerte (mit 100 ml Sauce)
Pro Portion: ca. 942 kcal, 3 g KH, 58 g EW, 75 g Fett; ketogene Ratio: 1 : 1

Portionen: 2

2 küchenfertige Goldbrassen
Salz, Pfeffer
Zitronen-Thymian-Sauce (siehe Seite 244)
3 EL natives Olivenöl extra
1 Bio-Zitrone
Olivenöl zum Beträufeln

1. Die Goldbrassen waschen und mit Küchenpapier trocken tupfen. Von allen Seiten salzen und pfeffern. Den Fisch mit der Zitronen-Thymian-Sauce von innen und außen einreiben. Die Goldbrassen ca. 1 Stunde lang ziehen lassen.
2. Backofen auf 230 °C Ober-/Unterhitze vorheizen.
3. Goldbrassen auf ein eingeöltes Backblech legen und im Ofen backen. Dabei pro 2 cm Dicke des Fisches ca. 10 Minuten Garzeit einrechnen.
4. Zitrone waschen, abtrocknen und in Scheiben schneiden.
5. Den fertig gebackenen Fisch filetieren und heiß auf vorgewärmten Tellern servieren. Mit Zitronenscheiben und etwas Olivenöl beträufelt servieren.

Tipp: Dazu passt gut ein Salat, Ofengemüse (siehe Seite 119) die Ofenpommes (siehe Seite 146) oder als Vorspeise ein Zucchini-Pfirsich-Carpaccio mit Johannisbeerdressing (siehe Seite 175).

Gemüsesalat mit Meerrettich und Matjes

Nährwerte
Pro Portion: ca. 622 kcal, 13 g KH, 22 g EW, 52 g Fett; ketogene Ratio: 2 : 1
Abgefettet mit Joghurt mit 3,5 % statt mit 10 % Fett pro Portion:
ca. 575 kcal, 13 g KH, 22 g EW, 47 g Fett; ketogene Ratio: 1 : 1
Aufgefettet mit Crème fraîche und 1 EL MCT-Öl statt Joghurt
pro Portion: ca. 736 kcal, 12 g KH, 21 g EW, 65 g Fett; ketogene Ratio: 2 : 1

Portionen: 2

200 g Gurke
4 Stangen Staudensellerie
100 g Kirschtomaten
1 kleine Frühlingszwiebel
50 g Essiggurken
150 g Romanasalat
2 TL scharfer Meerrettich
1 TL Senf
1 ½ EL Apfelessig
100 g Joghurt (10 % Fett)
3 EL Olivenöl
4 Stängel Petersilie
4 Stängel Dill
250 g Matjes
Salz, Pfeffer

1. Gemüse putzen und waschen. Gurke längs vierteln und in 5 mm dicke Scheiben schneiden. Sellerie in 5 mm dicke Scheiben schneiden. Kirschtomaten halbieren. Frühlingszwiebel in feine Ringe schneiden.
2. Essiggurken ebenfalls in feine Scheiben schneiden.
3. Romana-Salat waschen, vierteln, den Strunk entfernen und Blätter in ca. 3 cm breite Streifen schneiden.
4. Meerrettich, Senf, Apfelessig, Joghurt und Olivenöl in einer großen Schüssel vermischen.
5. Kräuter waschen, trocken schütteln, hacken und mit dem Gemüse, den Essiggurken und dem Salat in die Schüssel geben und gut vermischen.
6. Die Matjesfilets mit Küchenpapier abtrocknen und quer in ca. 1 cm breite Streifen schneiden. Zum Salat geben, gut vermischen und mit Salz und Pfeffer abschmecken.

Variante: Schnelle Mikrowellen-Toasties backen (siehe Seite 78), mit Butter bestreichen und mit Matjes und Dill befüllen, Gemüsesalat ohne Matjes dazu reichen.

Fischfiletauflauf mit Macadamianüssen, Kirschtomaten und Kräutern

Nährwerte
Pro Portion: ca. 819 kcal, 6 g KH, 46 g EW, 65 g Fett; ketogene Ratio: 1 : 1
Abgefettet mit der halben Menge Fett pro Portion:
ca. 540 kcal, 6 g KH, 46 g EW, 35 g Fett; ketogene Ratio: 1 : 1
Aufgefettet mit der doppelten Menge an Nüssen pro Portion:
ca. 1001 kcal, 7 g KH, 48 g EW, 84 g Fett; ketogene Ratio: 2 : 1

Portionen: 2

300–400 g Barschfilet
80 ml natives Olivenöl extra
50 ml trockener Weißwein
Salz, Pfeffer
300 g Kirschtomaten
frische Petersilie, Dill oder andere Kräuter nach Wahl
50 g Macadamianusskerne
5 g Fenchelsamen

1. Backofen auf 200 °C Ober-/Unterhitze vorheizen.
2. Barschfilets in 100-g-Portionen teilen.
3. Olivenöl und Weißwein in einer Schüssel verrühren und mit Salz und Pfeffer würzen. Die Hälfte der Marinade auf den Boden einer Auflaufform geben und die portionierten Fischfilets darauflegen. Rest der Marinade über das Barschfilet gießen und den Fisch darin 20 Minuten ziehen lassen.
4. Dann Barschfilet in den Ofen geben und 10–15 Minuten garen.
5. Kirschtomaten waschen und halbieren. Kräuter waschen, trocken schütteln und hacken.
6. Kirschtomaten auf den Fisch geben und weitere 5 Minuten im Backofen garen.
7. Macadamianusskerne hacken und in einer Pfanne ohne Fett goldbraun anrösten. Dann die Fenchelsamen zugeben.
8. Fischfilets aus dem Ofen holen und die Nuss-Fenchel-Kräuter Mischung auf dem Barschfilet verteilen.

Tipp: Dazu passt gut ein Carpaccio (siehe Seite 175 die Variante mit Fenchel) oder ein Blattsalat.

Blumisotto mit Makrele und Parmesan

Nährwerte
Pro Portion: ca. 572 kcal, 6 g KH, 21 g EW, 50 g Fett; ketogene Ratio: 2 : 1
Aufgefettet mit 3 zusätzlichen Löffeln Oliven- und MCT-Öl und mit 100 g Makrele pro Portion: ca. 692 kcal, 6 g KH, 16 g EW, 65 g Fett; ketogene Ratio: 3 : 1

Portionen: 4

200 g geräucherte Makrele
2 Frühlingszwiebeln
1 Knoblauchzehe
2–3 Zweige Thymian
750 g Blumenkohl (1 mittelgroßer Kopf)
2 EL Kokosfett
50 g Butter
Salz
200 ml Sahne
2 EL Crème fraîche
50 g geriebener Parmesan
20 g Kapern
Pfeffer
2 EL Olivenöl

1. Makrele häuten, Fleisch von den Gräten lösen und in mundgerechte Stücke teilen, dann beiseitestellen.
2. Frühlingszwiebeln putzen, waschen und in feine Ringe schneiden, dabei das Grün separat legen. Knoblauch schälen und pressen. Thymian waschen und trocken schütteln.
3. Blumenkohl putzen, waschen und in feine Stückchen reiben oder schneiden.
4. In einem Wok das Kokosfett erhitzen, Butter dazugeben und Knoblauch und Blumenkohlreis darin kräftig anbraten. Salzen und die Sahne, das Weiße von den Frühlingszwiebeln sowie den Thymian dazugeben. Alles gut durchmischen und nach Bedarf Crème fraîche dazugeben. Das Blumisotto soll eine cremige Konsistenz haben.
5. Parmesan und Kapern untermischen, mit Salz und Pfeffer abschmecken, Thymianzweige entfernen und Blumisotto auf 4 Schüsseln verteilen.
6. Die Makrele auf dem Blumisotto verteilen, je 2 EL Olivenöl darübergeben und mit den restlichen Frühlingszwiebelringen bestreuen. Sofort genießen.

Tipp: Das Blumisotto lässt sich einfach auffetten, indem man vor dem Servieren mehr Oliven- oder MCT-Öl dazugibt, und abfetten, indem man die Crème fraîche weglässt und einen Teil der Sahne durch Wasser oder einen Pflanzendrink ersetzt und die Parmesanmenge reduziert.

Blumenkohl-Pfannkuchen mit Räucherlachs

Nährwerte
Pro Portion: ca. 1009 kcal, 12 g KH, 43 g EW, 84 g Fett; ketogene Ratio: 2 : 1
Abgefettet mit nur 200 ml Schmand pro Portion:
ca. 858 kcal, 11 g KH, 42 g EW, 69 g Fett; ketogene Ratio: 1 : 1

Portionen: 2 à je 2 Pfannkuchen

½ Zwiebel
1 Knoblauchzehe
500 g Blumenkohl
3 Eier
1 TL Salz
2–3 EL Kokosfett oder Butterschmalz
½ Bio-Zitrone
300 ml Schmand (wer mag mit Meerrettich und geriebenem Apfel)
1–2 EL Olivenöl
Salz, Pfeffer aus der Mühle
200–300 g Räucherlachs
1 Kästchen Gartenkresse

1. Zwiebel und Knoblauch schälen und fein reiben. Den Blumenkohl putzen, waschen, ebenfalls fein reiben und mit den Eiern, der Zwiebel, dem Knoblauch und dem Salz in einer Schüssel vermischen. 5–10 Minuten ruhen lassen.
2. In einer Pfanne etwas Kokosfett erhitzen und portionsweise etwas Teig hineingeben und zu kleinen Pfannkuchen formen. Bei mittlerer Hitze ca. 5 Minuten pro Seite braten. Alternativ Pfannkuchen in einer Röstipfanne von einer Seite braten und im Ofen in 10 Minuten fertig backen. Zum Wenden einen Teller zur Hilfe nehmen. Vorgang wiederholen, bis der Teig aufgebraucht ist (ergibt ca. 4 Pfannkuchen).
3. Zitrone waschen, abtrocknen und die Schale abreiben. Schmand in einer Schüssel mit Zitronenabrieb und Olivenöl mischen und mit Salz und Pfeffer abschmecken. Gleichmäßig auf den fertigen Pfannkuchen verteilen. Räucherlachs ebenfalls auf die Pfannkuchen geben und zum Schluss alles großzügig mit der frischen Kresse bestreuen.

Tipp: Als günstigere Alternative können Sie den Räucherlachs durch geräucherte Makrele ersetzen; dazu schmeckt Meerrettich-Schmand besonders gut.

Die Pfannkuchen lassen sich sehr gut vorbereiten und kalt essen. Dazu passt Blattsalat.

Spinat-Kräuter-Herzchen mit Ricotta-Wildlachs-Creme

Nährwerte
Pro Portion: ca. 677 kcal, 8 g KH, 54 g EW, 45 g Fett; ketogene Ratio: 1 : 1
Zum Auffetten 2–4 EL MCT- oder Kokosöl dazugeben.

Portionen: 2

150 g Wildkräuter (z. B. Brennnessel, Giersch, Pimpernell, Wiesenschaumkraut, Vogelmiere)
100 g frischer Spinat
4 Eier,
Kräutersalz, Pfeffer
geriebene Muskatnuss
250 g Wildlachs
2 EL natives Olivenöl extra
200 g Ricotta
Blüten zum Dekorieren (z. B. Gänseblümchen)

1. Backofen auf 180 °C Ober-/Unterhitze vorheizen und ein Backblech mit Backpapier auslegen.
2. Wildkräuter und Spinat waschen, trocken schütteln und in einem Mixer zerkleinern.
3. Eier trennen. Eiweiß mit 1 Prise Salz in einer Schüssel mit dem Handrührgerät steif schlagen. Eigelb zur Spinat-Kräuter-Mischung in den Mixer geben, mit etwas Salz, Pfeffer und Muskat würzen und alles pürieren. Eischnee vorsichtig unter die Kräutermasse heben.
4. Den Kräuterteig auf dem Backblech gleichmäßig ausstreichen und im vorgeheizten Backofen 15–20 Minuten backen. Anschließend abkühlen lassen. Teigplatte halbieren.
5. Wildlachs mit Salz und Pfeffer würzen. Olivenöl in einer Pfanne erhitzen und Wildlachs darin von beiden Seiten gut durchbraten. Abkühlen lassen.
6. Anschließend mit einer Gabel zerrupfen und in einer Schüssel mit dem Ricotta vermengen. Die Masse auf 1 Teighälfte streichen. Dann die andere Teigplatte darauflegen. Mit einer Ausstechform Herzchen (oder andere Motive) ausstechen oder mit einem Messer ausschneiden.
7. Die Herzchen mit frischen Blüten dekorieren.

Tipps:
- Besonders schön sehen die Herzchen auf einem Salatbett aus rotem Blattsalat aus.
- Dazu passen gut Mandelcracker (siehe Seite 181).

Eignet sich auch zum Mitnehmen und für einen Keto-Brunch.

Zander in Sahnesauce mit Zucchini-Zitronen-Gemüse

Nährwerte
Pro Portion: ca. 668 kcal, 12 g KH, 37 g EW, 51 g Fett; ketogene Ratio: 1 : 1
Zum Abfetten 100 ml Sahne verwenden.
Zum Auffetten 400 ml Sahne verwenden.

Portionen: 2

300 g Zanderfilet
Salz
je 2–3 Thymian- und Rosmarinzweige
2 Stängel Petersilie
300 ml Sahne
400 g Zucchini
Kokosfett
100 g Kirschtomaten
½ Knoblauchzehe
1 Bio-Zitrone
Pfeffer aus der Mühle

1. Backofen auf 160 °C Ober-/Unterhitze vorheizen.
2. Zander auf beiden Seiten salzen und mit der Hautseite nach oben in eine Auflaufform legen, sodass die Stücke nebeneinanderliegen, ohne sich zu überlappen.
3. Kräuter waschen und trocken schütteln
4. Die Sahne in die Auflaufform gießen und die Thymian- und Rosmarinzweige zwischen den Filets verteilen. Form in den Ofen schieben und Fisch ca. 10 Minuten backen.
5. In der Zwischenzeit die Zucchini putzen, waschen, halbieren und in Scheiben schneiden. In einer Pfanne etwas Kokosfett erhitzen und die Zucchini darin anbraten. Die Kirschtomaten waschen, halbieren und dazugeben.
6. Knoblauch schälen und wie die Petersilie fein hacken.
7. Zitrone waschen, abtrocknen, Schale abreiben und Frucht auspressen Sobald die Zucchini weich ist, Zitronenabrieb, Knoblauch und Petersilie dazugeben, salzen und pfeffern und mit Zitronensaft abschmecken.
8. Fisch aus dem Ofen nehmen, frischen Pfeffer darüber mahlen und zusammen mit dem Gemüse auf vorgewärmten Tellern servieren.

BRUNCH, PICKNICK, KETO TO GO

Hier wird die Ketoküche familientauglich und mobil. Wer gut vorbereitet ist, hat kein Problem damit, auch ein Picknick, einen Brunch oder seine Büroverpflegung ketogen zu gestalten.

Lachsroulade

Nährwerte
Pro Portion: ca. 465 kcal, 4 g KH, 41 g EW, 30 g Fett; ketogene Ratio: 1 : 1

Portionen: 4

5 Eier
Salz, Pfeffer
500 g Wildkräuter, Spinat oder Rucola
150–200 g geriebener Parmesan
200 g Frischkäse
200 g Räucherlachs

1. Backofen auf 180 °C Ober-/Unterhitze vorheizen und ein Backblech mit einem Backpapier auslegen.
2. Die Eier in einer Schüssel mit dem Schneebesen verquirlen und mit Salz und Pfeffer würzen..
3. Wildkräuter verlesen, waschen und trocken schütteln.
4. Parmesan auf das Backpapier streuen, Eimasse daraufgeben und mit der Hälfte der Wildkräuter belegen. Blech in den Ofen schieben und Eimasse ca. 20 Minuten backen. Dann auskühlen lassen.
5. Frischkäse auf den Teig streichen. Den Lachs in Streifen schneiden und darauf verteilen. Teig aufrollen und sofort servieren oder im Kühlschrank aufbewahren.
6. Zum Servieren Roulade in dünne Scheiben schneiden. Die restlichen Wildkräuter auf Tellern anrichten und die Rouladenscheiben daraufgeben.

Tipp: Schmeckt auch mit Schinken statt Lachs.

2–3 Portionen fetter Seefisch pro Woche reichen aus, um den Bedarf an den wichti–gen Omega-3-Säuren zu decken. Wer diese Menge nicht über Fisch erreicht, sollte unbedingt Nahrungsergänzungsmittel zu sich nehmen.

Zucchiniröllchen mit Minz-Ricotta-Creme

Nährwerte
Pro Portion: ca. 158 kcal, 7 g KH, 7 g EW, 11 g Fett; ketogene Ratio: 1 : 1

Portionen: 4

2 mittelgroße Zucchini
Salz
1 Bio-Limette
2 Knoblauchzehen
1 Handvoll Minzeblätter
150 g Ricotta
Pfeffer
3-4 Blätter Kopfsalat
2 EL Olivenöl

1. Zucchini putzen, waschen und längs in 3–4 mm dünne Scheiben schneiden. In einem breiten Topf 3 Tassen Wasser mit Salz zum Kochen bringen, Zucchinischeiben darin 1–2 Minuten garen. Dann mit einem Schaumlöffel herausheben, abtropfen und abkühlen lassen.
2. Limette waschen, abtrocknen und ½ TL Schale abreiben. Die Limette auspressen. Saft und Abrieb in eine Schüssel geben.
3. Knoblauch schälen und dazupressen.
4. Minze waschen, trocken schütteln, fein hacken und ebenfalls hinzugeben. Ricotta untermischen und die Creme mit Salz und Pfeffer abschmecken.
5. Zucchinischeiben mit der Creme bestreichen, aufrollen und mit Zahnstochern feststecken.
6. Salatblätter waschen, trocken schütteln und auf einer Servierplatte anrichten. Die Zucchiniröllchen daraufsetzen und mit Olivenöl beträufeln.

Tipps:
- Die Zucchinischeiben, die sich nicht zum Aufrollen eignen, ebenfalls blanchieren, dann einfach klein schneiden und mit dem Rest der Creme zu einem Dip vermischen.
- Die Creme schmeckt hervorragend als Dip für Gemüsesticks oder als Aufstrich zu der Focaccia.

Variante: Statt des Salats Bärlauchblätter verwenden (pro Portion 3 Bärlauchblätter).

Focaccia

Nährwerte
Pro Portion: ca. 293 kcal, 3 g KH, 10 g EW, 26 g Fett; ketogene Ratio: 2 : 1

Portionen: 6

190 g gem. Mandeln
20 g Flohsamenschalen
1 Päckchen Trockenhefe
3 TL Backpulver
1 ½ TL Salz
2 Eier
100 ml lauwarmes Wasser
5 EL Olivenöl
200 g Joghurt (3,5 %)
2–3 Zweige frischer Rosmarin, Thymian, Salbei nach Belieben
1 TL grobes Meersalz

1. Die trockenen Zutaten in einer Schüssel vermischen. Eier, Wasser, 3 EL Olivenöl und Joghurt nach und nach dazugeben und mit dem Handrührgerät verkneten. Die Masse 30 Minuten ruhen lassen. (Wer es eilig hat, kann die Ruhephase auch auslassen.)
2. Backofen auf 160 °C Ober-/Unterhitze vorheizen und ein Backblech mit Backpapier auslegen.
3. Den Teig 3 cm dick auf das Backpapier streichen und kleine Mulden hineindrücken.
4. Kräuter waschen, trocken schütteln, Nadeln oder Blätter abzupfen und evtl. etwas zerkleinern. Kräuter, grobes Salz und das restliche Olivenöl auf dem Teig verteilen.
5. Focaccia 15–20 Minuten im Ofen backen, bis das Brot bei Berührung nicht mehr nachgibt.

Variationen

- Die Focaccia wie eine Pizza in Ecken oder auch in Streifen schneiden.
- Wer einen dünnen Boden mag, sollte die Masse dünner ausstreichen.
- Sehr lecker schmeckt die Focaccia auch mit Kirschtomaten, Rosmarin und Kapern oder Oliven.

Zucchini-Pfirsich-Carpaccio mit Johannisbeerdressing

Nährwerte
Pro Portion: ca. 533 kcal, 10 g KH, 5 g EW, 51 g Fett; ketogene Ratio: 3 : 1

Portionen: 2

200 g Zucchini
1 fester Pfirsich
3 EL Rote Johannisbeeren
1 EL Erythrit
2 EL Senf
3 EL Apfelessig
3 EL Olivenöl
Salz
1 Knoblauchzehe
2 TL Schnittlauchröllchen
1 Prise gem. Zimt
Pfeffer aus der Mühle

1. Zucchini putzen und waschen. Pfirsich waschen und entkernen. Beides mit einer Mandoline oder einem Sparschäler in sehr feine Scheiben hobeln. Diese abwechselnd auf einem großen Servierteller auslegen, sodass sich mehrere Kreise bilden. In der Mitte, wenn möglich, aus den Streifen Schleifen oder Röschen legen.
2. Johannisbeeren und Erythrit in einer Schüssel mischen und kurz ziehen lassen.
3. Senf, Essig, Johannisbeeren, Öl und etwas Salz in ein Glas mit Schraubdeckel geben, dieses verschließen und gut durchschütteln. Mit einem Löffel gleichmäßig über dem Carpaccio verteilen.
4. Knoblauch schälen, ebenfalls fein hobeln und mit dem Schnittlauch und den Gewürzen darüberstreuen.

Tipps:
- Wer mag, kann gerne noch 150 g Soja-, Mandel- oder Ziegenfrischkäse löffelweise auf dem Carpaccio verteilen (ketogene Ratio 2 : 1).
- Dazu schmeckt Focaccia (S. 173) oder Mandelcracker (S. 181).

Variante: Schmeckt auch mit Himbeeren statt Johannisbeeren und Fenchel oder Rettich statt Zucchini.

Zucchini-Parmesan-Chips

Nährwerte (für 4 Portionen)
Pro Portion: ca. 417 kcal, 3 g KH, 15 g EW, 37 g Fett; ketogene Ratio: 2 : 1

Portionen: 4

2 mittelgroße Zucchini
10 EL natives Olivenöl extra
150 g geriebener Parmesan
Salz, Pfeffer

Tipp: Dazu schmecken Shrimps mit Mayonnaise (siehe Seite 183) oder ein Dip (siehe Seite 177).

1. Backofen auf 200 °C Ober-/Unterhitze vorheizen und ein Backblech mit Backpapier auslegen.
2. Zucchini putzen, waschen und in ca. 5 mm dicke Scheiben schneiden. Das Öl auf einen Teller geben und den Parmesan auf einen zweiten Teller streuen. Zucchinischeiben erst im Öl dann im Parmesan wenden, auf das Backpapier legen und mit Salz und Pfeffer bestreuen. Circa 20 Minuten im Ofen backen. Nach der Hälfte der Backzeit einmal wenden.

Kohl-Chips

Nährwerte
Pro Portion: ca. 92 kcal, 5 g KH, 5 g EW, 5 g Fett; ketogene Ratio: 1 : 1

Portionen: 4

500 g Rosenkohl, Palmkohl, Grünkohl oder andere Kohlarten
Saft von ½ Limette
2 EL natives Olivenöl extra
Salz, Pfeffer

1. Backofen auf 200 °C Ober-/Unterhitze vorheizen und ein Backblech mit Backpapier auslegen.
2. Den Rosenkohl putzen, waschen, den Strunk abschneiden und die Blätter einzeln in eine große Schüssel legen. Limettensaft, Öl, Salz und Pfeffer dazugeben und alles gut vermischen, sodass die Blätter gut damit überzogen sind.
3. Die Blätter auf dem Backblech verteilen und 7–10 Minuten im Ofen backen, bis sie leicht kross sind.

Dips und Toppings

Kohlrabi-Dip

Nährwerte
Pro Portion: ca. 887 kcal, 17 g KH, 14 g EW, 82 g Fett; ketogene Ratio: 2 : 1

Portionen: 2

1 Kohlrabi
½ Zwiebel
1 Knoblauchzehe
1 EL natives Olivenöl extra
1 Zweig frische Minze
100 g Walnusskerne
200 g Crème fraîche
1 TL gem.r Kreuzkümmel

1. Kohlrabi putzen, schälen und klein schneiden. In einem Topf mit wenig kochendem Wasser in 10 Minuten weich garen. Durch ein Sieb abgießen.
2. Zwiebel und Knoblauch schälen und klein hacken. In einer Pfanne mit dem Olivenöl andünsten.
3. Minze waschen, trocken schütteln und die Blätter abzupfen.
4. Alle Zutaten in einen Mixer geben und mit 2 Prisen Salz und Pfeffer pürieren.

Blitz-Dip

Nährwerte
Pro Portion: ca. 254 kcal, 5 g KH, 15 g EW, 18 g Fett; ketogene Ratio: 1 : 1

Portion: 1

200 g Sahnequark
1 TL Gomasio (S. 139)
½ TL Pflanzenpower-Gewürzsalz

Eine Portion Sahnequark mit Gomasio (siehe Seite 139) und Pflanzenpower-Gewürzsalz (siehe Seite 139) würzen, Oliven oder Mandeln und Ketocracker dazu einpacken und Gemüsesticks zum Dippen in Streifen schneiden.

Auberginen-Dip mit Granatapfelkernen

Nährwerte
Pro Portion: ca. 93 kcal, 17 g KH, 1 g EW, 8 g Fett; ketogene Ratio: 2 : 1

Portionen: 8

6 EL Olivenöl
2 Auberginen
1 Knoblauchzehe
½ Zitrone
Salz, Pfeffer
½ Granatapfel
1 EL frisch gehackte Minze
1 EL frisch gehackter Koriander

1. Backofen auf 200 °C Ober-/Unterhitze vorheizen und ein Backblech mit etwas Olivenöl einfetten.
2. Auberginen putzen, waschen, halbieren, mit einer Gabel einstechen und dann mit der Schnittfläche nach unten auf das Backblech legen. 1 Stunde im Ofen backen.
3. Auberginen aus dem Ofen holen und abkühlen lassen. Das weiche Fruchtfleisch aus der Schale lösen und in eine Schüssel geben.
4. Knoblauch schälen und dazupressen.
5. Die Zitronenhälfte waschen, abtrocknen, die Schale abreiben und die Frucht auspressen. Zitronenschale, Zitronensaft und das restliche Olivenöl unter das Auberginenmus mischen und mit Salz und Pfeffer würzen.
6. Die Kerne aus dem Granatapfel lösen und mit Minze und Koriander über den Dip streuen.

Tipps:
– Hält sich im Kühlschrank ca. 4 Tage.
– Dazu passt Kalbfleisch, Geflügel und Gemüsesticks.

Granatäpfel enthalten viele sekundäre Pflanzenstoffe, insbesondere Antioxidanzien. In Studien sind antivirale und antibakterielle Eigenschaften belegt.

Gewürznüsse

Nährwerte
Pro Portion: ca. 465 kcal, 4 g KH, 21 g EW, 39 g Fett; ketogene Ratio: 2 : 1
Zum Abfetten Mandeln statt der Nüsse verwenden.

Portionen: 5

100 g Para- und Macadamianusskerne, gemischt
1 EL Kreuzkümmelsamen
150 g Hanfsamen
150 g Kürbiskerne
4 EL ungesüßte Sojasauce

Tipp: Schmeckt als Topping auf Salaten und zum Aperitif. Eignet sich auch zum Verschenken.

1. Nüsse halbieren. Kreuzkümmelsamen im Mörser zerdrücken. Alle Zutaten in einer Schüssel gut durchmischen und etwa 30 Minuten durchziehen lassen.
2. Backofen auf 160 °C Ober-/Unterhitze (Umluft 140 °C) vorheizen und ein Backblech mit Backpapier auslegen.
3. Nussmischung gleichmäßig auf dem Backblech verteilen und 20 Minuten im Ofen rösten.
4. Wenn die Mischung vollständig abgekühlt ist, in Schraubgläser füllen, hält sich ca. 4 Wochen.

Gewürzte Mandeln

Nährwerte
Pro Portion: ca. 217 kcal, 2 g KH, 6 g EW, 21 g Fett; ketogene Ratio: 2 : 1

Portionen: 5

2 EL Olivenöl
1 TL Salz oder Rauchsalz
Currypulver nach Belieben
150 g Mandeln

1. In einer Schüssel Olivenöl, Salz, Mandeln und Currypulver vermischen und 30 Minuten ziehen lassen.
2. Backofen auf 160 °C Ober-/Unterhitze vorheizen, ein Backblech mit Backpapier auslegen und Mandeln darauf verteilen. Für 20 Minuten im Ofen rösten.

Pilze in Öl

Nährwerte
Pro Glas: ca. 1162 kcal, 3 g KH, 7 g EW, 121 g Fett; ketogene Ratio: 4 : 1

Portionen: 5 Gläser à 250 ml

1 kg geputzte Pilze (z. B. Champignons)
4 Zweige Thymian
2 Zweige Rosmarin
5 Stängel Petersilie
6 Knoblauchzehen
4 ml Weißweinessig
400 ml trockener Weißwein
2 Lorbeerblätter
2 TL Salz
1 EL Pfefferkörner
600–800 ml Olivenöl
1 Bio-Zitrone in Scheiben geschnitten

1. Pilze klein schneiden. Kräuter waschen und trocken schütteln. Knoblauch schälen.
2. Pilze, Essig, Weißwein, Thymian, Rosmarin, Lorbeer, Knoblauch und Salz in einen Topf geben und zum Kochen bringen. 5 Minuten köcheln lassen, dann durch ein Sieb abgießen. Kräuter und Knoblauch entfernen und Pilze in die sauberen Einmachgläser verteilen.
3. Petersilie etwas zerkleinern und mit den Pfefferkörnern zu den Pilzen geben. Gläser mit Olivenöl auffüllen, sodass die Pilze ca. 1 cm damit bedeckt sind.

Dazu passen Focaccia (siehe Seite 173) oder Mandelcracker (siehe Seite 181).

Pfeffer löst Glücksgefühle aus. Sein Inhaltsstoff bewirkt ein Nervenaktionspotenzial, das über das Rückenmark zum Gehirn weitergeleitet und dort als Schmerz und Wärme interpretiert wird (»hot«). Unser Gehirn interpretiert diesen Effekt als Schmerzreiz, den es zu bekämpfen gilt. Der Körper schüttet daher Endorphine aus, was zu einem gesteigerten Glücksempfinden beitragen kann. Aktuelle Studien zeigen zudem, dass Capsicain im Darm die Bildung von Tumoren reduziert. Das kann für Menschen mit erhöhtem Darmkrebsrisiko eine interessante ergänzende ernährungsmedizinische Strategie darstellen.

Mandelcracker

Nährwerte
Pro Portion: ca. 76 kcal, 0,6 g KH, 3 g EW, 7 g Fett; ketogene Ratio: 2 : 1

Portionen: 8

100 g gem. Mandeln oder Kokosmehl
20 g gem. Flohsamenschalen
¾ TL Salz
Gewürze nach Belieben (z. B. Paprika- und Knoblauchpulver)
150 ml heißes Wasser

1. Alle Zutaten bis auf das Wasser in eine Schüssel geben und gründlich vermischen. Das heiße Wasser langsam unter Rühren mit dem Handrührgerät dazugeben, bis ein etwas feuchter, aber kompakter Teig entstanden ist (wenn der Teig zu fest ist, noch etwas mehr Wasser zufügen). Teig kurz kneten und dann 15 Minuten ruhen lassen.
2. Backofen auf 175 °C Ober-/Unterhitze vorheizen.
3. Teig auf einem Backpapier ca. 5 mm dick ausrollen und mit Mandemehl bestreuen damit der Teig nicht klebt. Mit einem Messer oder Pizzaroller in Rauten schneiden, Backpapier auf ein Backblech ziehen und Cracker 25 Minuten im Ofen backen.
4. Die Cracker sind fertig, wenn sie sich bei Berührung fest anfühlen. Dann das Blech herausnehmen und die Cracker umdrehen. Entweder im ausgeschalteten Ofen fertig oder über Nacht offen trocknen lassen.

Tipp: Aus demselben Teig lassen sich auch prima Grissini drehen. Dazu den Teig in ca. 2 cm breite Streifen schneiden und zu Grissini formen. Im Ofen bei 180 °C Ober-/Unterhitze 12–15 Minuten backen. Grissini passen als Beilage zu Salaten und sind ideal zum Dippen.

Avocado mit Garnelen und Bärlauch-Mayonnaise

Nährwerte
Pro Portion: ca. 552 kcal, 3 g KH, 6 g EW, 55 g Fett; ketogene Ratio: 3 : 1

Portionen: 4

15 große Bärlauchblätter
2 Avocados
Saft von ½ Zitrone
4 EL Mayonnaise
4 EL Crème fraîche
1 EL Tomatenketchup
Salz, Pfeffer
einige Tropfen Tabasco oder 1 Prise Chiliflocken (optional)
8 küchenfertige Garnelen
1 EL Butter

1. Bärlauch waschen, trocken tupfen und hacken.
2. Avocados halbieren, die Steine entfernen und die Avocadohälften sofort mit Zitronensaft beträufeln.
3. Mayonnaise, Crème fraîche, Bärlauch und Ketchup in einer Schüssel verrühren und mit Salz, Pfeffer und nach Belieben mit Tabasco würzen.
4. Die Garnelen in einer Pfanne mit Butter kurz anbraten.
5. Die Bärlauch-Mayonnaise auf die Avocadohälften verteilen und mit je 2 Garnelen garnieren.

Selbst gemachte Mayonnaise

Nährwerte
Pro Portion: ca. 173 kcal, 0 g KH, 0,8 g EW, 18 g Fett; ketogene Ratio: 4 : 1

Portionen: 12

3 frische Eigelbe (oder 5 EL Sojadrink oder 3 EL Soja-»Sahne« für Veganer)
200 ml Olivenöl oder MCT-Öl
Salz
Zitrone

1. Die Eigelbe in eine Schüssel geben und mit dem Schneebesen verrühren. Nach und nach in kleinen Mengen das Olivenöl unterrühren. So lange schlagen, bis eine cremige Mayonnaise entstanden ist.
2. Mit Salz und Zitrone nach Belieben würzen, das erhöht die Haltbarkeit im Kühlschrank auf 2 Tage.

Variante: Je nach Geschmack gewürfelte Cocktailtomaten, 1 EL gehackten Estragon oder Bärlauch, Senf, Pfeffer, Piment oder Mangomus unter die Mayonnaise heben.

Tipps:
- Mayo selbst zu machen ist super einfach. Wichtig ist nur, dass alle Zutaten Zimmertemperatur haben. Dann gelingt es ganz sicher!
- Das übrig gebliebene Eiweiß können Sie für Amarettini (siehe Seite 192), Schwa-Ki-To (siehe Seite 200), Johannisbeer-Baiser-Kuchen (siehe Seite 206) oder Maracuja-Tarte (siehe Seite 205) verwenden.

DESSERTS

Aus ernährungsmedizinischer Sicht ist es sinnvoll, mit unserer natürlichen Prägung auf Kohlenhydrate und auf »süß« Maß zu halten. Aber natürlich erhöht es auch bei ketogener Ernährung die Lebensqualität enorm, wenn man sich den Alltag immer mal wieder versüßen kann. Vor allem anfangs erleichtert ein Keto-gemäßes Naschen zwischendurch die Umstellung. Allerdings sollten Sie sich nicht täglich Fatbombs, Kuchen und nach jedem Essen einen Nachtisch genehmigen. Denn ein Ziel ist es ja, sich langfristig immer mehr von der Zuckersucht zu entwöhnen und süße Speisen eher als gelegentlichen Genuss in Ihre Ernährung einzubauen. Ketoerfahrene berichten immer wiede,wie erstaunt sie waren,dass sie schon nach 2 Wochen Süßes kaum noch vermisst haben und auch langfristig der Hype auf Süß nachlässt.

Wer abnehmen möchte, sollte diese Zusatzkalorien und die zusätzliche Fettmenge durch körperliche Bewegung, ein niederkalorisches Hauptgericht oder durch ein Meal-Cancelling kompensieren. Wer zunehmen möchte, dem seien die Fatbombs ans Herz gelegt. Insbesondere am Abend oder auch vor dem Schlafengehen eignen sie sich als eine hochkalorische Leckerei.

Lemoncurd-Parfait

Nährwerte
Pro Portion: ca. 202 kcal, 2 g KH, 11 g EW, 16 g Fett; ketogene Ratio: 1 : 1

Portionen: 6

Für die Lemoncurd
3 Bio-Zitronen
100 g Erythrit
Bourbon-Vanille, nach Geschmack
1 EL Butter
3 Eier

Für das Parfait
1 Bio-Orange
200 ml Sahne
1 TL Erythrit
3 große Zitronen (optional)

1. Die Zitronen waschen, abtrocknen, die Schale dünn abschälen und klein hacken. Anschließend die Früchte auspressen. Schale und Saft in einen Topf geben.
2. Erythrit, Bourbon-Vanille und Butter hinzugeben, verrühren und erhitzen. Wenn die Masse heiß ist, Topf vom Herd nehmen und Masse kurz auskühlen lassen.
3. Die Eier in einer Schüssel mit dem Schneebesen verquirlen und durch ein Sieb in die Zitronenmasse geben. Das Gemisch vorsichtig erneut erhitzen und dabei mit dem Handrührgerät verquirlen (Achtung Gerinnungsgefahr!). Wenn die Curd andickt, den Topf vom Herd nehmen und Creme in ein sauberes, heißes Marmeladenglas füllen.
4. Für das Parfait Lemoncurd vollständig abkühlen.
5. Die Orange waschen, abtrocknen, dünn abschälen und die Schale fein hacken.
6. Die Schlagsahne in der eiskalten Schüssel (im Gefrierschrank vorgekühlt) mit dem Handrührgerät steif schlagen. Den Erythrit hinzufügen.
7. Die Sahne und die Orangenschale in einer Schüssel vorsichtig mit der Lemoncurd vermischen, bis eine gleichmäßige Masse entstanden ist. Eine kleine Tarteform mit Klarsichtfolie auslegen und das Parfait hineingeben. Mit einer Folie abdecken und 1–2 Stunden in den Gefrierschrank stellen.
8. Alternativ 3 Zitronen waschen, der Länge nach halbieren, das Fruchtfleisch mit einem Löffel aus der Schale lösen. Das Parfait in die Zitronenhälften füllen und in den Gefrierschrank stellen. Den Rest in ein Glas geben und innerhalb einer Woche, z. B.: als Brotaufstrich, aufbrauchen.

Orangen-Ricotta-Creme mit Beeren

Nährwerte
Pro Portion: ca. 244 kcal, 15 g KH, 10 g EW, 18 g Fett; ketogene Ratio: 1 : 1

Portionen: 4

2 Bio-Orangen
Mark 1 Vanilleschote
2 EL Erythrit
400 g Ricotta
100 g Crème fraîche
250 g Himbeeren oder Erdbeeren
etwas Zitronensaft
1 Zweig Zitronenmelisse

1. 1 Orange waschen, abtrocknen und die Schale abreiben. Beide Orangen auspressen.
2. Vanillemark, Orangensaft und Erythrit in einen Topf geben und bei mittlerer Hitze einkochen. Orangenabrieb zugeben und ca. 20 Minuten weiterköcheln lassen, bis eine Art Sirup entsteht. Topf vom Herd nehmen.
3. Ricotta und Crème fraîche in den Topf geben und alles gut verrühren. Ein Sieb mit einem feuchten Küchentuch auslegen und die Ricottacreme hineingießen. Sieb über einen Topf oder eine Schüssel hängen oder stellen und Masse 24 Stunden im Kühlschrank abtropfen lassen.
4. Creme auf einen Teller stürzen und Tuch abziehen.
5. Die Beeren verlesen, waschen und auf der Creme verteilen. Mit etwas Zitronensaft beträufeln.
6. Zitronenmelisse waschen, trocken schütteln und die Blätter abzupfen.
7. Erythrit und Zitronenmelisse über die Creme streuen.

Süßer Palatschinken mit Beeren in Safranbutter

Nährwerte
Pro Portion: ca. 335 kcal, 9 g KH, 16 g EW, 25 g Fett; ketogene Ratio: 1 : 1
Aufgefettet mit 30 g Butter pro Portion: ca. 470 kcal, 9 g KH, 17 g EW, 39 g Fett; ketogene Ratio: 2 : 1

Portionen: 2

4 Eier,
1 Prise Salz
50 g Erythrit
20 g Schokolade (mind. 80 % Kakaoanteil)
10 g Butter
1 Prise grobes Meersalz
2 Prisen Safranfäden
200 g Beeren nach Belieben
1 TL Erythrit
1 Prise Stevia
1 Handvoll Minze- oder Basilikumblätter

Tipp: Statt süß kann der Palatschinken auch salzig zubereitet werden. Dafür die Salzmenge auf 1 TL erhöhen und Erythrit und Schokolade weglassen. Als Füllung eignet sich entweder die Pilzpfanne (siehe Seite 231) oder auch eine Spinat-Hackfleisch-Käse-Füllung und Tomatensauce dazu.

1. Ofen auf 180 °C Ober-/Unterhitze vorheizen und ein Backblech mit Backpapier auslegen.
2. Eier trennen. Das Eiweiß in eine Schüssel geben und mit Salz und 50 g Erythrit und der Prise Stevia mithilfe des Handrührgeräts steif schlagen. Das Eigelb anderweitig verwenden.
3. Die Schokolade hacken, in eine Schüssel geben und im heißen Wasserbad schmelzen. Dann vorsichtig unter den Eischnee heben.
4. Die Schoko-Ei-Masse auf dem Blech verstreichen und 8–10 Minuten im Ofen backen. Dann abkühlen lassen.
5. Währenddessen Butter in einer Pfanne schmelzen, den restlichen Erythrit, das Meersalz und den Safran einrühren.
6. Die Beeren verlesen, waschen, evtl. entstielen und klein schneiden. Dann in die Pfanne geben. 1 Minute unter vorsichtigem Rühren leicht erhitzen, danach Pfanne vom Herd nehmen.
7. Minzeblätter waschen und trocken schütteln.
8. Das Backpapier vom Blech ziehen und den Palatschinken in 6 Stücke schneiden. Die Stücke vorsichtig mit dem Pfannenwender vom Backpapier lösen, aufrollen und auf 2 Tellern anrichten. Die Beeren in Safranbutter darübergeben und mit Minze garnieren.

Mousse au Coco

Nährwerte
Pro Portion: ca. 403 kcal, 9 g KH, 5 g EW, 37 g Fett; ketogene Ratio: 2 : 1
Aufgefettet mit 2 EL Kokosöl pro Portion: ca. 473 kcal, 9 g KH, 5 g EW, 45 g Fett; ketogene Ratio: 3 : 1

Portionen: 4

- 400 ml ungesüßte Kokosmilch
- 20 g Kakao (nicht entölt)
- 1 TL Zitronenfaser
- 1 EL Kakaonibs
- 20 g Kokosraspel
- 8 Rispen Rote Johannisbeeren
- 75 g Keto-geeignete Schokolade (mind. 80 % Kakaoanteil)

1. Kokosmilch, Kakao, Zitronenfaser und Kakaonibs in einen hohen Becher füllen und mit dem Stabmixer pürieren.
2. Die Mousse in Gläser füllen und mit Kokosraspeln bestreuen.
3. Johannisbeeren waschen und trocken tupfen.
4. Die Schokolade hacken, in einer Schüssel im heißen Wasserbad schmelzen. Die Johannisbeeren durch die geschmolzene Schokolade ziehen, auf ein Kuchengitter legen und fest werden lassen. Nach dem Erkalten als Deko auf die Mousse geben.

Amarettini

Nährwerte
Pro Portion: ca. 62 kcal, 0,5 g KH, 2 g EW, 6 g Fett; ketogene Ratio: 2 : 1

Portionen: 20

2 Eiweiße
1 Prise Salz
200 g gem. Mandeln
50 g Erythrit
1 Flasche Bittermandelaroma

1. Backofen auf 150 °C Ober-/Unterhitze (130 °C Umluft) vorheizen und ein Backblech mit Backpapier auslegen.
2. Eiweiß mit Salz in eine Schüssel geben und mit dem Handrührgerät steif schlagen.
3. Mandeln, Erythrit und Bittermandelaroma in einer Schüssel vermengen. Eischnee vorsichtig unterheben.
4. Mithilfe eines Teelöffels ca. 1 cm große Kugeln formen und auf das Backblech setzen. Amarettini 15 Minuten im Ofen backen, dann auskühlen lassen.

Coconut Iced Coffee

Nährwerte
Pro Portion: ca. 504 kcal, 8 g KH, 11 g EW, 46 g Fett; ketogene Ratio: 2 : 1
Aufgefettet mit 2 EL Kokosöl pro Portion: ca. 644 kcal, 8 g KH, 11 g EW, 61 g Fett; ketogene Ratio: 3 : 1

Portionen: 2

400 ml Kokosmilch
200 ml starker Kaffee
2 EL Hanfprotein
1 EL Erythrit
1 Prise gem. Zimt
Eiswürfel

Alle Zutaten in einem Mixer cremig rühren und gekühlt in 2 Gläsern servieren.

Himbeer-Nougat-Pralinen

Nährwerte
Pro Portion: ca. 57 kcal, 2 g KH, 1 g EW, 5 g Fett; ketogene Ratio: 2 : 1

Portionen: 15

100 g Himbeeren
1 Prise Salz
3 EL Erythrit
100 g Schokolade (mind. 80 % Kakaoanteil)
3 EL Kokosfett
30 g Haselnussmus
Kakaopulver zum Wälzen

1. Himbeeren vorsichtig waschen und trocken tupfen. Mit Salz und Erythrit in eine Schüssel geben und im heißen Wasserbad erhitzen. Dabei rühren, sodass die Himbeeren aufbrechen.
2. Schokolade hacken und mit Kokosfett und Haselnussmus zu den Himbeeren geben. Rühren, bis die Schokolade geschmolzen ist.
3. Masse in Pralinen- oder Eiswürfelformen füllen und im Tiefkühlfach fest werden lassen (2–12 Stunden, je nach Gefrierfach).
4. Kakaopulver in eine kleine Schüssel füllen. Die Pralinen aus der Form lösen und im Kakaopulver wenden. In einer luftdicht verschlossenen Dose im Kühlschrank aufbewahren. Im Kühlschrank ca. 1 Woche haltbar, im Gefrierfach 1–2 Monate.

Tipp: Wer die Pralinen ganz zartschmelzend haben möchte, erhitzt die Himbeeren erst allein in einem Topf . Wenn die Himbeeren alle aufgebrochen sind, durch ein Sieb in die Schüssel im Wasserbad streichen. Das geht sehr gut mit einem Löffel und einem feinmaschigen Sieb (nicht zu fein, kein Teesieb). Dann mit den anderen Zutaten mischen und wie oben fortfahren.

Schneller Beerennachtisch mit Mandelcreme

Nährwerte
Pro Portion: ca. 233 kcal, 4 g KH, 6 g EW, 21 g Fett; ketogene Ratio: 2 : 1

Portionen: 4

200 g Erdbeeren, Himbeeren, Schwarze Johannisbeeren, Brombeeren, Heidelbeeren oder Wildbeeren
1 EL Zitronensaft
3 TL Erythrit
100 g blanchierte Mandeln
50 ml Sahne
1 EL Kokosöl
Vanilleextrakt
3–5 Stängel Basilikum-, Melisse- oder Minzestängel (optional)
4 TL Kakaonibs

1. Die Beeren verlesen, waschen und evtl. entstielen. Einige zum Garnieren beiseitelegen. Beeren im Mixer mit dem Zitronensaft und 2 TL Erythrit zu einer Fruchtsauce pürieren. Die Masse in 4 kleine Gläser füllen.
2. Mandeln, Sahne, Kokosöl, Vanilleextrakt und den restlichen Erythrit im gesäuberten Mixer zu einer Mandelcreme verarbeiten.
3. Kräuter, wenn verwendet, waschen, trocken schütteln und die Blätter abzupfen.
4. Mandelcreme auf die Beeren in den Gläsern geben. Mit Kakaonibs bestreuen und mit den restlichen Beeren und nach Belieben ein paar Blättchen Kräutern garniert servieren.

Tipp: Noch schneller geht das Rezept mit Mascarpone oder Creme fraîche statt Mandelcreme.

Wildbeeren enthalten mindestens 30 Prozent mehr sekundäre Pflanzenstoffe als gezüchtete Sorten, sie sind ein echtes heimisches Superfood.

Frischkäse-Beeren-Fat-Bombs

Nährwerte
Pro Portion: ca. 208 kcal, 1 g KH, 2 g EW, 21 g Fett; ketogene Ratio: 4 : 1

Portionen: 12

100 g Beeren (z. B. Himbeeren, Erdbeeren, Rote Johannisbeeren, Heidelbeeren)
250 g Frischkäse
8 EL Kokosöl
4 EL Butter
1 TL Vanilleextrakt
6 EL Erythrit

1. Die Beeren verlesen, waschen und evtl. entstielen. Alle Zutaten in eine Schüssel geben und mit einem Stabmixer zu einer cremigen Masse verrühren. Dann gleichmäßig in 12 Silikonbackformen verteilen oder 12 kleine Portionen mit einem Löffel auf einen gefrierbeständigen Teller setzen.
2. Fat-Bombs 45 Minuten ins Tiefkühlfach stellen, bis sie fest geworden sind.

Schoko-Orangen-Bombs

Nährwerte
Pro Stück: ca. 80 kcal, 0,9 g KH, 1 g EW, 8 g Fett; ketogene Ratio: 3 : 1

Portionen: ca. 20

120 g dunkle Schokolade (95 % Kakaoanteil)
3 EL Kokosöl
1 TL Bio-Orangenschalenabrieb
1 Prise gem. Zimt
2 EL Erythrit
30 g Mandeln
50 g Macadamianusskerne
1 TL Kardamom

1. Die Schokolade hacken, in eine Schüssel geben und im heißen Wasserbad schmelzen. Dann mit Kokosöl, Orangenabrieb, Zimt, Erythrit und Kardamom untermischen. Schüssel aus dem Wasserbad nehmen.
2. Mandeln und Nüsse grob hacken und unter die Masse heben. Anschließend walnussgroße Portionen auf ein Backpapier setzen oder Masse in Pralinenförmchen füllen. Circa 2 Stunden im Kühlschrank fest werden lassen.

Schoko-Pannacotta mit Sauerkirschen

Nährwerte
Pro Portion: ca. 285 kcal, 6 g KH, 3 g EW, 27 g Fett; ketogene Ratio: 3 : 1

Portionen: 6

1 Vanilleschote
400 ml Sahne
2 EL Puder-Erythrit (mit dem Stabmixer zermahlen oder fertig gekauft)
70 g Zartbitterschokolade (80 % Kakaoanteil)
70 g entsteinte, ungezuckerte Sauerkirschen (frisch oder TK)
frische Minzeblätter

1. Vanilleschote mit einem Messer längs aufschlitzen und das Mark herausschaben. Mit der Sahne und dem Puder-Erythrit-in einen Topf geben und bei geringer Hitze 6–8 Minuten köcheln lassen.
2. Währenddessen die Schokolade grob hacken. Topf vom Herd nehmen, Schokolade einrühren und in der erhitzten Sahne schmelzen lassen.
3. Die Schokosahne leicht abkühlen lassen, mit dem Handrührgerät kurz aufmixen und auf die Gläser verteilen. Im Kühlschrank in 3–4 Stunden fest werden lassen.
4. Mit den Sauerkirschen und frischer Minze garniert servieren.

Tipp: Wer keine Sauerkirschen mag oder zur Hand hat, kann auch andere Beeren verwenden.

KUCHEN UND GEBÄCK

Wie mache ich einen leckeren Kuchen? Das fragen sich vor allem Neulinge in der Ketoküche oft. Doch auch das ist kein Problem, sofern man ein paar ketotaugliche Vorräte im Haus hat. Im Übrigen gilt, was zum Thema Nachtisch (siehe Seite 185) schon gesagt wurde.

Ketovorrat zum Backen

→ Bittermandelaroma
→ Geliermittel, zuckerfrei: Agar-Agar, Gelierfix
→ Guarkernmehl
→ Johannisbrotkernmehl
→ Kakaopulver
→ Kartoffelfasern
→ Kokosflocken
→ Kokosmehl
→ Leinmehl
→ Mandelmehl oder gemahlene Mandeln
→ Schokolade, dunkel (mind. 70 % Kakaoanteil)
→ Süßungsmittel Erythrit, Stevia oder Mischungen daraus
→ Vanilleextrakt oder gemahlene Vanille
→ Weinsteinbackpulver
→ Zitrusfasern

»Schwa-Ki-To« – die Schwarzwälderkirschtorte

Nährwerte
Pro Portion: ca. 120 kcal, 5 g KH, 3 g EW, 9 g Fett; ketogene Ratio: 1 : 1

Portionen: 12

Für den Biskuit
4 Eiweiße
50 g Kakao
2 TL Weinstein-Backpulver
3 TL Zitrusfasern
3 EL Puder-Erythrit (mit dem Stabmixer zermahlen oder fertig gekauft)

Für die Füllung und das Topping
250 ml Sahne
1 TL Erythrit
500 g entsteinte, ungezuckerte Sauerkirschen (frisch oder TK)
200 g Gelierxylit
etwas Schwarzwälder Kirschwasser (optional)
3 EL geriebene Bitterschokolade (80 % Kakaoanteil)

1. Den Backofen auf 180 °C Ober-/Unterhitze vorheizen.
2. Für den Biskuit das Eiweiß in einer Schüssel mit dem Handrührgerät steif schlagen, dabei gegen Ende den Kakao, das Backpulver, die Zitrusfasern und den Puder-Erythrit zufügen.
3. Die Masse auf ein mit Backpapier ausgelegtes Backblech streichen (ca. 1 cm hoch). Alternativ Backform mit Backpapier auslegen und die Masse in die Backform füllen.
4. Den Biskuit auf der mittleren Schiene in den Ofen schieben und 10–12 Minuten backen. Dann herausnehmen, abkühlen lassen und das Backpapier vorsichtig vom Biskuit lösen. Teigplatte halbieren.
5. Für die Füllung die Sahne in einer Schüssel mit dem Handrührgerät steif schlagen und am Schluss vorsichtig den Erythrit unterheben.
6. Von den Sauerkirschen ca. 15 Stück zum Garnieren übrig lassen. Die restlichen Sauerkirschen mit dem Gelierxylit in einen Topf geben und aufkochen. Topf vom Herd nehmen und Masse etwas abkühlen lassen.
7. Den Biskuit nach Belieben mit Schwarzwälder Kirschwasser beträufeln.
8. Sobald die Sauerkirschmasse zu gelieren beginnt, 1 Biskuithälfte damit bestreichen. Dann den zweiten Biskuitboden daraufsetzen. Jetzt die Sahne daraufstreichen und ggf. auch die Ränder mit der Sahne überziehen. Torte mit den restlichen Sauerkirschen und der geriebenen Bitterschokolade garnieren und 1 Stunde im Kühlschrank kalt stellen.

Chocolate-Chips-Muffins

Nährwerte
Pro Portion: ca. 13 kcal, 2 g KH, 6 g EW, 17 g Fett; ketogene Ratio: 2 : 1

Portionen: 6

190 g gem. Mandeln
20 g Flohsamenschalen
100 g Erythrit
3 TL Backpulver
1 Prise Salz
1 Prise gem. Zimt
2 Eier
100 ml Wasser
200 g Joghurt (10 % Fett)
1 TL Rum, Rumaroma oder Vanille-Extrakt nach Belieben
75 g Schokolade (mind. 80 % Kakaoanteil)
Butter für die Form

1. Backofen auf 160 °C Ober/Unterhitze vorheizen.
2. Die trockenen Zutaten in einer Schüssel sorgfältig vermischen. Eier, Wasser und Joghurt dazugeben und mit dem Handrührgerät gut verrühren. Je nach Geschmack Rum, Rumaroma oder Vanille dazugeben.
3. Schokolade in kleine Stücke schneiden oder hacken und unter die Masse heben.
4. 6 Muffinförmchen einfetten, den Teig hineingeben und Muffins 25–30 Minuten im Ofen backen.

Tipps: Schmeckt auch gut mit Heidelbeeren.

Am besten gleich eine doppelte Menge backen und einfrieren.

Zimtschnecken

Nährwerte
Pro Portion: ca. 190 kcal, 2 g KH, 9 g EW, 16 g Fett; ketogene Ratio: 2 : 1

Portionen: 12

Für den Teig
300 g geriebener Mozzarella
100 g Frischkäse
180 g gem. Mandeln
2 TL Backpulver
1 EL Erythrit
2 EL Flohsamenschalen

Für die Füllung
15 g weiche Butter
2 EL gem. Zimt
20 g gehackte Nüsse (z. B. Pekannüsse, Walnüsse)
2 EL Erythrit

Für die Glasur
20 g Frischkäse
2 EL Zitronensaft
1 EL Erythrit

1. Ofen auf 200 °C Umluft vorheizen.
2. Für den Teig Mozzarella und Frischkäse einer Schüssel in der Mikrowelle oder in einem Topf auf dem Herd langsam schmelzen, dabei zwischendurch umrühren.
3. Käsemasse in eine Schüssel geben und gut mit Mandeln, Backpulver, Erythrit und Flohsamenschalen vermengen.
4. Anschließend die Teigmasse zwischen 2 Blättern Backpapier dünn ausrollen.
5. Denn Teig mit der weichen Butter bestreichen und mit Zimt, Nüssen und Erythrit bestreuen.
6. Teig vorsichtig aufrollen und in 3 cm breite Stücke schneiden. Schnecken auf ein mit Backpapier belegtes Blech legen und vorsichtig etwas festdrücken. Im Ofen 15 Minuten backen.
7. Den Frischkäse mit Zitronensaft und Erythrit in einer Schüssel verrühren und die fertigen Zimtschnecken damit bepinseln.

Zimtrinde wird vom Kaneelbaum gewonnen. Zimt wirkt antibakteriell, pilzhemmend und entkrampfend bei Magen-Darm-Beschwerden. Außerdem hat Zimt eine regulierende Wirkung auf die Insulinausschüttung und ist damit das ideale Diabetikergewürz.

Maracuja-Tarte

Nährwerte
Pro Portion: ca. 219 kcal, 4 g KH, 6 g EW, 19 g Fett; ketogene Ratio: 2 : 1
Aufgefettet mit 6 EL Pflaumenkern- oder Aprikosenkernöl (siehe Seite 23) statt Bittermandelaroma

Portionen: 16

Für den Boden
- Butter für die Form
- 3 Eiweiße
- 1 Prise Salz
- 300 g gem. blanchierte Mandeln
- 1 Flasche Bittermandelaroma
- 4 EL Erythrit

Für die Creme
- Saft von 1 Zitrone
- 200 g Frischkäse (Doppelrahmstufe)
- 300 g Crème fraîche
- 50 ml Sahne
- 1 Päckchen gem. Gelatine
- 150 ml Wasser
- 4 EL Erythrit
- ½ Orange
- 7 Maracujas

1. Backofen auf 170 °C Ober-/Unterhitze (150 °C Umluft) vorheizen. Springform (Ø 28 cm) mit Backpapier auslegen und den Rand einfetten.
2. Für den Boden Eiweiß und Salz in eine Schüssel geben und mit dem Handrührgerät steif schlagen.
3. Gemahlene Mandeln, Bittermandelaroma und Erythrit in einer weiteren Schüssel vermengen. Den Eischnee unterheben. Teig in die Springform füllen und glatt streichen. 18–20 Minuten im Ofen backen, dann herausnehmen und abkühlen lassen. Ring der Springform nicht abnehmen, damit später die Creme in Form bleibt.
4. Für die Creme die Zitrone auspressen und in einer Schüssel mit Frischkäse, Crème fraîche und Sahne zu einer cremigen Masse verrühren.
5. Gelatine in einer Schüssel mit dem Wasser vermischen und 10 Minuten quellen lassen. Dann Gelatine in einen Topf geben, Erythrit untermischen und Masse bei niedriger Hitze erwärmen. Wenn sich Gelatine und Erythrit aufgelöst haben, Topf vom Herd nehmen und Masse abkühlen lassen.
6. Orange auspressen und Saft in die Frischkäse-Masse rühren. 5 Maracujas aushöhlen und Inhalt dazugeben.
7. Abgekühlte Gelatine in die Creme rühren, diese dann auf dem abgekühlten Kuchenboden verteilen. Kuchen abdecken und 4 Stunden im Kühlschrank kalt stellen, bis die Creme fest ist. Vor dem Servieren die restlichen Maracujas aushöhlen und den Kuchen damit garnieren.

Johannisbeer-Baiser-Kuchen

Nährwerte
Pro Portion: ca. 166 kcal, 2 g KH, 7 g EW, 14 g Fett; ketogene Ratio: 2 : 1

Portionen: 8

Für den Boden
Butter für die Form
3 Eiweiße
1 Prise Salz
300 g gem. Mandeln
1 Flasche Bittermandelaroma
20 g (4 TL) Zitronenfaser
3 TL Erythrit

Für den Belag
500 g Rote Johannisbeeren
3 EL Erythrit

Für das Baiser
3 Eiweiße,
1 Prise Salz
2 TL Erythrit

1. Backofen auf 180 °C Ober-/Unterhitze (160 °C Umluft) vorheizen und eine Springform (Ø 28 cm) mit Backpapier auslegen und den Rand einfetten.
2. Für den Teig Eiweiß und Salz in eine Schüssel geben und mit dem Handrührgerät steif schlagen.
3. In einer weiteren Schüssel gemahlene Mandeln, Bittermandelaroma, Zitronenfaser und Erythrit vermengen. Die Hälfte des Eischnees unterheben. Teig in die Springform füllen und gleichmäßig verteilen. 10 Minuten im Ofen backen.
4. Johannisbeeren waschen und entstielen. In einer Schüssel mit dem Erythrit mischen. Nach Ende der Backzeit auf dem Kuchenboden verteilen und weitere 10 Minuten auf der obersten Schiene im Ofen backen.
5. Restlichen Eischnee mit einem Teigschaber steifschlagen und vorsichtig Erythrit und Salz unterheben. Dann auf den Kuchen streichen. Mithilfe einer Gabel die Baisermasse flockig auflockern. Kuchen 5 Minuten im Ofen weiterbacken, dann herausnehmen und abkühlen lassen.

Rhabarber-Käsekuchen

Nährwerte
Pro Portion: ca. 188 kcal, 2 g KH, 8 g EW, 16 g Fett; ketogene Ratio: 2 : 1

Portionen: 12

Für den Teig
Butter für die Form
180 g gem. Mandeln
20 g gem. Leinsamen
1 Prise Salz
1 Prise gem. Kardamom
2 Eiweiß

Für die Füllung
3 Eier
250 g Quark (40 % Fett)
100 ml Sahne
1 TL Zitronenschalenabrieb
etwas gem. Vanille
100 g Erythrit
2 TL Zitrusfasern oder
½ TL Guarkernmehl
3 Stangen Rhabarber

Tipp: Zum Abnehmen wird ein 20 % Quark empfohlen.

1. Ofen auf 175 °C Ober-/Unterhitze vorheizen und eine Springform (Ø 26 cm) einfetten.
2. Für den Teig Mandeln, Leinsamen, Salz und Kardamom miteinander vermengen. Gleichmäßig in der Form verteilen, am besten mit einem feuchten Löffel verstreichen. Der Teig ist recht klebrig. Form in den Ofen stellen und Teig 15 Minuten vorbacken.
3. Für die Füllung die Eier in einer Schüssel mit dem Handrührgerät schaumig schlagen.
4. In einer weiteren Schüssel Quark, Sahne, Zitonenabrieb, Vanille, Erythrit und Zitrusfasern zu einer glatten Masse vermischen. Eier unterheben.
5. Rhabarber putzen, waschen, schälen und in ca. 1 cm große Stücke schneiden. Rhabarber unter die Masse heben.
6. Die Füllung gleichmäßig auf dem vorgebackenen Boden verteilen. Kuchen im Ofen in 30 Minuten goldbraun backen. Immer wieder überprüfen, ob der Kuchen schon gebräunt ist. Ohne den Ofen zu öffnen, diesen ausschalten und den Kuchen 15 Minuten im Ofen ruhen lassen.

Rhabarber ist das ideale Ketogemüse, weil er kaum Kohlenhydrate enthält. Traditionell wird er bis zu Johanni am 24. Juni geerntet. Dies liegt zum einen daran, dass die Pflanze ab dann wieder Regenerationszeit braucht, und zum anderen an dem steigenden Gehalt an Oxalsäure. Die erzeugt nicht nur ein stumpfes Gefühl an den Zähnen, sondern kann auch Kalzium binden, was im schlimmsten Fall zu Kalziumoxalatsteinen in den Nieren führen kann. Um das auszugleichen, isst man Rhabarber am besten mit kalziumreichen Milchprodukten.

FRÜHJAHR- UND SOMMERSPECIALS

Wer saisonal kocht, bekommt nicht nur besonders schmackhafte Gerichte, sondern auch gesündere. Denn wenn Gemüse und Früchte frisch und ganz reif geerntet werden, stecken sie voller Nähr- und Wirkstoffe und natürlich Aroma.

Grillrezepte

Grillgut sollte am besten über Nacht mariniert werden, insbesondere Tofu und Gemüse bekommen so einen intensiveren Geschmack. Gemüse hat mehr Biss und Fleisch bleibt saftiger, wenn Sie es erst nach dem Grillen salzen. Tofu, Tempeh, Gemüse und Käse brauchen weniger Hitze auf dem Grill als Fleisch, daher eher seitlich grillen. Nicht mariniertes Gemüse und Fleisch sollte vor dem Grillen mit Fett eingestrichen werden, um es vor dem Austrocknen zu schützen, jedoch nur leicht, damit das Fett nicht in die Glut tropft.

Paprika-Schweinenacken-Spieße

Nährwerte
Pro Portion: ca. 236 kcal, 5 g KH, 23 g EW, 13 g Fett; ketogene Ratio: 1 : 1

Portionen: 4

400 g Schweinenacken, gut durchwachsen, am Stück
2 Knoblauchzehen
300 ml ungesüßter Kefir
3 TL Salz
2 TL Paprikapulver edelsüß
2 rote Zwiebeln
2 grüne Paprikaschoten

1. Den Schweinenacken mit Küchenpapier trocken tupfen und in 4 x 4 cm große Würfel schneiden.
2. Knoblauch schälen und reiben. In einer Schüssel mit dem Kefir und den Gewürzen vermischen. Die Fleischwürfel dazugeben und gut mit der Marinade überziehen.
3. Zwiebeln schälen und vierteln. Paprika putzen, waschen und in große Stücke schneiden. Beides ebenfalls zum Fleisch geben und vermischen. Abgedeckt und gut gekühlt 12–24 Stunden marinieren.
4. Vor dem Grillen das Fleisch und das Gemüse abwechselnd auf Spieße stecken. Das Fleisch ist fertig, wenn es eine schöne Farbe hat und auf Druck nicht mehr nachgibt.

Tipp: Die Spieße lassen sich sehr gut mit Dips (siehe Seite 177) auffetten! Als Beilage passt Blattsalat.

Blumenkohl-Hummus

Nährwerte
Pro Glas: ca. 511 kcal, 7 g KH, 14 g EW, 46 g Fett; ketogene Ratio: 2 : 1

Portionen: 3

1 Blumenkohl
5–6 EL Tasse natives Olivenöl extra
3 Knoblauchzehen
150 g Tahin
2 TL Zitronensaft
Salz, Pfeffer
Kreuzkümmel

1. Backofen auf 180 °C Ober-/Unterhitze vorheizen. Blumenkohl putzen, waschen und klein schneiden. In eine Schüssel geben und gut mit dem Olivenöl mischen. Auf einem Backblech verteilen, dann 30 Minuten im Ofen backen.
2. Knoblauch schälen, grob zerteilen, mit Blumenkohl und restlichen Zutaten in einem Mixer pürieren.

Gefüllte Champignons

Nährwerte
Pro Portion: ca. 414 kcal, 6 g KH, 23 g EW, 32 g Fett; ketogene Ratio: 1 : 1

Portionen: 2

8 große Champignons (z. B. Portobello)
5 Stängel Minze
1 Knoblauchzehe
½ rote Zwiebel
150 g Feta
5 Kirschtomaten
1 EL Zitronensaft
2 EL Olivenöl
Salz, Pfeffer

1. Pilze putzen, den Stiel herausdrehen und hacken. Köpfe beiseite stellen. Minze waschen, trocken schütteln, einige Blätter zur Dekoration beiseite stellen, den Rest hacken. Knoblauch und Zwiebel schälen und fein hacken. Feta abtropfen lassen und zerbröseln. Tomaten waschen und würfeln.
2. Für die Füllung Pilzstiele, Feta, Knoblauch, Tomatenwürfel, Zitronensaft, Öl, Zwiebel und Minze in einer Schüssel vermengen, mit Salz und Pfeffer würzen.
3. Die Füllung in die Pilzköpfe geben und Pilze dann auf dem Rost kurz grillen. Mit Minzeblättern bestreut servieren.

Grüne-Spargel-Pfanne

Nährwerte
Pro Portion: ca. 549 kcal, 10 g KH, 16 g EW, 47 g Fett; ketogene Ratio: 2 : 1
Abgefettet ohne Butter pro Portion: ca. 395 kcal, 10 g KH, 16 g EW, 31 g Fett; Ketogene Ratio: 1 : 1
Kann mit Basilikum-Pesto, Sahne oder Mozzarella nach Belieben verfeinert und aufgefettet werden

Portionen: 2

500–700 g grüner Spargel
natives Olivenöl extra
300 g Cherry-Tomaten
Salz, Pfeffer
50–80 g geriebener Parmesan
40 g Butter

1. Spargel im unteren Drittel schälen und die holzigen Enden abschneiden. Stangen waschen und dann in 5 cm große Stücke zerteilen.
2. Eine Pfanne mit etwas Olivenöl erhitzen und den Spargel darin bissfest braten.
3. Tomaten waschen, dazugeben, kurz andünsten und mit Salz und Pfeffer würzen.
4. Parmesan einrühren und die Butter zugeben und schmelzen lassen.

Tipp: Gelingt auch gut, wenn man den Spargel bei 180 °C Ober-/Unterhitze 15 Minuten im Backofen gart.

Spargel spült die Harnwege durch, senkt den Blutdruck und wirkt entgiftend. Er entschärft Zellgifte als Antioxidans, enthält den Ballaststoff Inulin und zeigt in Studien belegt sogar Anti-Tumor-Aktivität. Also ein Super-Allrounder der Frühjahrsküche.

Gegrillte Pfirsiche

Nährwerte
Pro Portion: ca. 94 kcal, 6 g KH, 1 g EW, 7 g Fett; ketogene Ratio: 1 : 1

Portionen: 2

3 Pfirsiche
50 ml Sahne
Erythrit nach Belieben (optional)
1 Zweig Rosmarin
2 EL Kakaonibs
4 Spritzer Balsamico-Essig

1. 1 Pfirsich über Nacht einfrieren. Die anderen beiden Pfirsiche waschen, halbieren, entkernen, auf eine Grillplatte legen und bei niedriger Temperatur von beiden Seiten grillen.
2. Sahne in einer Schüssel mit dem Handrührgerät steif schlagen. Wer möchte, kann die Sahne noch mit etwas Erythrit süßen. Zusammen mit dem gefrorenen Pfirsich zu einer Art Eis pürieren.
3. Rosmarin waschen, trocken schütteln und die Nadeln abstreifen.
4. Die abgekühlten Pfirsichhälften mit dem Pfirsich-Sahne-Eis garnieren und mit Rosmarin und Kakaonibs bestreuen. Mit Balsamico-Essig beträufeln.

Gazpacho

Nährwerte
Pro Portion: ca. 542 kcal, 12 g KH, 6 g EW, 50 g Fett; ketogene Ratio: 2 : 1
Aufgefettet mit 2 EL Kokosöl zusätzlich pro Portion:
ca. 682 kcal, 12 g KH, 6 g EW, 65 g Fett; ketogene Ratio: 3 : 1

Portionen: 2

2 Knoblauchzehen oder Schnittknoblauch
½ kleine rote Zwiebel
2 EL Kokosöl
300 g Tomaten
1 grüne Paprikaschote
½ Salatgurke
150 ml kalte Gemüsebrühe
1 EL Rotweinessig
5 EL Olivenöl
Saft von ½ Zitrone
½ TL gem. Kurkuma
Salz
Cayennepfeffer
Erythrit
½ Zucchini
3 Stängel Basilikum

1. Die Knoblauchzehen und die Zwiebel schälen und fein würfeln. Mit 1 EL Kokosöl in einen Topf geben und leicht anbraten.
2. Tomaten, Paprika und Gurke putzen, waschen, klein schneiden und in den Topf geben.
3. Topf vom Herd nehmen. Gemüsebrühe (kalt), Rotweinessig und Olivenöl hineingießen und alles mit dem Stabmixer pürieren.
4. Mit Zitronensaft, Kurkuma, Salz, Cayennepfeffer und Erythrit abschmecken.
5. Zucchini waschen, putzen, in kleine Würfel schneiden und in einer Pfanne mit dem restlichen Kokosöl kurz anbraten. Abkühlen lassen.
6. Basilikum waschen, trocken schütteln und die Blätter abzupfen.
7. Die kalte Suppe auf Suppenteller verteilen und mit Zucchiniwürfeln sowie Basilikum garniert servieren.

Tipp: Zu der Suppe passt hervorragend ein Garnelen-Topping. Dazu auf 2 Holzspieße je 5 küchenfertige Garnelen stecken und Spieße ca. 5 Minuten in einer Pfanne mit Olivenöl und 2 klein gehackten Knoblauchzehen anbraten. Mit Salz und Pfeffer würzen und mit der Gazpacho servieren.

Doppelte Menge zubereiten und statt mit Garnelen mit Fetawürfeln ergänzen. Dazu passen Mandelcracker (siehe Seite 181). Zum Mitnehmen das Topping getrennt verpacken.

Tarator – bulgarische Sommersuppe

Nährwerte
Pro Portion: ca. 606 kcal, 17 g KH, 13 g EW, 52 g Fett; ketogene Ratio: 2 : 1
Abgefettet mit der halben Ölmenge pro Portion: ca. 514 kcal, 17 g KH, 13 g EW, 42 g Fett; ketogene Ratio: 1 : 1
Aufgefettet mit 7 EL Öl zusätzlich und der doppelten Menge an Walnüssen pro Portion: ca. 1057 kcal, 18 g KH, 15 g EW, 99 g Fett; ketogene Ratio: 3 : 1

Portionen: 2

500 g griechischer Joghurt (10 % Fett)
150 ml Wasser
1 Knoblauchzehe
1 TL Salz
1 große Salatgurke (ca. 300 g)
1 Bund Dill
½ Bund Petersilie
4 EL natives Walnussöl
30 g gehackte Walnusskerne

1. Joghurt in einer Schüssel mit Wasser cremig rühren. Knoblauch schälen, pressen und untermischen. Mit Salz würzen.
2. Salatgurke putzen, waschen, vierteln und in dünne Scheiben schneiden.
3. Dill und Petersilie waschen, trocken schütteln, ein paar Blätter zum Garnieren beiseite legen und den Rest hacken.
4. Gurke und Kräuter mit der Joghurtcreme vermengen. Auf 2 Schüsseln verteilen, je 2 EL Walnussöl und die Hälfte der gehackten Walnüsse darüber geben. Mit ein paar Blättern Petersilie oder Dill anrichten und servieren.

Doppelte Menge zubereiten und mit Halloumiwürfeln servieren. Zum Mitnehmen die Halloumiwürfel, Walnüsse und Kräuter getrennt verpacken.

Ketoeis

Nährwerte
Pro Portion: ca. 284 kcal, 8 g KH, 3 g EW, 26 g Fett; ketogene Ratio: 2 : 1
Aufgefettet mit 2–4 EL Kokos- oder MCT-Öl oder Mascarpone statt Sahne pro Portion: ca. 353 kcal, 8 g KH, 3 g EW, 33 g Fett; ketogene Ratio: 3 : 1

Portionen: 4

- 2 Stängel Basilikum
- 400 g TK-Erdbeeren oder andere Beeren
- 300 ml Sahne
- 2 TL Erythrit
- 1 Prise Stevia
- 1 EL Zitronenfasern
- 1 EL Kakaonibs

1. Basilikum waschen, trocken schütteln und die Blätter abzupfen.
2. Alle Zutaten außer Basilikum und Kakaonibs in einem Mixer zu einem Eis verrühren.
3. Kakaonibs und Basilikumblättchen je nach Geschmack unter das Eis heben oder das Eis damit garniert servieren.

Variante: Lecker auch mit Orangenschalenabrieb und gemahlenem Kardamom im Winter.

HERBST- UND WINTERSPECIALS

Richtig angezogen und gewärmt von Chai (würzigem Tee) und Ketobratapfel, mit Keto-Fingerfood und Thermodecken wird ein Ausflug unter den Wintersternenhimmel zu einem schönen Erlebnis.

Raclette-Variationen

Variante Putensteak, Radicchio und Gorgonzola

Nährwerte
Pro Portion: ca. 447 kcal, 4 g KH, 44 g EW, 27 g Fett; ketogene Ratio: 1 : 1

Portionen: 2 (je 2 Pfännchen)

natives Olivenöl extra
1 Knoblauchzehe
2 kleine Putensteaks
4 Scheiben Raclettekäse
1 kleiner Radicchio
½ Granatapfel
50 g Gorgonzola
Salz, Pfeffer

Tipp: Knoblauch nach dem Hacken ca. 15 Min. liegen lassen. So entwickelt er besonders viel Allicin (sek. Pflanzenwirkstoff, der die Gefäße schützt und antimikrobiell wirkt).

1. Raclettegrill vorheizen und mit Olivenöl bestreichen.
2. Knoblauch schälen und hacken.
3. Putensteaks abwaschen, mit Küchenpapier trocken tupfen und mit Knoblauch einreiben. Auf dem Raclettegrill 4–6 Minuten von jeder Seite braten, dann in 1 cm breite Streifen schneiden und zur Seite stellen.
4. Raclettekäse auf einem Teller anrichten.
5. Radicchio putzen, waschen und die Blätter in 1 cm breite Streifen schneiden.
6. Granatapfelkerne auslösen. Gorgonzola zerbröckeln.
7. Radicchio, Putensteak, Granatapfelkerne, Gorgonzola und Raclettekäse auf 4 Pfännchen verteilen und überbacken.
8. Mit Salz und Pfeffer würzen.

Rosenkohl mit Schinken

Nährwerte
Pro Portion: ca. 297 kcal, 7 g KH, 28 g EW, 16 g Fett; ketogene Ratio: 1 : 1

Portionen: 2 (je 2 Pfännchen)

300 g Rosenkohl
Salz
¼ Zitrone
100 g Kochschinken
Pfeffer
1 Prise geriebene Muskatnuss
4 Scheiben Raclettekäse

1. Rosenkohl putzen und waschen. 3 Minuten in einem Topf mit kochendem Salzwasser blanchieren. Dann herausheben, abtropfen lassen und halbieren.
2. Zitrone waschen, abtrocknen und die Schale abreiben.
3. 4 Raclettepfännchen mit Schinken auslegen, Rosenkohl darauf verteilen und mit Pfeffer, Salz, Muskat und Zitronenabrieb würzen. Käse darübergeben und alles im Raclettegrill überbacken.

Grüne Mango mit Kokos und Pfefferkäse

Nährwerte
Pro Portion: ca. 349 kcal, 6 g KH, 24 g EW, 24 g Fett; ketogene Ratio: 1 : 1

Portionen: 2 (je 2 Pfännchen)

½ grüne, unreife Mango
100 g Räuchertofu
100 g Pfefferkäse
20 g Kokoschips

1. Mango schälen und das Fruchtfleisch mit einem Sparschäler in dünne Streifen schneiden.
2. Tofu und Pfefferkäse auch in dünne Scheiben schneiden.
3. Tofuscheiben auf 4 Raclettepfännchen verteilen und Mango- und Käse darübergeben.
4. Zum Schluss mit Kokoschips bestreuen und überbacken.

Ketobratapfel

Nährwerte
Pro Portion: ca. 112 kcal, 8 g KH, 2 g EW, 8 g Fett; ketogene Ratio: 1 : 1

Portion: 2

1 säuerlicher Apfel (z. B. Boskoop)
1 Flasche Mandelaroma
2 TL gem. Mandeln
2 Prisen gem. Zimt oder Bratapfelgewürz
2 TL Erythrit
2 TL Kakaonibs
geröstete Mandelblättchen (optional)
geschlagene Sahne (optional)

1. Backofen auf 180 °C Ober-/Unterhitze vorheizen.
2. Den Apfel waschen, das Kerngehäuse entfernen und den Apfel aushöhlen. Das Fruchtfleisch hacken und mit den restlichen Zutaten in einer Schüssel vermengen. Die Apfelhälfte damit füllen und in eine kleine Auflaufform stellen.
3. Im vorgeheizten Backofen 10–15 Minuten braten oder in einer Grillschale auf dem offenen Feuer grillen.
4. Nach Belieben mit Mandelblättchen oder einem Klecks Sahne garniert servieren.
5. Zum Auffetten statt des Mandelaromas 1 EL Aprikosenkernöl zugeben.

Chai-Tee selbst gemacht

Nährwerte
Pro Portion: ca. 12 kcal, 0,1 g KH, 0,3 g EW, 1 g Fett; ketogene Ratio: 2 : 1
Aufgefettet mit 6–12 EL MCT- oder Kokosöl pro Portion:
ca. 43 kcal, 0,1 g KH, 0,3 g EW, 4 g Fett; ketogene Ratio: 4 : 1

Portionen: 6

5 Pfefferkörner
500 ml Milch oder Mandeldrink
2 EL Schwarzteeblätter
2 Zimtstangen
1 TL Sternanis
5 Kardamomkapseln
2–3 TL Erythrit

1. Pfefferkörner in einem Mörser andrücken.
2. Milch, Teeblätter und Gewürze (außer dem Erythrit) in einen Topf geben und bei mittlerer Hitze kurz aufkochen. Dann bei geringer Hitze 10 Minuten ziehen lassen.
3. Durch ein Sieb in einen Behälter gießen und mit einem Milchschäumer oder Stabmixer aufschäumen und mit Erythrit abschmecken.

Orientalisches Rehragout

Nährwerte
Pro Portion: ca. 492 kcal, 12 g KH, 48 g EW, 27 g Fett; ketogene Ratio: 1 : 1

Portionen: 2

350–400 g Rehragout
3 Kardamomkapseln
½ TL Ras el-Hanout
Salz
4 EL natives Olivenöl extra
70 ml Wildfond
100 ml Wasser
1 TL Tomatenmark
1 kleine rote Zwiebel
1 kleine Aubergine
200–250 g grüne Bohnen (aus dem Glas)
2 Stängel Minze
Saft von ½ Zitrone
1 EL Granatapfelkerne
1 EL Schwarzkümmel
½ TL Chiliflocken

1. Den Backofen auf 200 °C Ober-/Unterhitze vorheizen.
2. Fleisch in 3 cm große Stücke schneiden.
3. Die Kardamomkapseln in einem Mörser andrücken.
4. Fleischstücke in einer Schüssel mit Kardamom, Ras el-Hanout und 2 Prisen Salz vermengen.
5. 2 EL Öl in einer großen Pfanne erhitzen und das Fleisch zusammen mit den Chiliflocken darin von allen Seiten anbraten.
6. Wildfond und Wasser dazugießen. Tomatenmark zufügen, alles gut durchrühren und in einen Bräter umfüllen.
7. Im Ofen auf der mittleren Schiene ohne Deckel ca. 45 Minuten schmoren lassen. Dabei das Fleisch einmal wenden.
8. Zwiebel schälen und vierteln. Aubergine putzen, waschen und in Würfel schneiden.
9. Aubergine und Zwiebel in einer Pfanne mit dem restlichen Öl unter Rühren 10 Minuten anbraten. Mit Salz abschmecken.
10. Nach 45 Minuten Bratzeit Gemüse und Bohnen zum Fleisch geben und weitere 20 Minuten im Ofen schmoren. Bei Bedarf noch etwas Wasser oder Wildfond dazugeben.
11. Minze waschen, trocken schütteln und die Blätter von den Stielen abzupfen.
12. Bräter aus dem Ofen nehmen. Das Rehragout mit dem Zitronensaft beträufeln und mit Minzblättern, Granatapfelkerne und Schwarzkümmel bestreut servieren.

Walnusssuppe mit Curry und Lauch

Nährwerte
Pro Portion: ca. 661 kcal, 13 g KH, 11 g EW, 61 g Fett; ketogene Ratio: 2 : 1
Aufgefettet mit 100 ml Sahne und 10 g Butter zusätzlich pro Portion:
ca. 781 kcal, 13 g KH, 11 g EW, 73 g Fett; ketogene Ratio: 3 : 1

Portionen: 4

180 g Walnusskerne
1 Zwiebel
2 Knoblauchzehen
100 g Sellerie
100 g Möhren
1 Stange Lauch
2 EL natives Olivenöl extra
200 ml Weißwein
600 ml Gemüsebrühe
200 ml Sahne
2 EL Zitronensaft
Salz, Pfeffer
40 g Butter
½ TL mildes Currypulver
4 EL Petersilienblätter

1. Nüsse hacken und in einer Pfanne ohne Fett rösten. 3 EL davon für das Topping zur Seite stellen.
2. Zwiebel und Knoblauch schälen und fein würfeln. Sellerie, Möhren und Lauch putzen, waschen und in 1 cm dicke Stücke schneiden.
3. Olivenöl in einem Topf erhitzen. Gemüse darin bei mittlerer Hitze 5 Minuten anbraten. Weißwein und Brühe angießen und aufkochen.
4. Die Walnüsse zugeben und alles zugedeckt 20 Minuten köcheln lassen.
5. Sahne zufügen und nochmals aufkochen.
6. Suppe mit dem Stabmixer fein pürieren und mit Zitronensaft, Salz und Pfeffer würzen.
7. Butter bei mittlerer Hitze in einer Pfanne schmelzen. Currypulver einrühren und Petersilienblätter darin knusprig braten.
8. Beiseitegestellte Nüsse dazugeben und die Mischung als Topping auf die Suppe geben.

Die Suppe ist für 4 Personen berechnet, sodass die Hälfte davon eingefroren oder innerhalb der nächsten 3 Tage aufgebraucht werden kann. Sie schmeckt auch kalt.

Lauch- und Zwiebelgewächse enthalten schwefelhaltige Verbindungen und Inulin, was unsere Darmbakterien nährt. Außerdem Allicin das als natürliches Antibiotikum wirkt.

Rotkrautsalat mit karamellisierten Cranberrys und Walnüssen

Nährwerte
Pro Portion: ca. 374 kcal, 12 g KH, 6 g EW, 32 g Fett; ketogene Ratio: 2 : 1
Abgefettet mit der halben Ölmenge pro Portion: ca. 304 kcal, 12 g KH, 6 g EW, 25 g Fett; ketogene Ratio: 1 : 1
Aufgefettet mit 7 EL Olivenöl zusätzlich , aber nur 70 g Cranberrys pro Portion: ca. 532 kcal, 12 g KH, 6 g EW, 50 g Fett; ketogene Ratio: 3 : 1

Portionen: 4

½ Rotkohl
Salz
1 Zitrone
½ Blutorange
1 TL + 2 EL Erythrit
Pfeffer
5 EL Olivenöl
3 EL ungesüßter Balsamico-Essig
100 g Walnusskerne
100 g frische Cranberrys
1 Tasse Kresse oder Sprossen

1. Rotkohl vierteln, welke Blätter und den Strunk entfernen. Blätter waschen und in ganz feine Streifen schneiden. In eine Schüssel geben und salzen, damit der Salat Saft zieht (ca. 30 Minuten).
2. Zitrone und Orange auspressen, den Saft zum Kohl geben. 1 TL Erythrit, 1 Prise Pfeffer sowie Olivenöl und Essig zugeben. Salat gut durchmischen und 1 Stunde ziehen lassen.
3. Den restlichen Erythrit in einer Pfanne schmelzen. Walnüsse hacken, Cranberrys halbieren, beides in die Pfanne geben, schwenken und vorsichtig karamellisieren lassen. Dann auf dem Rotkrautsalat verteilen. Mit Kresse bestreut servieren.

Variation: Dieser Salat schmeckt auch hervorragend warm. Dazu den Rotkohl in einer großen Pfanne mit Olivenöl ca. 10 Minuten angebraten und mit Balsamico-Essig ablöschen.

Eignet sich zum Mitnehmen und hält sich ca. 4–5 Tage im Kühlschrank.

Herbstlicher Salat in Käse-Bowl

Nährwerte
Pro Portion: ca. 456 kcal, 8 g KH, 18 g EW, 38 g Fett; ketogene Ratio: 2 : 1
Aufgefettet mit 8 EL Olivenöl pro Portion: ca. 828 kcal, 8 g KH, 18 g EW, 78 g Fett; ketogene Ratio: 3 : 1

Portionen: 2

100 g Comtékäse, Bergkäse oder Käsereste
½ Grapefruit
2 EL Olivenöl
½ TL mittelscharfer Senf
Salz, Pfeffer
½ Chicorée
½ kleiner Kopf Radicchio
½ kleiner Romanasalat
50 g Haselnussblättchen oder Mandelblättchen

1. Backofen auf 240 °C Grillstufe vorheizen.
2. Den Käse fein reiben und auf einem mit Backpapier ausgelegten Backblech verteilen. Dann mit der Hand zu 4 runden, ca. 15 cm große Kreisen formen. Blech in den Ofen schieben und Käse in 4–5 Minuten goldbraun backen. Aus dem Ofen holen und jede Käseplatte auf 1 umgedrehte Schale legen und etwas andrücken. Käse-Bowls abkühlen lassen.
3. Inzwischen Grapefruit schälen und die Filets auslösen.
4. Öl und Senf in einer Schüssel zu einem Dressing verrühren und mit Salz und Pfeffer abschmecken. Das Dressing mit den Grapefruitfilets mischen.
5. Salat putzen, waschen, klein zupfen und in die Käse-Bowls verteilen. Das Dressing mit den Grapefruitfilets darübergeben. Vor dem Servieren Haselnussblättchen auf den Salat streuen.

Tipp: Damit lassen sich auch die Salat-Tacos mit Steakstreifen (siehe Seite 150) zubereiten.

Pilzpfanne auf Blattspinat

Nährwerte
Pro Portion: ca. 571 kcal, 7 g KH, 20 g EW, 50 g Fett; ketogene Ratio: 2 : 1

Portionen: 2

400 g frischer Blattspinat
3 Knoblauchzehen
400 g Champignons, Pfifferlinge, Steinpilze oder andere Pilze
50 g Butter
1 Handvoll Pinienkerne
4 Stängel Petersilie
Salz, Pfeffer
Saft von ½ Zitrone
50-80 g gehobelter Parmesan

1. Den Blattspinat verlesen, waschen und mit wenig kochendem Wasser in einem Topf mit Deckel blanchieren. Das Wasser abgießen und den Spinat warm halten.
2. Knoblauch schälen und hacken. Die Pilze säubern und klein schneiden
3. Die Butter bei mittlerer Hitze in einer großen Pfanne zerlassen und den Knoblauch darin anbraten. Sobald der Knoblauch bräunlich wird, die Pilze dazugeben und in 3–5 Minuten rundum leicht anbräunen.
4. Währenddessen Pinienkerne in einer Pfanne ohne Fett rösten.
5. Petersilie waschen, trocken schütteln und hacken.
6. Den Spinat auf Tellern anrichten. Die Pilzpfanne mit Salz und Pfeffer würzen und über dem Spinat verteilen.
7. Mit Zitronensaft beträufeln und mit Pinienkernen, Petersilie und Parmesan bestreuen.

Tipp: Eignet sich auch als herzhafte Füllung für die Palatschinken (siehe Seite 189). Dazu den Spinat und die Pilze vermischen.

Variante: Zum Auffetten die doppelte Menge Butter verwenden

Das im grünen Blattgemüse enthaltene Lutein steigert die kognitive Leistung, wie zahlreiche Studien belegen.

Rosenkohlgratin mit Käse-Nuss-Topping

Nährwerte
Pro Portion: ca. 789 kcal, 10 g KH, 34 g EW, 65 g Fett; ketogene Ratio: 1 : 1
Abgefettet mit der Hälfte der Sahne und weniger Olivenöl pro Portion:
ca. 517 kcal, 10 g KH, 27 g EW, 39 g Fett; ketogene Ratio: 1 : 1

Portionen: 3

400 g Rosenkohl
100 g Möhren
Butter für die Form
2–3 Eier
200 ml Sahne
1 Prise geriebene Muskatnuss
100–200 g geriebener fetter Bergkäse
Salz, Pfeffer
1 Handvoll gehackte Haselnüsse
2 EL Olivenöl

1. Backofen auf 180 °C Ober-/Unterhitze vorheizen.
2. Das Gemüse putzen und waschen.
3. Rosenkohl in einem Topf mit kochendem Wasser 5 Minuten blanchieren. Mit dem Schaumlöffel herausheben und mit den Möhren in eine gefettete Auflaufform geben.
4. Eier, Sahne, Muskatnuss und Bergkäse in einer Schüssel mit dem Schneebesen verrühren und mit Salz und Pfeffer würzen. Die Sauce über das Gemüse gießen.
5. Auflauf im Ofen auf der mittleren Schiene in etwa 30 Minuten goldbraun backen, dabei ggf. mit Backpapier abdecken, falls der Käse zu braun wird.
6. 10 Minuten vor Ablauf der Backzeit das Backpapier entfernen und die gehackten Haselnüsse über den Auflauf streuen.
7. Vor dem Servieren mit Olivenöl beträufeln.

Tipp: Dazu passt ein Blattsalat oder ein Feldsalat mit Walnussöl-Vinaigrette (siehe Seite 113).

Lebkuchen

Nährwerte
Pro Scheibe: ca. 175 kcal, 2 g KH, 4 g EW, 16 g Fett; ketogene Ratio: 2 : 1

Portionen: 12

50 g Butter plus mehr für die Form
50 ml Sahne
10 g Pfefferkuchengewürz
180 g Haselnussmehl
2 EL gem. Flohsamenschalen oder 2 EL Zitronenfasern
10 g Backpulver
1 Prise Salz
Erythrit nach Belieben
2 Tropfen Vanilleöl
3 Eier

1. Backofen auf 175 °C Ober-/Unterhitze vorheizen.
2. Butter in einem Topf schmelzen, vom Herd nehmen und Sahne und Pfefferkuchengewürz unterrühren.
3. Haselnussmehl, Flohsamenschalen, Backpulver, Salz, Erythrit nach Belieben und Vanilleöl in einer Schüssel vermischen.
4. Eier in einer anderen Schüssel mit dem Handrührgerät schaumig schlagen. Anschließend Mehlmischung und Buttermischung hinzugeben und gut verrühren.
5. Teig in eine gefettete Kastenform oder kleine Springform füllen und 20–30 Minuten im Ofen backen. In der Form auskühlen lassen und dann in 12 Scheiben schneiden.

Duftende Zimtsterne

Nährwerte
Pro Stück: ca. 136 kcal, 1 g KH, 4 g EW, 12 g Fett; ketogene Ratio: 2 : 1

Portionen: 2 à je 5 Stück

Für den Teig
3 Eiweiße
100 g gem. Haselnüsse
100 g gem. Mandeln
50 g Erythrit
2 TL gem. Zimt
1 TL Vanille-Extrakt
1 Flasche Bittermandelaroma

Für die Glasur
50 g Puder-Erythrit
1 Spritzer Zitronensaft
1 EL Wasser

1. Das Eiweiß in einer Schüssel mit dem Handrührgerät steif schlagen. Alle anderen Zutaten für den Teig in einer weiteren Schüssel miteinander vermischen. Dann vorsichtig den Eischnee unterheben. Den Teig 30 Minuten in den Kühlschrank stellen.
2. Backofen auf 150 °C Ober- und Unterhitze vorheizen.
3. Den Teig 5 mm dick mit dem Teigroller ausrollen und mit einer Ausstechform Sterne ausstechen. Diese auf ein mit Backpapier belegtes Blech legen und 25 Minuten im Ofen backen.
4. Alle Zutaten für die Glasur in einer Schüssel miteinander verrühren und die Zimtsterne nach dem Auskühlen damit bestreichen.

Feine Vanillekipferl

Nährwerte
Pro Stück: ca. 51 kcal, 0,3 g KH, 0,9 g EW, 5 g Fett; ketogene Ratio: 4 : 1

Portionen: 10 à je 5 Stück 50–60 Stück

Für den Teig
150 g gem. blanchierte Mandeln
20 g Kokosmehl
20 g Goldleinmehl
180 g Butter
1 Ei
60 g Erythrit
2 TL gem. Bourbon-Vanille

Zum Bestäuben
30 g Erythrit
1 TL gem. Bourbon-Vanille

1. Den Ofen auf 170 °C Umluft vorheizen.
2. Alle Zutaten für den Teig in einer Schüssel mit dem Handrührgerät miteinander vermengen und 30 Minuten kalt stellen.
3. Das Erythrit zum Bestäuben in einer kleinen Schüssel gut mit der Vanille vermischen.
4. Aus dem Teig gleich große Kipferl formen und diese auf ein mit Backpapier belegtes Backblech legen. Dann 25 Minuten im Ofen backen, bis die Vanillekipferl eine leichte Bräune annehmen.
5. Die noch heißen Kipferl mit der Erythrit-Vanille-Mischung bestreuen und dann auskühlen lassen. Achtung: Die Kipferl sind sehr zerbrechlich, solange sie noch heiß sind.

KETO-FESTMENÜ

Als Vorspeise empfehlen wir Zucchini-Pfirsich-Carpaccio mit Johannisbeerdressing (siehe Seite 175), gemischte Blattsalate oder eine Suppe.

Als Nachtisch eignet sich die Orangen-Ricotta-Creme mit Beeren von Seite 188 (Hälfte der angegebenen Menge) oder, wenn es ganz schnell gehen soll, das Ketoeis (siehe Seite 217).

Alle Vorspeisen und Nachspeisen lassen sich hervorragend vorbereiten.

Tipp:
Veranstalten Sie doch einmal ein Running Family Dinner:
Die Vorspeise nehmen Sie bei Tante Berta ein, danach marschieren alle zu Oma und Opa zum Hauptgericht und der Nachttisch wird nach einem ausgedehnten Spaziergang bei den Enkeln genossen. Das geht natürlich auch mit Freunden und netten Nachbarn.

Lammbraten mit Rosmarin und Speck, dazu gebackener Spitzkohl mit Salbei

Nährwerte
Pro Portion: ca. 936 kcal, 14 g KH, 71 g EW, 54 g Fett; ketogene Ratio: 1 : 1
Aufgefettet mit der doppelten Menge Fett pro Portion:
ca. 1254 kcal, 15 g KH, 54 g EW, 105 g Fett; ketogene Ratio: 2 : 1

Portionen: 4

4 Zwiebeln
2 Knoblauchzehen
2 Zweige Rosmarin
200 g durchwachsener Bauchspeck
1 Lamm-Oberkeule (ca. 1 kg, mit Knochen)
2 EL grober Senf
2 EL Senf
2 EL Tomatenmark
2 TL Chili- oder Olivenöl
100 g Staudensellerie
250 ml Gemüsebrühe
1 Spitzkohl (ca. 1 kg)
4–6 EL Kokosfett oder Butterschmalz
Meersalz
2 EL getr. Salbei oder 8–10 Blätter frischer Salbei
4–6 EL Butter
Salz, Pfeffer

1. Ofen auf 120 °C Ober-/Unterhitze vorheizen.
2. Zwiebel und Knoblauch schälen. 1 Zwiebel in feine Würfel schneiden, Knoblauch reiben.
3. Rosmarin waschen, trocken schütteln, Nadeln abstreifen und hacken.
4. Speck in Würfel schneiden. Die vorbereiteten Zutaten in einer Schüssel vermischen.
5. Lammkeule mit einem Küchentuch abtupfen. Mit einem schmalen Messer parallel zum Knochen von beiden Seiten einen »Kanal« einschneiden und mit der Speck-Rosmarin-Masse füllen.
6. Aus den beiden Senfsorten, Tomatenmark und Öl in einer Schüssel eine Paste anrühren und das Lamm damit von allen Seiten gründlich einpinseln.
7. Staudensellerie putzen, waschen und grob zerkleinern.
8. Die restlichen Zwiebeln ebenfalls in grobe Stücke schneiden und mit dem Sellerie auf einem Backblech verteilen. Die Lammkeule daraufsetzen und die heiße Brühe auf das Blech gießen. Fleisch 2–3 Stunden im Ofen garen.
9. Wenn das Lamm noch ca. 1 Stunde braucht, kann man anfangen, den Kohl vorzubereiten.

10. Kohl waschen und beschädigte äußere Blätter entfernen. Je nach Größe am Strunk entlang vierteln oder achteln, sodass Schnitze entstehen. Kokosfett oder Butterschmalz (oder eine Mischung daraus) in einer Pfanne erhitzen und die Kohlschnitze von beiden Seiten anbraten. Sobald sie eine schöne hellbraune Farbe haben, auf ein Backblech geben und mit Meersalz und getrocknetem Salbei bestreuen. In den Ofen zum Lamm schieben und noch mal 15–20 Minuten fertig garen, bis auch der Strunk weich ist. Vor dem Servieren die Butter in kleine Würfel schneiden und auf den Schnitzen verteilen.
11. Das Lamm ist fertig, wenn es eine Kerntemperatur von 62 °C (max. 72 °C) erreicht hat oder eine Messerspitze, die man bis zur Mitte hineinsticht und nach 2 Sekunden wieder herauszieht, heiß ist. Das erkennt man am besten, indem man sie vorsichtig an die Unterlippe drückt. Wenn sie sich lauwarm bis warm anfühlt, ist das Lamm noch zu roh.
12. Sobald es innen heiß genug ist, das Fleisch vom Blech nehmen und auf einem Tranchierbrett ruhen lassen und warm halten.
13. Kohl und Lamm im ausgestellten Backofen bis zum Servieren warm stellen.
14. Für die Sauce den Bratensatz mit dem Gemüse vom Blech in einen Mixer geben und pürieren. In einen Topf füllen, die restliche Butter dazugeben und bei Bedarf mit Salz und Pfeffer abschmecken. Einmal aufkochen und mit dem Lamm und dem Kohl servieren.

Veganer Pilzbraten im Lauchmantel

Nährwerte
Pro Portion: ca. 978 kcal, 27 g KH, 47 g EW, 73 g Fett; ketogene Ratio: 1 : 1

Portionen: 2

150 g Lupinenschrot
400 ml Gemüsebrühe
1 Zwiebel
1 Knoblauchzehe
1 Stange Staudensellerie
100 g Champignons
4 EL Olivenöl
2 EL Tomatenmark
1 EL Sojasauce
½ TL getr. Thymian
½ TL Paprikapulver edelsüß
je 1 Prise Pfeffer, Chilipulver und gem. Kreuzkümmel
60 g Walnusskerne
1 TL Senf
2–3 EL Flohsamenschalen
¾ TL Salz
2 Stangen Lauch (ca. 500 g)
100 g Mandel-Frischecreme mit Kräutern (Frischkäsealternative)

1. Den Ofen auf 160 °C Grad Ober-/Unterhitze vorheizen.
2. Lupinenschrot in 300 ml Gemüsebrühe 5 Minuten kochen, vom Herd nehmen und 10 Minuten quellen lassen. Zwiebel und Knoblauch schälen und sehr fein würfeln. Staudensellerie putzen und waschen, Champignons säubern und beides in kleine Würfel schneiden. 3 EL Olivenöl in Pfanne erhitzen, Zwiebel, Knoblauch, Sellerie und Pilze zugeben. Dann Tomatenmark, Sojasauce und alle Gewürze einrühren und auf mittlerer Stufe 10 Minuten braten. Dann zum Lupinenschrot geben.
3. Walnüsse grob hacken und mit Salz und 2 EL Flohsamenschalen unter die Masse heben. Etwa 40 ml Gemüsebrühe zugeben und alles gut vermengen. Lauch putzen, waschen, vorsichtig von 1 Stange 4 Blätter im Stück abtrennen. Die Blätter in einem Topf mit kochendem Wasser 2 Minuten blanchieren. Mit Schaumkelle herausheben. Weitere 40 ml Gemüsebrühe unter die Lupinenmasse rühren und ggf. die restlichen Flohsamenschalen. Die Masse sollte eher kompakt sein.
4. Auflaufform mit Olivenöl ausfetten und die Lauchblätter überkreuz hineinlegen, sodass jeweils die Enden überstehen. Lupinenmasse darauf verteilen und zu einem »Braten« formen. Lauchblätter darüberklappen. Den »Braten« mit Olivenöl einpinseln und ca. 35 Minuten auf der mittleren Schiene im Ofen backen.
5. Restlichen Lauch in Ringe schneiden, mit Frischecreme und restlicher Gemüsebrühe ca. 10 Minuten im Topf garen und zum Pilzbraten servieren.

Geschmorte Bäckchen

Nährwerte
Pro Portion: ca. 999 kcal, 14 g KH, 31 g EW, 88 g Fett; ketogene Ratio: 2 : 1
Aufgefettet mit der doppelten Fettmenge pro Portion:
ca. 1585 kcal, 14 g KH, 31 g EW, 151 g Fett; ketogene Ratio: 3 : 1

Portionen: 2

800 ml heiße Gemüsebrühe
1 Möhre
½ g Knollensellerie
50 g Lauch
1 Zwiebel
4 EL Kokosfett
1 EL Tomatenmark
100 ml trockener Rotwein
1 Lorbeerblatt
3 Wacholderbeeren
3 Pimentkörner
Sternanis und gemahlener Zimt nach Belieben
300–400 g Bäckchen nach Wahl (z. B vom Bio-Schwein oder -Rind)
100 g passierte Tomaten (aus der Dose)
Salz, Pfeffer
1 Schuss Gin (optional)
80 g Butter

1. Den Backofen auf 95 °C Ober-/Unterhitze vorheizen.
2. Gemüsebrühe in einem Topf zum Kochen bringen, dann den Herd abschalten.
3. Gemüse putzen, gründlich waschen und ungeschält in Würfel schneiden.
4. In einem ofenfesten Bräter das Kokosfett erhitzen und das Gemüse darin anbraten. Immer wieder mit etwas heißer Brühe ablöschen. Diesen Vorgang ungefähr 3-mal wiederholen, dann das Tomatenmark hinzufügen und alles gut durchmischen. Mit Rotwein ablöschen, die passierten Tomaten hinzugeben und mit der restlichen Brühe auffüllen.
5. Die Gewürze in einen Teebeutel füllen, diesen verschließen und in den Bräter geben. Alles einmal aufkochen.
6. Die Bäckchen in den Bräter legen, sodass sie ganz von der Flüssigkeit bedeckt sind, ggf. noch etwas Wasser nachgießen. Den Bräter mit Deckel in den Ofen stellen und das Fleisch schmoren, bis es weich ist. (Bei Schwein und Lamm sind es ca. 6 Stunden, bei Rind und Ochse 8–10 Stunden.)
7. Wenn das Fleisch gar ist, aus der Sauce heben und abgedeckt warm stellen. Bei sehr großen Stücken in Scheiben schneiden.
8. Die Sauce aufkochen, die Gewürze herausnehmen und alles mit dem Stabmixer pürieren. Mit Salz, Pfeffer und evtl. 1 Schuss Gin abschmecken. Butter würfeln und einrühren. Sauce mit dem Fleisch servieren.

Hechtfilet in Wein-Sahne-Senf-Sauce mit Champignons und Bohnen

Nährwerte
Pro Portion: ca. 1145 kcal, 13 g KH, 51 g EW, 95 g Fett; ketogene Ratio: 2 : 1
Abgefettet mit der halben Menge der Sahne und der Butter pro Portion: ca. 868 kcal, 11 g KH, 50 g EW, 67 g Fett; ketogene Ratio: 1 : 1

Portionen: 2

2 Hechtfilets à 150–200 g oder ein anderes Fischfilet (z. B. Zander oder Barsch)
3 EL natives Olivenöl extra
300 g grüne Bohnen
1 rote Zwiebel
500 g Champignons
20 g Butter
3 Stängel Petersilie
300 ml Sahne
1 Schuss trockener Weißwein
1 EL Senf
50 g Kapern
Salz, Pfeffer
5 Stängel Dill
1 Knoblauchzehe

Variante:
Dazu schmeckt auch Spargel, Mangold, Fenchelpüree oder Kohlrabigemüse.

1. Backofen auf 200 °C Grad Ober-/Unterhitze (Umluft 180 °C) vorheizen.
2. Hechtfilet abspülen, trocken tupfen, mit etwas Öl einreiben und mit der Hautseite nach oben auf ein Backblech legen. Den Fisch 35–40 Minuten auf der unteren Schiene im Ofen garen.
3. Währenddessen Bohnen putzen, waschen und in einem Topf mit kochendem Wasser kurz bissfest blanchieren. Dann in ein Sieb abgießen.
4. Zwiebel schälen und in Ringe schneiden. In einer Pfanne mit dem restlichen Öl braten.
5. Champignons putzen, in Scheiben schneiden und zusammen mit den Bohnen zu den Zwiebeln geben.
6. Petersilie waschen, trocken schütteln, hacken und über das Gemüse streuen.
7. Sahne in Topf erhitzen, den gehackten Knoblauch anbraten, den Wein zum Ablöschen zufügen, dann Sahne, Weißwein, Senf und Kapern dazugeben und Sauce mit Salz und Pfeffer abschmecken.
8. Den Dill waschen, trocken schütteln, hacken und einen Teil in die Sauce rühren.
9. Auf einer vorgewärmten Platte den Fisch anrichten und mit dem restlichen Dill bestreuen. Die Sauce zum Fisch und dem Gemüse reichen.

Rinderfilet mit Rucola in Pilzsauce

Nährwerte
Pro Portion: ca. 1247 kcal, 11 g KH, 51 g EW, 107 g Fett; ketogene Ratio: 2 : 1
Aufgefettet mit der doppelten Ölmenge und der doppelten Menge an Sauce sowie 100 g Mascarpone zusätzlich zur Sahne pro Portion: ca. 2236 kcal, 16 g KH, 56 g EW, 209 g Fett; ketogene Ratio: 3 : 1

Portionen: 2

50 g Butter
500 g Rucola
6 Zweige Thymian
50 g gem. Mandeln
750 g Pfifferlinge
4 EL Butterschmalz
Salz, Pfeffer
2 Rinderfilets oder Steaks à 150 g
½ TL Tomatenmark
50 ml Weißwein
2 TL Zitronenfasern
200 ml Sahne
1 Knoblauchzehe

Tipps:
- Dazu passt ein Blattsalat.
- Zum Abnehmen die Portionsgröße reduzieren.

1. Backofen auf 150 °C Ober-/Unterhitze vorheizen.
2. Butter in einer Schüssel mit dem Handrührgerät schaumig schlagen.
3. Rucola und Thymian waschen und trocken schütteln. Rucola hacken und die Blättchen von 5 Thymianzweigen abstreifen und klein schneiden. Thymian beiseitestellen. Rucola und gemahlene Mandeln zur Butter geben und verrühren. Dann zur Seite stellen. Pfifferlinge säubern und die Stielansätze abschneiden. Dann vierteln, in eine heiße Pfanne ohne Fett geben und erhitzen, bis die Flüssigkeit verdampft ist. 2 EL Butterschmalz zugeben zum Anbraten.
4. 1 TL Butterschmalz in einer Pfanne erhitzen, den klein gehackten Knoblauch anbraten und die Rinderfilets von beiden Seiten darin scharf anbraten, dann in eine feuerfeste Form legen, mit der Rucolamasse bestreichen und ein paar Pilze darauf verteilen. Im Ofen 12–15 Minuten gratinieren.
5. Restlichen Butterschmalz in die Pilzpfanne geben, Tomatenmark zugeben und mit Weißwein ablöschen. Den klein geschnittenen Thymian und die Zitronenfasern unterrühren und die Sauce binden. Sahne zufügen, umrühren, warm werden lassen und Sauce mit Salz und Pfeffer abschmecken.
6. Die Sauce auf Teller verteilen und das Fleisch in der Mitte platzieren. Mit den Blättern des restlichen Thymianzweigs bestreuen.

WOCHENPLÄNE UND ÜBERSICHTEN

Wochen- und Übersichtsplan Nr. 1: Keto für die Figur

Montag

Gemüsefrittata mit Ricotta und frischen Kräutern

→ Seite 121

Dienstag

Schnitzel mit mit Ofenpommes und Salat

→ Seite 146

Mittwoch

Rosenkohlgratin mit Käse-Nuss-Topping

→ Seite 232

Donnerstag

Pilzpfanne auf Blattspinat

→ Seite 231

Freitag

Fischfiletauflauf mit Macadamianüssen, Kirschtomaten und Kräutern (abgefettete Variante)

→ Seite 161

Was Sie zum Abnehmen beachten sollten, lesen Sie ab Seite 42. Die folgende Liste zeigt Ihnen, welche Gerichte sich hierfür besonders gut eignen. Es kommen auch andere Gerichte in der abgefetteten Variante infrage.

Tipp: Wer regelmäßig Nüsse knabbert, ist im Durchschnitt schlanker als jemand, der auf Nüsse weitgehend verzichtet. Das liegt unter anderem an deren guter Sättigungswirkung. Außerdem kaut man die kleinen »Fettbömbchen« nie so sogfältig, dass alle ihre Kalorien aufgenommen würden.

Nach der Morgenmahlzeit werden grundsätzlich mehr Kalorien verbrannt als am Abend. Wie eine Studie der Universität Lübeck 2019 ergab, bleibt dieser Tagesrhythmus auch während einer Reduktionsdiät erhalten. Das alte Sprichwort »Iss morgens wie ein Kaiser, mittags wie ein König und abends wie ein Bettelmann« gilt auch für das Keto-basierte Abnehmen.

Wichtig beim ketogenen Abnehmen:

- Regelmäßige Bewegung und ketogene Ernährung halten den Grundumsatz hoch und beugen dem Jojo-Effekt vor.
- Regelmäßige Kraftübungen und 1,2 bis 1,5g Eiweiß pro Kilogramm Körpergewicht (Normalgewicht) sorgen für Muskelaufbau und beugen so ebenfalls dem Jojo-Effekt vor.
- Für ein figurfreundliches Darmmikrobiom enthalten die Gerichte viele Ballaststoffe, Bitterstoffe und fermentierte Lebensmittel.
- Bitterstofftees- oder -tropfen reduzieren das Süßverlangen
- Als »Fatburner« enthalten viele Rezepte Zitrone und Essig (senken den Blutzucker- und Insulinspiegel) und Gewürze wie Cayenne und Zimt (fördern die Fettverbrennung).
- 2 bis 3 Mahlzeiten täglich essen, keine Zwischenmahlzeiten.
- Über Nacht mindestens 12, gerne auch 16 Stunden fasten.
- Genießen und langsam essen!

Frühstück

- Beerensmoothie (S. 70)
- Garam-Masala-Eier-Muffins (S. 86)
- Ketobrötchen (S. 79)
- Walnussbrot (S. 74)

Hauptmahlzeiten

Extras

Wochen- und Übersichtsplan Nr. 2: Diabetes, Detox, Stoffwechsel und Fettleber

Montag

Avocado-Bowl

→ Seite 135

Dienstag

Gedämpfter Lauch mit Burrata

→ Seite 115

Mittwoch

Zitronen-Hühnertopf

→ Seite 144

Donnerstag

Köfte mit Tahinsauce und Mangold

→ Seite 149

Freitag

Goldbrasse mit Zitronen-Thymian-Sauce

→ Seite 158

Diabetes holt man sich im Supermarkt! Durch eine gesunde ketogene Ernährung lässt sich effektiv etwas dagegen tun, wie Sie auf den Seiten 47-49 lesen können! Auch Patienten mit einer nichtalkoholischen Fettleber (siehe Seite 49) profitieren von den entschlackenden, entgiftenden und leberschützenden Effekten der nachfolgend aufgelisteten Gerichte. Der Beispielwochenplan hilft dabei, die ketogene Ernährung passend zusammenzustellen. Bei Übergewicht sollten Sie immer die abgefetteten Varianten wählen.

Wichtig bei gestörtem Insulin- und Zuckerstoffwechsel:

- Die Gerichte basieren auf Lebensmitteln mit geringer glykämischer Last (wie stärkearme Gemüse, Blattsalate, Beerenobst), um starke Blutzuckerschwankungen zu vermeiden.
- Bohnen senken den Blutzuckerspiegel, Zwiebeln unterstützen die Insulinbildung.
- Kurkuma, Ingwer, Zimt, Gewürzsalz, Knoblauch und Mandeln helfen dabei, die Insulinresistenz zu durchbrechen.
- Darmgesunde Lebensmittel (reich an Ballast- und Bitterstoffen, Fermentiertes) sowie verdauungsfördernde Gewürze wie Kurkuma, Koriander, Kreuzkümmel, Oregano, Curry, Minze und Thymian verbessern die Insulinsensitivität.
- Stoffwechselanregend wirken z.B. Spargel und Wildkräuter.

Frühstück

- Ketobrötchen (S. 79)
- Knuspriges Saatenmüsli (S. 73)
- Walnussbrot (S. 74)

Hauptmahlzeiten

- Avocado-Bowl (S. 135)
- Blumenkohl-Pfannkuchen mit Räucherlachs (S. 163)
- Bunter Sauerkrautsalat (S. 129)
- Bunter Wurstsalat (S. 128)
- Caesar-Salat (S. 136)
- Fruchtige Tempeh-Bowl (S. 101)
- Gazpacho (S. 215)
- Rosenkohlgratin mit Käse-Nuss-Topping (S. 232)
- Gedämpfter Lauch mit Burrata (S. 115)

Extras

Wochen- und Übersichtsplan Nr. 3: kopfgesunde Ketoküche, Brain- und Moodfood

Montag

Rindfleisch asiatisch im Wok mit Pak Choi

→ Seite 148

Dienstag

Walnusssuppe mit Curry und Lauch

→ Seite 227

Mittwoch

Lachsroulade

→ Seite 170

Donnerstag

Omas Walnussauflauf

→ Seite 112

Freitag

Zander in Sahnesauce mit Zucchini-Zitronen-Gemüse

→ Seite 167

Dass unser Gehirn Ketone liebt, haben wir auf Seite 52 beschrieben. Deswegen eignet sich die ketogene Ernährung so hervorragend zur Vorbeugung und Behandlung von neurologischen Erkrankungen, von Migräne über demenzielle Leiden bis hin zur MS. Doch auch wer einfach nur seine mentale Leistungsfähigkeit aufpeppen und guter Laune sein möchte, liegt mit einer ketogenen Ernährung goldrichtig.

In der folgenden Liste finden Sie die geeigneten Gerichte dazu (mit hoher ketogener Ratio), ebenso einen beispielhaften Wochenplan. Möchten Sie zugleich Gewicht verlieren, können Sie von den Gerichten mit hoher ketogener Ratio kleinere Portionen essen oder durch mehr Bewegung und Dinner Cancelling ausgleichen.

Wichtig für die »kopfgesunde« Ketoküche:

- Die Rezepte enthalten reichlich Omega-3-Fettsäuren (Hering, Makrele, Lachs).
- Kokosöl fördert die Ketonbildung und wirkt antimikrobiell.
- Die sekundären Pflanzenstoffe in Kakao, Walnüssen, Kaffee, Beerenobst und Sellerie sind »Nervennahrung«, indem sie antioxidativ wirken oder die Bildung von Nervenschutzstoffen anregen.
- Tryptophanreiche Lebensmittel wie Fleisch, Fisch, Eier und Walnüsse unterstützen die Bildung stimmungsaufhellender und schlaffördernder Botenstoffe.
- Gehirngesunde Gewürze sind zum Beispiel Rosmarin, Salbei, Kurkuma und Basilikum.

Frühstück

- Blueberry-Nut-Breakfast-Bowl (S. 68)
- Kokos-Chia-Pudding mit Beeren (S. 71)
- Ricotta mit Leinöl und Walnüssen (S. 85)
- Türkische Eier mit Cloud-Bread (S. 89)
- Walnussbrot (S. 74)

Hauptmahlzeiten

- Asiatische Nudelpfanne mit gebratenem Mandeltofu (S. 98)
- Blumenkohl-Wasabi-Püree mit Sesam, Kirschtomaten und Makrele (S. 156)
- Blumenkohl-Pfannkuchen mit Räucherlachs (S. 163)
- Bunter Wurstsalat (S. 128)
- Caesar-Salat (S. 136)

- → Fruchtige Tempeh-Bowl (S. 101)
- → Gazpacho (S. 215)
- → Rosenkohlgratin mit Käse-Nuss-Topping (S. 232)
- → Gedämpfter Lauch mit Burrata (S. 115)
- → Gegrillte Pfirsiche (S. 214)
- → Gemüsesalat mit Meerrettich und Matjes (S. 159)
- → Geschmorte Bäckchen (S. 241)
- → Grüne Bowl mit Pink Pickles, Erdnusssauce und Macadamia (S. 122)
- → Grünes Feel-good-Curry (S. 92)
- → Grüne-Spargel-Pfanne (S. 212)
- → Karamellisierter Ziegenkäse auf Feldsalat mit Walnüssen (S. 132)
- → Lachsroulade (S. 170)
- → Lammbraten mit Rosmarin und Speck (S. 238)
- → Lupinengeschnetzeltes an Mangold-Lauch-Gemüse (S. 103)
- → Ofengemüse (S. 119)
- → Omas Walnussauflauf mit Feldsalat (S. 112)
- → Orientalischer Brokkoli (S. 104)
- → Pilzpfanne auf Blattspinat (S. 231)
- → Radiccio-Grapefruit-Salat mit Hähnchenbruststreifen (S. 130)
- → Orientalisches Rehragout (S. 226)
- → Rindfleisch asiatisch im Wok mit Pak Choi (S. 148)
- → Rotkrautsalat mit karamellisierten Cranberrys und Walnüssen (S. 228)
- → Schnitzel mit Ofenpommes und Salat (S. 146)
- → Spinat-Kräuter-Herzchen mit Ricotta-Wildlachs-Creme (S. 164)
- → Tarator – bulgarische Sommersuppe (S. 216)
- → Veganer Pilzbraten im Lauchmantel (S. 240)
- → Walnusssuppe mit Curry und Lauch (S. 227)
- → Zander in Sahnesauce mit Zucchini-Zitronen-Gemüse (S. 167)
- → Zitronen-Hühnertopf (S. 144)
- → Zitronen-Pfeffer-Tofu mit Ofenpommes (S. 108)
- → Zucchini-Erdnuss-Curry (S. 94)

Extras

Wochen- und Übersichtsplan Nr. 4: antientzündliche und immunstärkende Ketoküche

Montag

Orientalischer Brokkoli

→ Seite 104

Dienstag

Saltimbocca mit Briam

→ Seite 153

Mittwoch

Zitronen-Pfeffer-Tofu mit Ofenpommes

→ Seite 108

Donnerstag

Ofengemüse

→ Seite 119

Freitag

Gemüsesalat mit Meerrettich und Matjes

→ Seite 159

Unser Immunsystem mithilfe der Ernährung fit zu machen ist vor allem in Zeiten vermehrter viraler Infektionen und bakterieller Resistenzen wichtig. Denn im Kampf gegen Krankheitserreger sind die körpereigenen Abwehrkräfte das A und O. Sie benötigen genug Eiweiß und eine Vielzahl an Mikronährstoffen, zum Beispiel die Vitamine A, D, E, B-Vitamine, Vitamin C sowie die Mineralstoffe Eisen, Zink und Selen. Sie sind essenziell für die Bildung und Aktivierung verschiedener Immunzellen. Außerdem hat das Mikrobiom (unser Ökosystem im Darm) einen großen Einfluss auf unser Immunsystem. Eine ballaststoffreiche Ernährung wirkt sich positiv auf die Zusammensetzung unserer Mitbewohner aus, indem sie den gesunden Darmbakterien sowohl als Futter als auch als Dünger gilt.

Zur Hemmung von Entzündungen tragen sowohl die Ketone selbst bei als auch eine Vielzahl von sekundären Pflanzenstoffen, allen voran die Sulfide in den Zwiebelgewächsen, die Flavonoide in Beeren, Grünkohl, Grüntee, Kakao sowie die Antioxidantien Betacarotin, Vitamin C und Vitamin E. Auch die Mineralstoffe Magnesium, Zink, Selen sowie Ballaststoffe wirken Entzündungen entgegen. Entzündungshemmende Inhaltsstoffe stecken auch etwa in Zimt, Kurkuma und Chilipulver. Ganz wichtig sind die Omega-3-Fettsäuren, die als Ausgangssubstanz für entzündungshemmende Eicosanoide dienen. Deshalb sollte fetter Seefisch mindestens zweimal pro Woche auf dem Speiseplan stehen.

Was Sie bei entzündlichen Erkrankungen und zur Unterstützung des Immunsystems beachten sollten, lesen Sie auf den Seiten 56 und 62. Die folgende Liste zeigt Ihnen, welche Gerichte sich hierfür besonders gut eignen, der Wochenplan hilft Ihnen, Ihre ketogene Ernährung zusammenzustellen. Möchten sie dabei abnehmen, wählen Sie bitte die abgefetteten Varianten, zum Zunehmen die aufgefetteten.

Wichtig für die immunstärkende/antientzündliche Ketoküche:

- Viele antioxidative Lebensmittel (z.B. Beerenobst, Rotkohl, Kakao, Ingwer) wirken dem oxidativen Stress entgegen und schützen Zellen und Gefäße, ebenso Vitamin-C-reiche Lebensmittel wie Zitrusfrüchte, Kohlgemüse oder Paprika.
- Gerichte mit hoher ketogener Ratio (3 : 1 oder 4 : 1) sowie Intervallfasten fördern die Autophagie und damit die Zellerneuerung und -reparatur.
- Fermentierte Lebensmittel fördern auch die Autophagie.
- Spermidinhaltige Lebensmittel verringern die Virusvermehrung (z.B. Pilze, Käse, Grüntee, Schwarztee).
- Kokosöl wirkt virenhemmend.

Frühstück:

- → Beerensmoothie (S. 70)
- → Blueberry-Nut-Breakfast-Bowl (S. 68)
- → Ketobrötchen mit Aufstrich (S. 79)

Hauptmahlzeiten

- → Asiatische Nudelpfanne mit gebratenem Mandeltofu (S. 98)
- → Avocado-Bowl (S. 135)
- → Blumenkohl-Wasabi-Püree mit Sesam, Kirschtomaten und Makrele (S. 156)
- → Blumenkohl-Pfannkuchen mit Räucherlachs (S. 163)
- → Bunter Sauerkrautsalat (S. 129)
- → Fischfiletauflauf mit Macadamianüssen, Kirschtomaten und Kräutern (S. 161)
- → Gazpacho (S. 215)
- → Gebratener Romana mit knusprigem Tempeh und Kirschtomaten (S. 102)
- → Gedämpfter Lauch mit Burrata (S. 115)
- → Gemüsequiche (S. 118)
- → Gemüsesalat mit Meerrettich und Matjes (S. 159)
- → Goldbrasse mit Zitronen-Thymian-Sauce (S. 158)
- → Grüne Bowl mit Pink Pickles, Erdnusssauce und Macadamia (S. 122)
- → Grünes Feel-good-Curry (S. 92)
- → Grüne-Spargel-Pfanne (S. 212)
- → Hechtfilet in Wein-Sahne-Senf-Sauce mit Champignons und Bohnen (S. 243)
- → Herbstlicher Salat in Käse-Bowl (S. 229)
- → Keto-Wraps (S. 142)
- → Köfte mit Tahinsauce und Mangold (S. 149)
- → Lachsroulade (S. 170)
- → Lammbraten mit Rosmarin und Speck (S. 238)
- → Lupinengeschnetzeltes an Mangold-Lauch-Gemüse (S. 103)
- → Ofengemüse (S. 119)
- → Peperonata mit panierten Mozzarellabällchen (S. 116)
- → Pilzpfanne auf Blattspinat (S. 231)
- → Pizzetti Vegetaria (S. 107)
- → Raclette-Variationen (S. 220)
- → Rinderfilet mit Rucola in Pilzauce (S. 244)
- → Rotkrautsalat mit karamellisierten Cranberrys und Walnüssen (S. 228)
- → Ruckzuck-»Couscous«-Salat (S. 95)
- → Saftige Portobello-Kräuter-Burger (S. 97)
- → Salat-Tacos mit Steakstreifen (S. 150)

Extras

Wochen- und Übersichtsplan Nr. 5: ketogene Küche bei Krebs

Montag

Rosenkohlgratin mit Käse-Nuss-Topping

→ Seite 232

Dienstag

Orientalischer Brokkoli

→ Seite 104

Mittwoch

Saftige Portobello-Kräuter-Burger

→ Seite 97

Donnerstag

Rotkrautsalat mit karamellisierten Cranberrys und Walnüssen

→ Seite 228

Freitag

Hechtfilet in Wein-Sahne-Senf-Sauce mit Champignons und Bohnen

→ Seite 243

Krebszellen mögen Zucker – Patienten brauchen Fett und Ketone! So könnte man verkürzt die Kenntnisse zu diesem Thema zusammenfassen, die wir ab Seite 59 für Sie aufgeschrieben haben. In der folgenden Liste und in unserem Beispielwochenplan sehen Sie, welche Gerichte eine hohe ketogene Ratio haben und daher für die Begleitung Krebskranker besonders gut geeignet sind. Außerdem ist die Fett- und Kalorienmenge hoch gewählt, denn Krebspatienten dürfen nicht untergewichtig werden. Zur Prophylaxe genügen meist Gerichte mit einer geringeren Ratio, also die abgefetteten Varianten.

Wichtig für die Ketoküche bei Krebserkrankungen:

- Genug essen, um eine unerwünschte Gewichtsabnahme zu verhindern!
- Sekundäre Pflanzenstoffe mit krebshemmender Wirkung (wie Quercetin, Salvestrole, Sulforaphane, Phytinsäure, Indol-3-Carbinol) stecken zum Beispiel in Kohlgemüsen, Beerenobst, Avocados, Zucchini, Lauch, Pilzen, Kresse, grünem Blattgemüse, Granatäpfeln.
- Wildkräuter und die Gewürze Kardamom, Kreuzkümmel und Kurkuma unterstützen die diätetische Wirkung der Gerichte.
- Gerichte mit hoher ketogener Ratio (3 : 1 oder 4 : 1) sowie Intervallfasten fördern die Autophagie und damit die Zellerneuerung und -reparatur.

Frühstück

- Blueberry-Nut-Breakfast-Bowl (S. 68)
- Garam-Masala-Eier-Muffins (S. 86)
- Knuspriges Saatenmüsli (S. 73)
- Ricotta mit Leinöl und Walnüssen (S. 85)
- Walnussbrot (S. 74)

Hauptmahlzeiten

- Asiatische Nudelpfanne mit gebratenem Mandeltofu (S. 98)
- Blumenkohl-Wasabi-Püree mit Sesam, Kirschtomaten und Makrele (S. 156)
- Blumenkohl-Pfannkuchen mit Räucherlachs (S. 163)
- Bunter Sauerkrautsalat (S. 129)
- Bunter Wurstsalat (S. 128)
- Caesar-Salat (S. 136)

- Fischfiletauflauf mit Macadamianüssen, Kirschtomaten und Kräutern (S. 161)
- Fruchtige Tempeh-Bowl (S. 101)
- Gebratener Romana mit knusprigem Tempeh und Kirschtomaten (S. 102)
- Gedämpfter Lauch mit Burrata (S. 115)
- Gefüllte Champignons (S. 213)
- Gegrillte Pfirsiche (S. 214)
- Gemüsequiche (S. 118)
- Gemüsesalat mit Meerrettich und Matjes (S. 159)
- Goldbrasse mit Zitronen-Thymian-Sauce (S. 158)
- Grüne Bowl mit Pink Pickles, Erdnusssauce und Macadamia (S. 122)
- Hechtfilet in Wein-Sahne-Senf-Sauce mit Champignons und Bohnen (S. 243)
- Lupinengeschnetzeltes an Mangold-Lauch-Gemüse (S. 103)
- Ofengemüse (S. 119)
- Orientalischer Brokkoli (S. 104)
- Pilzpfanne auf Blattspinat (S. 231)
- Pizzetti Vegetaria (S. 107)
- Raclette-Variationen (S. 220)
- Rosenkohlgratin mit Käse-Nuss-Topping (S. 232)
- Rotkrautsalat mit karamellisierten Cranberrys und Walnüssen (S. 228)
- Ruckzuck-»Couscous«-Salat (S. 95)
- Saftige Portobello-Kräuter-Burger (S. 97)
- Spinat-Kräuter-Herzchen mit Ricotta-Wildlachs-Creme (S. 164)
- Tarator – bulgarische Sommersuppe (S. 216)
- Veganer Pilzbraten im Lauchmantel (S. 240)
- Walnusssuppe mit Curry und Lauch (S. 227)
- Zander in Sahnesauce mit Zitronen-Zucchini-Gemüse (S. 167)
- Zitronen-Hühnertopf (S. 144)
- Zitronen-Pfeffer-Tofu mit Ofenpommes (S. 108)

Extras

Wochen- und Übersichtsplan Nr. 6: familientaugliche Ketorezepte

Montag

Saftiger Portobello-Kräuter-Burger

→ Seite 97

Dienstag

Schnitzel mit Ofenpommes und Salat

→ Seite 146

Mittwoch

Keto-Wraps

→ Seite 142

Donnerstag

Blumenkohl-Pfannkuchen mit Räucherlachs

→ Seite 163

Freitag

Süßer Palatschinken mit Beeren in Safranbutter oder salzig als Cannelloni

→ Seite 189

Wenn sich ein Familienmitglied für die ketogene Ernährung entscheidet oder dazu aus medizinischen Gründen geraten wird, muss ab sofort nicht für alle anderen extra gekocht werden. Denn viele Ketorezepte sind familientauglich und tragen zur Vorsorge von Diabetes und Übergewicht für alle bei, insbesondere auch bei den Kindern und Jugendlichen. Es gibt heute auch bereits 18-Jährige mit Arteriosklerose und Osteoporose. Hier zeigt sich, wie wichtig die Vorbeugung durch eine gesunde Alltagsküche von Kindesbeinen an ist.

Medizin aus der Küche für die ganze Familie

1. Sie sparen Zucker.
2. Sie versorgen alle Familienmitglieder mit reichlich Nähr- und Vitalstoffen.
3. Sie vermeiden Junkfood.
4. Familienklassiker Keto-gesund abgewandelt
5. viele Blitzrezepte
6. viele Tipps für Meal-Prep und Keto to go

Frühstück

- → Beerensmoothie (S. 70)
- → Blueberry-Nut-Breakfast-Bowl (S. 68)
- → Garam-Masala-Eier-Muffins (Variante Sonntagsfrühstück) (S. 86)
- → Ketobrötchen (S. 79)
- → Walnussbrot (S. 74)

Hauptmahlzeiten

- → Blumenkohl-Pfannkuchen mit Räucherlachs (evtl. mit Schinkenstreifen statt Lachs) (S. 163)
- → Bunter Sauerkrautsalat (S. 129)
- → Bunter Wurstsalat (S. 128)
- → Gegrillte Pfirsiche (S. 214)
- → Gemüsequiche (S. 118)
- → Geschmorte Bäckchen (S. 241)
- → Grüne-Spargel-Pfanne (S. 212)
- → Herbstlicher Salat in Käse-Bowl (bittere Salate gegen Blattsalate austauschen) (S. 229)
- → Keto-Wraps (S. 142)
- → Köfte mit Tahinsauce und Mangold (S. 149)
- → Lachsroulade (alternativ mit Schinken statt Lachs) (S. 170)

- → Lammbraten mit Rosmarin und Speck (S. 238)
- → Ofengemüse (S. 119)
- → Omas Walnussauflauf mit Feldsalat (S. 112)
- → Pizzetti Vegetaria (S. 107)
- → Raclette-Variationen (S. 220)
- → Rosenkohlgratin mit Käse-Nuss-Topping (S. 232)
- → Saftige Portobello-Kräuter-Burger (S. 97)
- → Salat-Tacos mit Steakstreifen (S. 150)
- → Schnitzel mit Ofenpommes und Salat (S. 146)
- → Spinat-Kräuter-Herzchen mit Ricotta-Wildlachs-Creme (S. 164)
- → Zitronen-Hühnertopf (S. 144)
- → Zucchini-Käse-Pattys (S. 114)

Extras

- → Amarettini (S. 192)
- → Blütenbutter (S. 76)
- → Chocolate-Chips-Muffins (S. 202)
- → Focaccia – schnell und einfach (S. 173)
- → Frischkäse-Beeren-Fat-Bombs (S. 195)
- → Gewürznüsse (S. 179)
- → Himbeer-Nougat-Pralinen (S. 193)
- → Johannisbeer-Baiser-Kuchen (S. 206)
- → Ketobratapfel (S. 222)
- → Ketoeis (S. 217)
- → Mandelcracker (S. 181)
- → Kokos-Chia-Pudding mit Beeren (S. 71)
- → Lemoncurd-Parfait (S. 186)
- → Maracuja-Tarte (S. 205)
- → Mousse au Coco (S. 191)
- → Orangen-Ricotta-Creme mit Beeren (S. 188)
- → Rhabarber-Käsekuchen (S. 207)
- → SchnellerBeerennachtisch mit Mandelcreme (S. 194)
- → Schoko-Pannacotta mit Sauerkirschen (S. 197)
- → Schoko-Orangen-Bombs (S. 195)
- → »Schwa-Ki-To« – die Schwarzwälderkirschtorte (S. 200)
- → Süßer Palatschinken mit Beeren in Safranbutter (alternativ die salzige Variante) (S. 189)
- → Zimtschnecken (S. 203)
- → Zucchini-Parmesan-Chips (S. 176)

Wochen- und Übersichtsplan Nr. 7: einfache und schnelle Ketorezepte

Montag

Karamellisierter Ziegenkäse auf Feldsalat mit Walnüssen

→ Seite 132

Dienstag

Gemüsefrittata mit Ricotta und frischen Kräutern

→ Seite 121

Mittwoch

GedämpfterLauch mit Burrata

→ Seite 115

Donnerstag

Bunter Wurstsalat

→ Seite 128

Freitag

Blumenkohl-Wasabi-Püree mit Sesam, Kirschtomaten und Makrele

→ Seite 156

Wenn es schnell gehen muss, sollten nicht nur Tiefkühltruhe und Vorratsschrank gut mit Keto-geeigneten Lebensmitteln befüllt, sondern auch einfache und schnelle Rezepte zur Hand sein. Salatsaucen und Toppings lassen sich ebenfalls gut bevorraten. Eine gute Vorausplanung ist nun besonders wichtig, denn auch bei engem Zeitbudget sollten vitalstoffreiche, frische Lebensmittel nicht zu kurz kommen.

Die folgende Liste zeigt unsere Quickies und Blitzrezepte. Zudem finden Sie bei den Rezepten viele Tipps für Meal-Prep, sodass Sie nicht jede Mahlzeit extra zubereiten müssen, sondern am nächsten Tag abgewandelt genießen oder auch ins Büro mitnehmen können. Unser Beispielplan verrät Ihnen, wie sich eine Ketowoche nicht nur schnell, sondern auch abwechslungsreich gestalten lässt.

Frühstück

- Beerensmoothie (S. 70)
- Kokos-Chia-Pudding mit Beeren (S. 71)
- Ricotta mit Leinöl und Walnüssen (S. 85)
- Blitz-Toasties (S. 78)

Hauptmahlzeiten

- Blumenkohl-Wasabi-Püree mit Sesam, Kirschtomaten und Makrele (S. 156)
- Bunter Sauerkrautsalat (S. 129)
- Bunter Wurstsalat (S. 128)
- GedämpfterLauch mit Burrata (S. 115)
- Gemüsefrittata mit Ricotta und frischen Kräutern (S. 121)
- Gemüsesalat mit Meerrettich und Matjes (Variante Fischbrötchen) (S. 159)
- Grüne-Spargel-Pfanne (S. 212)
- Hechtfilet in Wein-Sahne-Senf-Sauce mit Champignons und Bohnen (in der Pfanne gebacken) (S. 243)
- Karamellisierter Ziegenkäse auf Feldsalat mit Walnüssen (S. 132)
- Omas Walnussauflauf mit Feldsalat (S. 112)
- Radiccio-Grapefruit-Salat mit Hähnchenbruststreifen (S. 130)
- Rindfleisch asiatisch im Wok mit Pak Choi (S. 148)
- Rotkrautsalat mit karamellisierten Cranberrys und Walnüssen (S. 228)
- Ruckzuck-»Couscous«-Salat (S. 95)
- Tarator – bulgarische Sommersuppe (S. 216)
- Zitronen-Hühnertopf (S. 144)

Extras

Wochen- und Übersichtsplan Nr. 8: Keto to go, Gerichte zum Mitnehmen und Vorbereiten

Montag

Keto-Wraps

→ Seite 142

Dienstag

Gemüsesticks, Blitz-Dip mit Gewürznüssen und Mandelcracker

→ Seite 177, 179 und 181

Mittwoch

Blumenkohl-»Couscous« mit Schafskäse

→ Seite 125

Donnerstag

Gemüsequiche

→ Seite 118

Freitag

Radicchio-Grapefruit-Salat mit Hähnchenbruststreifen

→ Seite 130

Was nehme ich mit ins Büro, zum Brunch, Picknick oder zum Kaffeekränzchen? Was kann ich gut vorbereiten und unterwegs verzehren? Die Antwort auf diese Fragen finden Sie unten. Bei den Rezepten erhalten Sie zudem viele Tipps für Meal-Prep, sodass Sie auch in Büro, Geschäft oder Schule bestens mit gesunden und leckeren Ketogerichten versorgt sind. Wer abnehmen möchte, wählt die abgefetteten Varianten. Unser Kapitel mit Picknick- und Brunchrezepten liefert weitere Vorschläge für eine gesunde Ketoküche für unterwegs. Mandeln, Oliven, Frischkäse oder Gemüsesticks aus dem Supermarkt oder von der Tankstelle können ein Notbehelf sein. Doch besser ist es allemal, einen transportfähigen Vorrat an Gewürznüssen, Ketobrot und -crackern, ketotauglichen Aufstrichen oder Kräuterbutter in petto zu haben.

Frühstück

- → Blueberry-Nut-Breakfast-Bowl (S. 68)
- → Garam-Masala-Eier-Muffins (S. 86)
- → Ketobrötchen (S. 79)
- → Knuspriges Saatenmüsli (S. 73)
- → Kokos-Chia-Pudding mit Beeren (S. 71)
- → Ricotta mit Leinöl und Walnüssen (S. 85)
- → Walnussbrot (S. 74)

Hauptmahlzeiten

- → Avocado-Bowl (S. 135)
- → Blumenkohl-Pfannkuchen mit Räucherlachs (S. 163)
- → Bunter Sauerkrautsalat (S. 129)
- → Bunter Wurstsalat (S. 128)
- → Caesar-Salat (Romana später dazugeben oder Dressing getrennt mitnehmen) (S. 136)
- → Fruchtige Tempeh-Bowl (S. 101)
- → Gazpacho (S. 215)
- → Gemüsequiche (S. 118)
- → Gemüsesalat mit Meerrettich und Matjes (Variante Fischbrötchen) (S. 159)
- → Grüne Bowl mit Pink Pickles, Erdnusssauce und Macadamia (S. 122)
- → Köfte mit Tahinsauce und Mangold (S. 149)
- → Lachsroulade (S. 170)
- → Ofengemüse (S. 119)
- → Omas Walnussauflauf mit Feldsalat (S. 112)

Extras

Wochen- und Übersichtsplan Nr. 9: Zunehmen mit ketogener Ernährung

Montag

Fruchtige Tempeh Bowl,
zum Nachtisch Mousse au Coco

→ Seite 101 und 191

Dienstag

Salat-Tacos mit Steakstreifen,
zum Nachtisch Ketoeis

→ Seite 150 und 217

Mittwoch

Zucchini-Käse-Pattys mit Räucherlachs und Quark-Dip

→ Seite 114

Donnerstag

Bunter Sauerkrautsalat,

zum Nachtisch Himbeer-Nougat-Pralinen

→ Seite 129 und 193

Freitag

Avocado mit Garnelen und Bärlauch-Mayonnaise,

zum Nachtisch Schoko-Orangen-Bombs

→ Seite 182 und 195

Mithilfe einer ketogenen Ernährung lässt sich nicht nur abspecken, sondern auch zunehmen. Dazu muss sie dann allerdings etwas anders gestaltet sein. Wer mehr gesunde Kilos auf die Waage bringen möchte, sollte den Fettanteil erhöhen (aufgefettete Varianten der Rezepte verwenden) und bei Bedarf ruhig auch eine kleine Fat-Bomb zwischendurch genießen. Ausreichend Eiweiß ist ebenfalls wichtig. Die folgende Liste zeigt die geeigneten Gerichte und Snacks. Der Wochenplan belegt beispielhaft, dass eine ketogene Zunehm-Woche dennoch nicht langweilig wird.

Wichtig beim ketogenen Zunehmen – interessant vor allem für sehr schlanke Menschen, Patienten mit schlechtem Appetit und Patienten mit Krebserkrankungen:

- Eine zusätzliche Mahlzeit täglich einbauen.
- Nach den Hauptmahlzeiten noch einen ketogenen Nachtisch naschen.
- Bei Problemen mit der Fettverdauung ggf. anfangs zusätzlich Verdauungsenzyme einnehmen.
- Gegen Völlegfühl und Verdauungsprobleme helfen Gewürze wie Kümmel, Kreuzkümmel, Fenchel, ebenso die Bitterstoffe der Gemüse und Kräuter.
- Bei Fettverdauungsstörungen MCT-Öle einsetzen.

Frühstück

- Blueberry-Nut-Breakfast-Bowl (S. 68)
- Knuspriges Saatenmüsli (S. 73)
- Türkische Eier mit Cloud-Bread (S. 89)
- Blitz-Toasties (S. 78)

Hauptmahlzeiten

- Avocado-Bowl (S. 135)
- Blumenkohl-Wasabi-Püree mit Sesam, Kirschtomaten und Makrele (S. 156)
- Blumenkohl-Pfannkuchen mit Räucherlachs (S. 163)
- Bunter Sauerkrautsalat (S. 129)
- Caesar-Salat (S. 136)
- Fruchtige Tempeh-Bowl (S. 101)
- Geschmorte Bäckchen (mit viel Sauce) (S. 241)
- Herbstlicher Salat in Käse-Bowl (mit Blitz-Toastie und Alfredosauce) (S. 229, 78 und 131)
- Karamellisierter Ziegenkäse auf Feldsalat mit Walnüssen (S. 132)
- Keto-Wraps (S. 142)

- → Köfte mit Tahinsauce und Mangold (S. 149)
- → Lammbraten mit Rosmarin und Speck (S. 238)
- → Omas Walnussauflauf mit Feldsalat (S. 112)
- → Rinderfilet mit Rucola in Pilzsauce (S. 244)
- → Rosenkohlgratin mit Käse-Nuss-Topping (evtl. mit Speck) (S. 232)
- → Saftige Portobello-Kräuter-Burger (mit Mayo) (S. 97)
- → Salat-Tacos mit Steakstreifen (S. 150)
- → Saltimbocca mit Briam (S. 153)
- → Veganer Pilzbraten im Lauchmantel (S. 240)

Extras

- → Avocado mit Garnelen und Bärlauch-Mayonnaise (doppelte Menge Mayonnaise nehmen) (S. 182)
- → Blütenbutter (S. 76)
- → Coconut Iced Coffee (2–3 x täglich) (S. 192)
- → Frischkäse-Beeren-Fat-Bombs (S. 195)
- → Gewürznüsse (S. 179)
- → Himbeer-Nougat-Pralinen (S. 193)
- → Ketoeis (mit Mascarpone) (S. 217)
- → Kohlrabi-Dip (S. 177)
- → Mayonnaise (S. 183)
- → Mousse au Coco (S. 191)
- → Orangen-Ricotta-Creme mit Beeren (S. 188)
- → Paranuss-Knoblauch-Sellerie-Butter (S. 75)
- → Rhabarber-Käsekuchen (S. 207)
- → Schoko-Pannacotta mit Sauerkirschen (S. 197)
- → Schoko-Orangen-Bombs (S. 195)
- → Spargel-Käse-Creme (S. 83)
- → Zitrone-Ingwer-Butter (S. 76)
- → Zucchini-Parmesan-Chips (S. 176)

ANHANG

Rezeptregister

Zutatenregister

Fachbegriffregister

Literaturverzeichnis

Abnehmen

Hutchison, AT et al.: Time-Restricted Feeding Improves Glucose Tolerance in Men at Risk for Type 2 Diabetes: A Randomized Crossover Trial. Obesity (Silver Spring) 2019; 27 (5), 724-732

Kondo T, et al., : Vinegar intake reduces body weight, body fat mass, and serum triglyceride levels in obese Japanese subjects. Biosci Biotechnol Biochem 2009, PMID 19661687

Maki KC et al.: Green Tea Catechin Consumption Enhances Exercise-Induced Abdominal Fat Loss in Overweight and Obese Adults. J Nutr, 139 (2), 264-70

Trasande L et al.: Association Between Urinary Bisphenol A Concentration and Obesity Prevalence in Children and Adolescents. JAMA 2012; 308 (11), 1113-21, PMID: 22990270

Darmerkrankungen

Conrad, A et al.: Glyphosate in German adults - Time trend (2001 to 2015) of human exposure to a widely used herbicide. Int J Hyg Environ Health. 2017 Jan;220(1):8-16

Hofmann, H et al.: Der Darm als Grenzfläche zu Umweltbelastungen. CoMed 2019

Kaelberer, MM et al.: A Gut-Brain Neural Circuit for Nutrient Sensory Transduction. Science 2018; 361 (6408)

Lu, P et al.: Extraoral Bitter Taste Receptors in Health and Disease. J Gen Physiol 2017; 149 (2), 181-197

Umweltbundesamt: Bisphenol A – Massenchemikalie mit unerwünschten Wirkungen. 2010

Diabetes

Ballasi, A et al.: Correction of Metabolic Acidosis Improves Insulin Resistance in Chronic Kidney Disease. BMC Nephrol 2016; 17 (1), 158

Gerstein, HC et al.: Effects of Intensive Glucose Lowering in Type 2 Diabetes. Engl J Med 2008; 358 (24), 2545-59

Hallberg, SJ et al.: Effectiveness and Safety of a Novel Care Model for the Management of Type 2 Diabetes at 1 Year: An Open-Label, Non-Randomized, Controlled Study. Diabetes Ther 2018; 9 (2), 583-612

Lenzen-Schulte, M: Gegen Diabetes und Adipositas: Dein Freund, der Ketonkörper. Dtsch Arztebl 2018; 115(41): A-1810 / B-1524 / C-1510

Magliano, DJ et al.: Persistent Organic Pollutants and Diabetes: A Review of the Epidemiological Evidence. Diabetes Metab 2014; 40 (1), 1-14

Mason, SA et al.: Ascorbic Acid Supplementation Improves Postprandial Glycaemic Control and Blood Pressure in Individuals With Type 2 Diabetes: Findings of a Randomized Cross-Over Trial. Diabetes Obes Metab 2019; 21 (3), 674-682

Leber

Apostolopoulou, M et al.: Specific Hepatic Sphingolipids Relate to Insulin Resistance, Oxidative Stress, and Inflammation in Nonalcoholic Steatohepatitis. Diabetes Care 2018; 41 (6), 1235-1243

Chedid, V et al.: Herbal Therapy Is Equivalent to Rifaximin for the Treatment of Small Intestinal Bacterial Overgrowth. Glob Adv Health Med 2014; 3 (3), 16-24

Chiu, S et al.: Dietary Carbohydrates and Fatty Liver Disease: De Novo Lipogenesis. Curr Opin Clin Nutr Metab Care 2018; 21 (4), 277-282

Mardinoglu, A et al.: An Integrated Understanding of the Rapid Metabolic Benefits of a Carbohydrate-Restricted Diet on Hepatic Steatosis in Humans. Cell Metab 2018; 27 (3), 559-571.e5

Neurologische Erkrankungen

Bischoff, A: Demenz, Depression und Schizophrenie über das Essen lindern. DGPPN-Kongressbericht, Med Trib online, 2.3.2019

Choi, IY et al.: A Diet Mimicking Fasting Promotes Regeneration and Reduces Autoimmunity and Multiple Sclerosis Symptoms. Cell Rep 2016; 15 (10), 2136-2146

Eckert, GP: Erhaltung kognitiver Funktionen im Alter. Datenlage zur Rolle der Omega-3-Fettsäuren. Ernährung & Medizin 2018; 33(01): 9-12

Külzow, N et al.: Impact of Omega-3 Fatty Acid Supplementation on Memory Functions in Healthy Older Adults. J Alzheimers Dis 2016; 51 (3), 713-25

Nehls, M: Evolutionsbiologische Erklärung der Alzheimerentstehung – Mikronährstoffe in Prävention und Therapie. Zf f Orthomol Med 2015;2:11-15

Poole, R et al.: Coffee consumption and health. BMJ 2017;359:j5024

Small, GW et al.: Memory and Brain Amyloid and Tau Effects of a Bioavailable Form of Curcumin in Non-Demented Adults: A Double-Blind, Placebo-Controlled 18-Month Trial. Am J Geriatr Psychiatry 2018;26(3):266-277

Spitz, J et al.: Die Life SMS Methodik. EHK 2014

Taylor, MK et al.: A high-glycemic diet is associated with cerebral amyloid burden in cognitively normal older adults. Am J Clin Nutr 2017;106(6):1463-1470

Zhu, LN et al.: Curcumin Intervention for Cognitive Function in Different Types of People: A Systematic Review and Meta-Analysis. Phytother Res 2019; 33 (3), 524-533

Haut

Boca, AN et al.: Sea Buckthorn Extract in the Treatment of Psoriasis. Exp Ther Med 2019; 17 (2), 1020-1023

Brandt, S: The Clinical Effects of Zinc as a Topical or Oral Agent on the Clinical Response and Pathophysiologic Mechanisms of Acne: A Systematic Review of the Literature. J Drugs Dermatol 2013; 12 (5), 542-5

Chrubasik-Hausmann, S: Stiefmütterchen. Zeitschrift für Komplementärmedizin 2019; 11(03): 40-41

Versini, M et al.: Obesity in Autoimmune Diseases: Not a Passive Bystander. Autoimmun Rev 2014; 13 (9), 981-1000

Krebs

Bagnardi, V et al.: Light Alcohol Drinking and Cancer: A Meta-Analysis. Ann Oncol 2013; 24 (2), 301-8

Fabian, CJ et al.: Reduction in Ki-67 in Benign Breast Tissue of High-Risk Women With the Lignan Secoisolariciresinol Diglycoside. Cancer Prev Res (Phila) 2010; 3 (10), 1342-50

Holtan, SG et al.: Food-frequency Questionnaire-Based Estimates of Total Antioxidant Capacity and Risk of non-Hodgkin Lymphoma. Int J Cancer 2012; 131 (5), 1158-68

https://www.klinikum.uni-heidelberg.de/chirurgische-klinik-zentrum/allgemein-viszeral-und-transplantationschirurgie/forschung/pankreasforschung/sektion-pankreaskarzinomforschung/ag-molekulare-onkochirurgie/patienteninformationen

Imoberndorf, R et al.: Krebs und Ernährung – ein Paradigmenwechsel. Aktuelle Ernährungsmedizin 2015;40(03):143-146

Kämmerer, U et al.: Krebszellen lieben Zucker, Patienten brauchen Fett. systemed Verlag

Nagata, C et al.: Soy Intake and Breast Cancer Risk: An Evaluation Based on a Systematic Review of Epidemiologic Evidence Among the Japanese Population. Jpn J Clin Oncol 2014; 44 (3), 282-95

Vucenik, I, Shamsuddin, AM: Protection Against Cancer by Dietary IP6 and Inositol. Nutr Cancer 2006; 55 (2), 109-25

Warburg, O et al.: Über den Stoffwechsel der Carcinomzelle. Biochem Z 1924; 152:309-344

www.biokrebs.de/therapien

Herz

Berger, S et al.: Dietary Cholesterol and Cardiovascular Disease: A Systematic Review and Meta-Analysis. Am J Clin Nutr 2015; 102 (2), 276-94

Friedrichsen, HP: Cholesterin – Baustein oder Risikofaktor. Zs f Orthomol Med 2019; 17(01): 10-16

Paterson, JR et al.: Salicylic Acid Content of Spices and Its Implications. J Agric Food Chem 2006; 54 (8), 2891-6

Reynolds, A et al.: Carbohydrate Quality and Human Health: A Series of Systematic Reviews and Meta-Analyses. Lancet 2019; 393 (10170), 434-445

Wu, JHY et al.: Contribution of Trans-Fatty Acid Intake to Coronary Heart Disease Burden in Australia: A Modelling Study. Nutrients 2017; Jan 18

Autoimmunerkrankungen / Immunsystem

Bielenberg, J: Arthrose: Hagebutte auf dem Prüfstand. Pharm Zeitung 2007; 6

Choi, IY et al.: A Diet Mimicking Fasting Promotes Regeneration and Reduces Autoimmunity and Multiple Sclerosis Symptoms. Cell Rep 2016; 15 (10), 2136-2146

Fasano, A, Shea-Donohue,T: Mechanisms of Disease: The Role of Intestinal Barrier Function in the Pathogenesis of Gastrointestinal Autoimmune Diseases. Nat Clin Pract Gastroenterol Hepatol 2005; 2 (9), 416-22

Goldberg, EL et al.: Ketogenic diet activates protective $\gamma\delta$ T cell responses against influenza virus infection. Science Immunology 15 Nov 2019:Vol. 4, Issue 41, eaav2026

https://www.icp.org.ph/2020/01/the-potential-of-coconut-oil-and-its-derivatives-as-effective-and-safe-antiviral-agents-against-the-novel-coronavirus-ncov-2019/

Intestinal barrier damage in multiple sclerosis. Science Daily, 4 September 2014 (Nouri, M et al.: Intestinal Barrier Dysfunction Develops at the Onset of Experimental Autoimmune Encephalomyelitis, and Can Be Induced by Adoptive Transfer of Auto-Reactive T Cells. PLoS ONE, 2014; 9 (9): e106335

Sarah, CR et al.: Oral NaHCO 3 Activates a Splenic Anti-Inflammatory Pathway: Evidence That Cholinergic Signals Are Transmitted via Mesothelial Cells. J Immunol 2018; 200 (10), 3568-3586

Youm, YH et al.: The Ketone Metabolite β-Hydroxybutyrate Blocks NLRP3 Inflammasome-Mediated Inflammatory Disease. Nat Med 2015; 21 (3), 263-9

Webadressen, Einkaufs- und Bezugsquellen

→ Ägh (Ärztegesellschaft Heilfasten)
www.aerztegesellschaft-heilfasten.de

→ air up (beduftetes, kohlenhydratfreies Wasser)
www.air-up.com

→ AMM (Akademie für menschliche Medizin)
www.spitzen-praevention.com

→ C0-2-Rechner des Bundesumweltamts
uba.co2-rechner.de

→ Dr. Almond (ketogene Produkte, Backmischungen, MCT-Öle, Karamell-Erythrit)
www.lowcarb-glutenfrei.com

→ Ecological Footprint Calculator (ökologischen Fußabdruck berechnen)
www.footprintcalculator.org

→ Eurodiet (viele ketogene Produkte, vor allem zum Abnehmen)
www.eurodiet.com

→ FODMAP-arme Lebensmittel
www.fodmap-info.de

→ Foodpunk (ketogene Produkte, Rezepte, Infos)
www.foodpunk.de

→ GFBK (Gesellschaft für Biologische Krebsabwehr)
www.biokrebs.de

→ Greenpeace (Einkaufsratgeber für Fisch)
www.greenpeace.de

→ Kanso (streng ketogene Diätprodukte)
www.kanso.com/de

→ Keto-up (ketogene Produkte, MCT-Öle)
https://shop.keto-up.de

- Kräuter Schulte (Heilkräuterversand)
  www.kraeuter-schulte.de

- LCHF Deutschland (viele Infos und Rezepte, Aus- und Weiterbildungen, Kongresse)
  www.lchf-deutschland.de

- mym2 (Ackerbauberechner für Gerichte)
  www.mym2.de

- Ökologische Landwirtschaft
  www.oekolandbau.de

- Oleofactum (handwerklich hergestellte frische Bioöle)
  www.oleofactum.de

- Ölmühle Solling (mühlenfrische Bio-Öle und Bio-Kokosöle)
  www.oelmuehle-solling.de

- Panifactum (ketogene, glutenfreie Backwaren und Brote)
  www.panifactum.de

- Saisonkalender
  www.regional-saisonal.de/saisonkalender

- Dr. Schär (ketogene (Fertig-)Produkte und Infos)
  www.drschaer.com

- Simply Keto (ketogene Produkte, Backmischungen, MCT-Öle)
  www.simplyketo.de

- Tropicai (Bio-Kokosöle und -produkte)
  www.tropicai.com

- WWF (Tipps für den Alltag, vernünftig Einkaufen)
  www.wwf.de

LCHF DEUTSCHLAND

www.LCHF-Deutschland.de

Iris Jansen und Margret Ache sind die Gründerinnen von LCHF Deutschland und der LCHF Deutschland Akademie. LCHF steht für Low Carb High Fat bzw. Low Carb Healthy Fat, also eine Ernährungsform, bei der die Kohlenhydrate deutlich reduziert und der Anteil gesunder Fette erhöht wird. Durch ihre Liebe zum LCHF Mutterland Schweden kamen sie immer wieder mit dieser Form der (ketogenen) Ernährung in Berührung. Anfang 2012 beschlossen sie dann, sie selbst einmal auszuprobieren: »Innerhalb kürzester Zeit erlebten wir extreme Verbesserungen unserer Gesundheit. Iris wurde endlich ihre Migräne los, die sie seit der Kindheit plagte. Margret konnte ihre chronischen Schmerzen ad acta legen, die sie zu diesem Zeitpunkt schon acht Jahre geplagt hatten. Durch unsere positiven eigenen Erfahrungen wuchs der Wunsch, das Wissen um diese Ernährungsweise in die Welt zu tragen und auch anderen Menschen die Möglichkeit zu geben, ihre Gesundheit selbst in die Hand zu nehmen.«

Ende 2012 starteten wir mit unserer Website LCHF Deutschland, die seither täglich über aktuelle Themen aus dem Bereich Gesundheit und Ernährung berichtet oder neue, mit Liebe kreierte und ausprobierte Rezepte anbietet: https://lchf-deutschland.de/.

Motiviert durch unsere schwedischen Freunde, die bekannte Low-Carb-Ärztin Dr. Annika Dahlqvist und den weltbekannten Diet Doctor Dr. Andreas Eenfeldt publizierten wir 2013 unser erstes LCHF Magazin online, seit 2014 erscheint es mit vier Ausgaben jährlich als Print-Ausgabe: https://www.expert-fachmedien.de/gesundheit-und-ernaehrung/lchf-magazine/.

Seit 2015 geben wir interessierten Menschen die Möglichkeit, sich an unserer LCHF Deutschland Akademie umfassend aus- und weiterzubilden. Die Akademie bietet eine Reihe verschiedener Ausbildungen und Kurse im Bereich LCHF Ernährung und Gesundheit an: https://akademie.lchf-deutschland.de/.

Und last but not least organisieren wir seit 2017 den Low Carb – LCHF Kongress, bei dem sich Experten und Interessierte der Low-Carb-Ernährung treffen, austauschen und diskutieren: https://low-carb-lchf-kongress.de/.

Ölmühle Solling GmbH
Höxtersche Straße 3
37691 Boffzen
T +49 [0] 52 71.9 66 66-48
oelmuehle-solling.de

Die Ölmühle Solling ist eine familiengeführte Bio-Manufaktur aus dem Weserbergland. Seit 1996 werden hier Ölsaaten und Nüsse aus anerkannt ökologischem Landbau in handwerklicher Tradition zu hochwertigen Bio-Speiseölen und Feinkostspezialitäten verarbeitet. ›Mühlenfrisch‹ ist der selbstgesetzte Qualitätsanspruch: Die Rohware wird so erntefrisch wie möglich in kleinen Chargen verarbeitet, direkt abgefüllt und umgehend versendet.